高等院校医学实验教学系列教材

医用化学实验

第3版

主　编　蔡　东　刘佳川

副主编　冯　宇　赵　杰　周西斌　于秋泓

编　委（按姓氏笔画排序）

于丽丽　于秋泓　王　朋　付纯刚　冯　宇
乔海霞　任秀丽　庄鹏飞　刘佳川　李　丹
李华侃　杨殿深　陈震华　岳京立　周西斌
赵　杰　赵延清　贾云宏　钱　昆　蔡　东

科学出版社

北　京

内 容 简 介

医用化学实验的任务是使学生掌握扎实的基础知识、规范的实验操作，更重要的是培养学生严谨求实的科学态度，提高学生的创新能力和科学思维能力。为满足创新型、应用型人才的培养目标要求，本书把基础化学实验和有机化学实验整合在一起，共分为基础知识、基本操作、基础化学实验和有机化学实验四部分。

本书为高等院校医学实验教学系列教材，可作为高等医药院校临床、麻醉、影像、口腔、检验、护理、康复、预防、食品、药学等本科专业医用化学课程的配套实验教材，也可作为高等院校理工科类化学及相关专业的教材和参考书。

图书在版编目（CIP）数据

医用化学实验 / 蔡东，刘佳川主编. —3 版. —北京：科学出版社，2022. 6

高等院校医学实验教学系列教材

ISBN 978-7-03-069552-9

Ⅰ. ①医… Ⅱ. ①蔡… ②刘… Ⅲ. ①医用化学—化学实验—高等学校—教材 Ⅳ. ①R313-33

中国版本图书馆 CIP 数据核字（2021）第 158536 号

责任编辑：朱 华 / 责任校对：宁辉彩

责任印制：赵 博 / 封面设计：陈 敬

科学出版社 出版

北京东黄城根北街 16 号

邮政编码：100717

http://www.sciencep.com

三河市骏杰印刷有限公司印刷

科学出版社发行 各地新华书店经销

*

2011 年 8 月第 一 版 开本：787×1092 1/16

2022 年 6 月第 三 版 印张：10

2025 年 7 月第十五次印刷 字数：234 000

定价：45.00 元

（如有印装质量问题，我社负责调换）

前　言

医用化学实验是高等医学院校学生的一门重要基础实验课，其宗旨在于加强学生素质和能力培养，帮助学生加深对基础化学和有机化学基本理论和基本概念的理解，训练学生动手能力和学习基本操作技能，并培养学生独立思考、分析问题和解决问题的能力，实现学生由学习知识到进行科学研究的初步转变，为后续课程的学习乃至以后的工作打下良好基础。

本书保留了第2版编写的基本框架、内容和特点，落实《普通高等学校本科专业教学质量国家标准》，体现基础性、综合性和应用性的编写原则。与第2版相比，教材注重化学知识在医学实践中的应用，减少了某些陈旧和重复的实验，增加了较新的仪器操作及部分近代化学实验内容。全书共选编了57个实验，实验分成了不同层次和类型，便于使用者学习和教师安排教学。在实验内容的选择上，强调了医用化学实验的基本技术，以使学生掌握必备的医用化学实验的基础知识和基本技能；增加了综合性、设计性实验，以促进学生创新性学习和创新性思维的发展，有利于培养创新型人才。

本书是多年实验教学经验的集体总结，在编写过程中得到锦州医科大学无机化学教研室、有机化学教研室、物理化学教研室、分析化学教研室教师和相关领导的支持和帮助，在此一并表示衷心的感谢！

虽然编者对本书的出版做了大量工作，但是由于水平有限，书中难免有疏漏和不妥之处，敬请专家、同行和使用本书的广大读者提出宝贵意见，以便改进和完善。

编　者

2021年7月

目　　录

第一部分　医用化学实验的基础知识

第一节　医用化学实验守则

医用化学实验是医用化学教学的基础，通过实验教学，不仅使学生系统地掌握医用化学知识，还能使学生掌握医用化学实验基本操作技术和基本技能，培养学生的科学态度和创新思维。

实验安全是医用化学实验的基本要求。在实验前，学生必须阅读医用化学实验守则和安全知识，熟悉操作的一般知识及危险化学药品的使用与保存方法，了解一些常用仪器设备。在进行每个实验之前，还必须认真预习有关实验内容，明确实验目的和要求，了解实验的基本原理、内容和方法，写好实验预习报告，知道所用药品和试剂的性质包括毒性，牢记操作中的注意事项，安排好当天的实验。

在实验过程中，学生应养成细心观察和及时记录的良好习惯，凡实验所用物料的质量、体积以及观察到的现象和温度等所有数据都应立即如实地记录在记录本中。记录需按顺序编号，不得擅自撕折、缺页，不得涂改记录内容。实验完成后，应做好数据处理。然后将实验记录、实验结果和贴好标签的样品瓶交给教师核查。

实验台面应该保持清洁和干燥。仪器、药品要随用随取，存放整齐有序。使用过的仪器应及时洗净。实验室废弃物应依不同性质进行分类收集。使用有异臭味或有毒物质的操作必须在通风橱内进行。

为了保证实验的正常进行和培养学生良好的实验习惯，必须遵守下列实验室规则：

1. 进入实验室前，应认真预习，对实验内容、原理、目的意义、实验步骤、仪器装置、实验注意事项及安全方面的问题有比较清楚的了解，做到心中有数、思路明晰，避免照方抓药、手忙脚乱。做好实验前的一切准备工作。

2. 仪器安装要端正、平稳，符合实验要求，操作台尽量靠近排气设施，使实验中产生的废气能够及时排除。

3. 实验中严守规程，实验过程秩序井然。认真操作，不得擅自离开；仔细观察，如实记录；不高声喧哗，不使用手机等，始终保持实验室安静。实验过程中做到桌面、地面、水槽、仪器干净整洁。

4. 对于安全隐患要采取严格的防范措施，易燃易爆物品必须与火源隔离。实验室中严禁饮食。发生意外事故时，要镇静，及时采取应急措施，并立即报告指导教师。

5. 公用实验台面的药品和器械不得随意挪动、放置，以免影响其他同学取用。爱护公共设施和仪器，若有损坏，按规定赔偿。

6. 熟悉水、电、煤气和灭火器的正确使用方法、摆放位置，掌握灭火、防护和急救的相关知识。

7. 严禁将废酸、废碱、废弃物倒入水槽，有机物和无机物分别倒入指定的回收容器，积累到一定量后，统一处理和回收。

8. 将记录本和实验产物、贴好标签的样品瓶交给教师核查。如实填入数据并撰写实验报告，附上原始记录一并交给教师批阅。

9. 实验结束后，安排值日生清扫实验室公共卫生和整理实验台面，关好水、电、煤气、门窗，经管理人员检查后方可离开。

10. 增强环保意识，遵守环保规定，不得随意排放三废，实验室内保持通风良好，尽可能做到洁净明亮、清新和舒适。

（蔡　东）

第二节　医用化学实验室的安全与实验室事故的预防和处理

一、实验室的安全

在医用化学实验中，经常使用易燃溶剂（如乙醇等），易燃易爆的气体和药品（如氢气和金属有机试剂等），有毒物质（如硝基苯、甲醇等），有腐蚀性的药品（如浓硫酸、浓硝酸、浓盐酸、浓氢氧化钠溶液等）。这些药品若使用不当，就有可能发生着火、爆炸、烧伤、中毒等事故。此外，玻璃仪器、电器设备等使用或处理不当也会发生事故。但是，只要实验者树立安全第一的意识，认真预习和了解所做实验中用到的药品和仪器的性能、用途、可能出现的问题及预防措施，并严格执行操作规程，就能有效地预防事故的发生，维护人身和实验室安全，确保实验顺利进行。

1. 实验室的一般注意事项

（1）实验前需做好预习，了解实验所用药品的性质、危害和使用注意事项。

（2）实验前，应认真检查仪器是否完整无损，装置是否正确、稳妥，了解实验室内水阀、电开关及灭火器放置的位置和使用方法。

（3）实验进行时，应该经常注意仪器有无漏气、破裂，注意化学反应是否正常进行等情况。

（4）实验中所用药品，不得随意散失、遗弃和污染，使用后必须放回原处。对反应中产生的有害气体、实验中的废液，应按规定处理，以免污染环境、影响公众健康。

（5）实验过程中，不得擅离岗位，实验室内严禁吸烟和饮食，实验结束后要及时洗手。

（6）进行有危害性的实验时，应使用防护眼镜、面罩和手套等防护设备。

（7）玻璃管（棒）或温度计插入胶塞中时，应先检查塞孔是否合适，用布裹住并涂少许甘油等润滑剂后再缓慢旋转插入，握住玻璃管（棒）的手应尽量靠近塞子，以防因玻璃管（棒）折断而割伤皮肤。

2. 火灾、爆炸、中毒及触电事故的预防

（1）实验室中使用的有机溶剂大多是易燃物品，因此，火灾是实验室中常见的事故，防火的基本原则是使火源与溶剂尽可能离得远些。尽量不要用明火直接加热，盛有易燃有机溶剂的容器须远离火源。

回流或蒸馏液体时应放沸石，以防溶液因过热暴沸而冲出。若在加热后发现未放沸石，则应停止加热，待稍冷后再放入沸石。否则在过热溶液中放入沸石会导致液体突然沸腾，冲出瓶外而引起火灾。不可用火焰直接加热烧瓶，应根据液体沸点的高低，分别使用石棉网、油浴、水浴或电热套加热烧瓶。加热或蒸馏有机溶剂时，如因事离开实验室，一定要关闭自来水和热源。

（2）使用易燃易爆气体（如氢气、乙炔等）时要保持室内空气畅通，严禁明火，并防止一切火星的产生，如由于敲击、静电摩擦、马达炭刷或电器开关等所产生的火花。

（3）煤气开关要经常检查，并保持完好。煤气灯及其橡皮管在使用时亦应仔细检查是否漏气，用肥皂水检查可能的漏气部位；如发现漏气应立即熄灭火源，打开窗户，更换煤气灯。

（4）有些有机化合物遇氧化剂会发生猛烈爆炸或燃烧，操作时应小心，如干燥的重氮盐、硝酸酯、多硝基化合物等，这类化合物具有爆炸性，使用时须严格遵守操作规程，防止蒸干溶剂或剧烈振动。

（5）实验中所用的剧毒物质须经专人管理负责收发，当使用有毒物质时，应认真操作，妥善保管。实验后的有毒残渣，必须回收后作妥善安全有效的处理，不能随意丢弃。对皮肤有渗透性的有毒物质，使用时须戴橡皮手套，操作后立即洗手。切勿让五官及伤口接触有毒物质，以免对身体造成损害。当使用具有挥发性、有气味或有毒液体时，要使用通风橱或其他密封装置（如密封排风罩、通气管等）。不可把化学致癌物质或有毒物质排放到排水系统里。对沾染过有毒物质的仪器和用具，实验完毕应立即采取适当方法处理以破坏或消除其毒性。

（6）有的实验在反应过程中可能生成有毒或有腐蚀性气体，应在通风橱中进行或增加气体吸收装置，并戴好防护用品。尽可能避免蒸气外逸，防止造成污染。使用后的仪器及时清洗。

（7）使用电器时，不能用湿的手或手握湿物接触电插头，以防触电，实验完毕后必须切断电源。

二、事故的处理和急救

1. 火灾　一旦发生火灾，应保持镇静，并立即采取相应措施，以减少事故损失。首先应立即切断电源，关闭煤气，熄灭附近所有火源。小火可用湿布或黄沙盖灭。若火势较猛，应根据具体情况，选用适当灭火器，并立即报火警，请求救援。实验室常备灭火器有：

（1）二氧化碳灭火器，主要用于扑灭油脂、电器及较贵重仪器等初起火灾。

（2）四氯化碳灭火器，主要用于扑灭电器内或电器附近等初起火灾，因四氯化碳高温时生成剧毒的光气，且与金属钠接触发生爆炸，注意不能在狭小和通风不良的实验室使用。

（3）泡沫灭火器其内装有碳酸氢钠溶液和硫酸铝溶液等发泡剂。使用时，有液体伴随大量的二氧化碳泡沫喷出，因泡沫能导电，不能用于电器灭火。

不论使用何种灭火器，都应从火的四周开始向中心灭火。

2. 烫伤　轻伤涂以烫伤油膏，重伤可先涂以烫伤油膏，随后立即送医院。

3. 割伤　取出伤口中的异物如玻璃或固体物等，用蒸馏水洗后涂上抗菌类药物，用绷带扎住或贴上创可贴。伤口较大时应先按紧伤口附近血管以防大量出血，急送医院治疗。

4. 试剂灼伤　被酸灼伤后，立即用大量水洗，然后用 3%～5%碳酸氢钠溶液洗，最后用水洗。被碱灼伤后，立即用大量水洗，然后用 1%～2%硼酸溶液洗。严重时送医院治疗。

5. 中毒　实验中如发生中毒事故，应及时处理，针对不同情况，采取不同措施。

（1）对于误食腐蚀性毒物如强酸，先饮用大量水，然后服用氢氧化铝凝胶（或氢氧化铝片）、鸡蛋清；对于强碱，也应先饮大量水，然后服用醋、酸果汁、鸡蛋清。不论误食酸或碱，都可以多喝牛奶。

（2）对于误食刺激剂及神经性毒物先喝牛奶或鸡蛋清使毒物立即被冲淡和缓解，再用一大匙硫酸镁溶于一杯水中催吐，有时也可用手指伸入喉部促使呕吐，然后立即送医院治疗。

（3）对于吸入气体中毒，先将中毒者移至室外，解开衣领及纽扣，呼吸新鲜空气。若误吸入少量氯气或溴，可先用碳酸氢钠溶液漱口。

（蔡　东）

第三节　化学试剂的一般知识

一、化学试剂的规格和选用

世界各国对化学试剂纯度等级并没有统一标准，各个国家都按照自己国家的标准生产化学试剂。我国常用化学试剂的纯度等级标准有三种，①化学试剂的国家标准（GB）；②原化工部“部颁化学试剂标准”（HG）和原化工部“部颁化学试剂暂行标准”（HGB）；③企业标准（Q/HG）。

根据国家标准及部颁标准，国产化学试剂按其纯度和杂质含量的多少主要分为四种等级，即优级纯（一级）、分析纯（二级）、化学纯（三级）和实验试剂（四级）。市售化学试剂在瓶子的标签上用不同的代号和颜色标明试剂的纯度等级，因此，只要看好标签的颜色就可以判别试剂的级别。实验室最常用的试剂规格如下：

1. 优级纯（guaranteed reagent，简称 GR） 又称一级品或保证试剂，使用深绿色瓶签，杂质含量低，主要用于精密的科学研究和测定工作。

2. 分析纯（analytical reagent，简称 AR） 又称二级品，使用金光红色瓶签，质量略低于优级纯，用于一般的科学研究和重要的测定。

3. 化学纯（chemical pure reagent，简称 CP） 又称三级品，使用中蓝色瓶签，质量较分析纯差，用于工厂、教学实验的一般分析工作。

4. 实验试剂（laboratory reagent，简称 LR） 又称四级品，瓶签颜色为棕色或其他颜色，质量较化学纯试剂差，但比工业纯试剂纯度高，主要用于普通实验或研究。

应根据实验精度及实验方法的不同，恰当地选用不同规格的试剂。例如，痕量分析选用高纯或一级品，以降低空白值和避免杂质干扰；做仲裁分析或试剂检验选用一、二级品；一般车间控制分析选用二、三级品；某些制备实验、冷却浴或加热浴用的药品可选用四级品、工业品。使用哪种纯度的试剂，要有相应的水和容器与之匹配，才能发挥纯试剂的作用，达到实验精度的要求。

化学试剂除了上述几个等级外，还有基准试剂、光谱纯试剂及超纯试剂等。基准试剂相当或高于优级纯试剂，专门用作滴定分析的基准物质，用以确定未知溶液的准确浓度或直接配制标准溶液，其主成分含量一般在 99.95%～100.0%，杂质总量不超过 0.05%。光谱纯试剂主要在光谱分析中用作标准物质，纯度在 99.99%以上。超纯试剂又称高纯试剂，是用一些特殊设备如石英、铂器皿生产的。

近年来，化学试剂的发展很快，品种、规格繁多，包装、颜色各异，需要根据文字或符号来识别化学试剂的等级，在文献资料和进口化学试剂的标签上，各国的等级与我国现行等级不太一致，要注意区分。

二、化学试剂的保管和取用

一般情况下，化学试剂都要避光保存。有挥发性、吸湿性的试剂要加瓶塞密封。易受热分解及低沸点易挥发的试剂应保存在阴凉处或冰箱内。固体试剂应装在广口瓶内，液体试剂盛放在细口瓶或滴瓶内，见光分解的试剂装在棕色瓶内。盛碱液的试剂瓶要用橡皮塞。对已配好的试剂，每个试剂瓶都要贴上标签。同时要注意，对于易被空气氧化的盐类溶液，常需加入盐溶液中所含该种元素的金属以防止被氧化，如二氯化锡溶液中加入锡粒，硝酸亚汞溶液中加入金属汞等。

化学试剂的取用分为液体试剂的取用及固体试剂的取用。

1. 液体试剂的取用

（1）从滴瓶中取液体试剂时，必须保持滴管垂直，避免倾斜，切忌倒立，防止试剂流入橡皮头内将试剂污染。滴管的尖端不可接触容器内壁，也不得将滴管放在原滴瓶以外的地方，更不能错放到装有另一种试剂的滴瓶中。

（2）用量筒量取液体试剂时，应左手持量筒，右手持试剂瓶，贴有标签的一面向着手心，瓶口紧靠量筒边缘，慢慢地注入液体至刻度处。若倾出的试剂过量，应弃去或转为他用，不得倒回原瓶。

（3）用倾注法取液体试剂时，先将瓶塞取出倒放在桌上，右手持试剂瓶，标签向着手心，瓶口紧靠容器壁，慢慢倾注出所需试剂，使液体沿器壁往下流。如所用容器为烧杯，则倾注液体时可用玻璃棒引流。使用完毕后立即盖上瓶塞。

2. 固体试剂的取用

（1）固体试剂应用洁净的药匙取用，药匙的两端为大、小两个匙，取较多固体时用大匙，取少量固体用小匙。取出试剂后立即盖上瓶盖。多取的试剂不得倒回原瓶，可放在指定容器中供他人使用。

（2）取用一定量固体时，可将固体试剂放在表面皿或洁净的纸上称量。具有腐蚀性、氧化性或易潮解的固体试剂应放在密闭容器中称量。

三、有机溶剂和一些特殊试剂的处理

医用化学实验离不开有机溶剂和试剂，根据实验内容不同，对溶剂和试剂纯度的要求也不同。有些有机化学反应（如格氏反应或有酰氯、酸酐参与的反应等）对溶剂或试剂的要求较高，溶剂或试剂中存在的微量杂质或水分往往会对反应速率、产率和纯度带来较大影响。市售纯品有时也不一定能满足要求，这就需要在实验反应前对所用溶剂或试剂做进一步纯化。掌握常用有机溶剂和一些特殊试剂的纯化方法对化学工作者十分必要。

（蔡　东）

第四节　常用玻璃仪器简介

一、常用玻璃仪器介绍

医用化学实验常用的玻璃仪器可分为普通仪器及标准磨口仪器两大类。普通玻璃仪器有烧杯、锥形瓶、吸滤瓶、玻璃漏斗、滴液瓶、量筒等。标准磨口仪器有容量瓶、圆底烧瓶、茄形瓶、三颈瓶（三口烧瓶）、分液漏斗、滴液漏斗、冷凝管、蒸馏头、分水器、尾接管、变接头等。常用玻璃仪器如图 1-4-1 所示，适用范围见表 1-4-1。

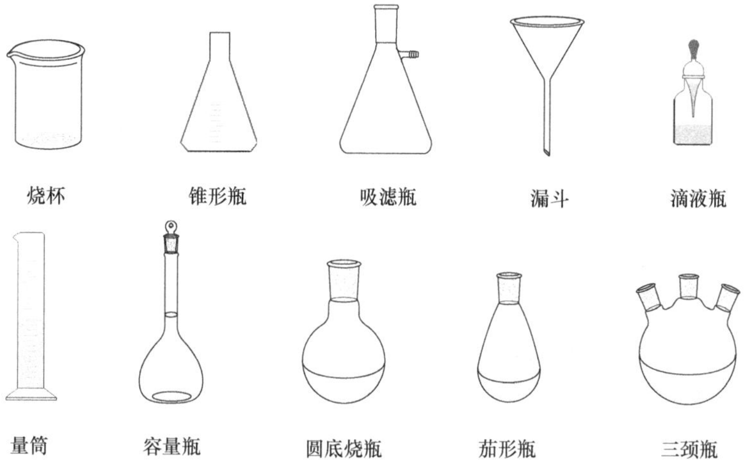

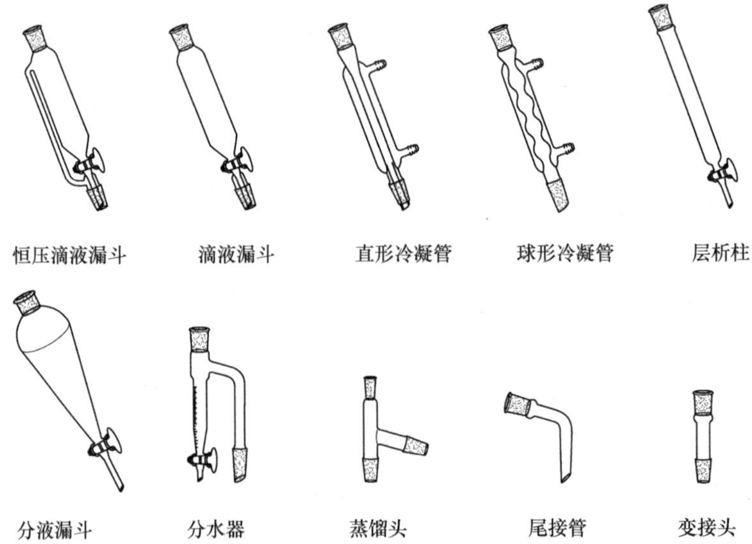

图 1-4-1 常用玻璃仪器

表 1-4-1 常用玻璃仪器的适用范围

仪器名称	适用范围	备注
烧杯	用于液体的加热、混合、浓缩及中转等	一般不可烧干
锥形瓶	用于储存液体及小量液体的加热	不能用于减压蒸馏，一般不可烧干
吸滤瓶	用于减压抽滤	不能用明火加热
容量瓶	用于配制精确浓度的溶液	不能进行加热，磨口必须原配
量筒	用于量取液体	不能明火加热
圆底烧瓶	用于反应、回流、加热和蒸馏	一般避免明火加热，隔石棉网或油浴、水浴加热
三颈瓶	用于反应，三口可分别安装搅拌器，回流冷凝管，滴液漏斗或温度计等	
球形冷凝管	用于蒸馏或回流	
直形冷凝管	用于蒸馏或回流	140℃以下
空气冷凝管	用于蒸馏或回流	150℃以上
蒸馏头	用于蒸馏	
尾接管	用于蒸馏	
分液漏斗	用于分液、萃取和洗涤，也可用于滴加液体	磨口旋塞必须原配
滴液漏斗	用于滴加反应液	
恒压滴液漏斗	用于有压力体系的滴加反应液	

标准磨口玻璃仪器具有标准磨口或磨塞，按国际通用技术标准制造，具有标准化、系列化和通用化的特点。相同编号的标准磨口仪器之间可以互相连接，既可免去选配塞子及钻孔等麻烦，又能避免反应物或产物被软木塞（或橡皮塞）所污染，使用起来既省时方便又严密安全。

标准磨口玻璃仪器口径的大小，通常用数字编号来表示，常用的有 10、14、19、24、29、34、40、50 等多种。该数字是指磨口最大端直径的毫米整数。有时也用两个数字来表示，第 2 个数字表示磨口的长度。例如 14/30，表示此磨口直径最大处为 14mm，磨口长度为 30mm。有机化学实验使用的一般是 24 号磨口玻璃仪器。相同编号的内外磨口可以紧密连接。有时两个磨口仪器，因编号不同无法直接连接时，可借助变接头连接。

使用玻璃仪器时要注意以下事项：

（1）使用过程应轻拿轻放。容易滑动的仪器（如圆底烧瓶），不要重叠堆放，以免碎裂。

（2）除试管等少数玻璃仪器外，一般都不要用明火直接加热玻璃仪器，以防炸裂。

（3）锥形瓶不耐压，不能作减压蒸馏用。厚壁玻璃仪器（如吸滤瓶）不耐热，故不能加热。广口容器（如烧杯）不能存放易挥发的有机溶剂。

（4）磨口玻璃仪器的磨口必须保持洁净。若粘有固体杂物，会使磨口对接不严。若有硬质杂物，更会损坏磨口。

（5）带磨口塞的玻璃仪器用过洗净后，应在塞子与磨口接触处夹放纸片，以防粘住。

（6）一般用途的磨口可不涂抹润滑剂，以免污染反应物或产物。但反应中使用强碱时，则要涂润滑剂，以免磨口连接处因碱腐蚀粘牢而无法拆开。减压蒸馏时，磨口连接处应适当涂抹真空脂，以保证装置密封良好。

（7）玻璃仪器用完后应及时拆卸洗净。特别是磨口仪器若放置时间太久，磨口连接处就会粘牢，很难拆开。如果发生这种情况，可用热水煮或用电吹风加热磨口四周，再用木槌轻敲塞子，使之松开。

（8）不能将温度计用作搅拌棒，以免水银球破裂，流出毒性极大的汞。也不能用来测量超出刻度范围的温度。温度计使用后，要先缓慢冷却至室温，再冲洗，不能用冷水冲洗热的温度计以免炸裂。

二、常用玻璃仪器的洗涤

进行化学实验必须使用清洁的玻璃仪器，因此实验用过的玻璃仪器必须立即洗涤。由于污垢的性质在当时是清楚的，用适当的方法进行洗涤是容易做到的。若时间久了，将增加洗涤难度。洗涤的一般方法是用水、洗衣粉、去污粉等清洗剂刷洗。刷子是特制的，如瓶刷、烧杯刷、冷凝管刷等，但用腐蚀性洗液洗涤时则不用刷子。

玻璃仪器难以洗净时，可根据污垢的性质选用适当的洗液进行洗涤。酸性（或碱性）污垢用碱性（或酸性）洗液洗涤；有机污垢用碱液或有机溶剂洗涤。下面介绍几种常用洗液：

1. 铬酸洗液　这种洗液氧化性很强，对有机污垢破坏力很强。要清洗的玻璃仪器内加入少量铬酸洗液，倾斜并慢慢转动玻璃仪器，数分钟后把洗液倒回洗液瓶中，用自来水冲洗玻璃仪器。若玻璃仪器壁上粘有少量炭化残渣，可加入少量洗液，浸泡一段时间后，再在小火上稍微加热，直至冒出气泡，炭化残渣可被除去。洗液颜色变绿时表示已经失效，应该弃去，不能倒回洗液瓶中。

2. 盐酸　用浓盐酸可以洗去附着在容器壁上的二氧化锰或碳酸盐等污垢。

3. 碱液与合成洗涤剂配成浓溶液　用以洗涤油脂和一些有机物（如有机酸）。

4. 有机溶剂洗涤液　胶状或焦油状有机污垢如用上述方法不能洗去时，可选用乙醇或丙酮等溶剂浸泡，要加盖子封口以免溶剂挥发，使用后可回收重复使用。

若用于化学分析用的玻璃仪器，除用上述方法处理外，还须用蒸馏水冲洗玻璃仪器。是否清洁的标志是：加水倒置，水顺着器壁流下，内壁被水均匀润湿，有一层既薄又均匀的水膜，不挂水珠。

洗涤磨口玻璃仪器时应避免使用去污粉擦洗，以免损坏磨口，清洗过程中应避免毛刷的铁丝把柄在磨口部位来回摩擦，划伤玻璃仪器的磨口。

对于附有难以去除附着物的玻璃仪器，还可以使用超声波清洗器进行洗涤（图 1-4-2）。

图 1-4-2　超声波清洗器

三、常用玻璃仪器的干燥

进行化学实验时，不仅需要将仪器洗净，还常常需要将仪器干燥。一般将洗净的仪器倒置一段时间，将水沥干后，即可使用。有些实验必须在严格无水的条件下进行（如Grignard试剂的制备及反应、Friedel-Crafts反应等），仪器的干燥即成为实验成败的关键。干燥仪器的方法有以下几种：

1. 晾干 把已洗净的仪器在干燥架上自然风干，这是常用和简单的方法，但必须注意，若玻璃仪器洗得不够干净时，水珠便不易流下，干燥较为缓慢。

2. 烘干 把玻璃仪器按照从上层到下层的顺序放入烘箱烘干，放入烘箱中干燥的玻璃仪器一般要求不带有水珠。玻璃仪器口向上，带有磨砂口玻璃塞的仪器，必须取出塞子后，才能烘干。烘箱内的温度保持100～110℃，约0.5h，待烘箱内的温度降至室温时才能取出，切不可把很热的玻璃仪器取出，以免破裂。当烘箱已工作时不能往上层放入湿的玻璃仪器，以免水滴下落，使下层热的玻璃仪器骤冷而破裂。

3. 吹干 有时仪器洗净后需立即使用，为了节省时间，可将水尽量沥干后，加入少量低沸点水溶性有机溶剂（如丙酮或乙醇）淋洗，用电吹风的冷风吹几分钟，当大部分溶剂挥发后，再吹热风使干燥完全（直接吹热风有时会引起有机溶剂蒸气爆炸!），然后再吹冷风使仪器逐渐冷却。否则，被吹热的仪器在自然冷却过程中会在瓶壁上凝结一层水气。

也可以使用气流烘干器（图1-4-3）快速吹干玻璃仪器中的水珠，玻璃仪器清洗后可以先用少量丙酮或乙醇润洗，再放到气流烘干器上加快干燥速度。

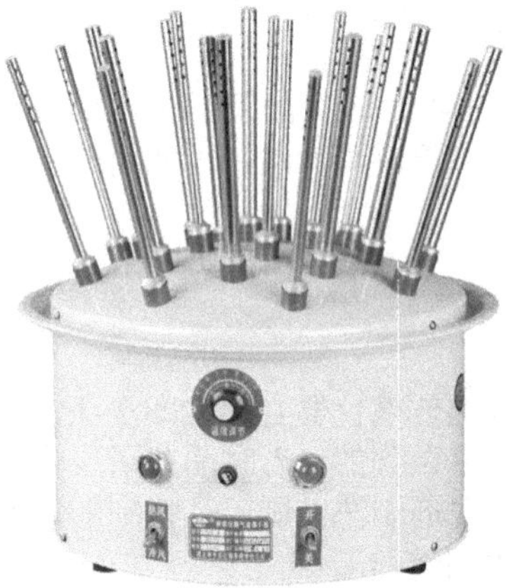

图1-4-3 气流烘干器

（蔡 东）

第五节 绿色化学实验理念

一、绿色化学及化学实验绿色化

自20世纪化学废弃物的危害逐渐被发现以来，经过数十年的努力，化学污染的防治取得了巨大成就。然而，实践表明，以减少接触和治理为主要方法来解决化学污染问题的效果是有限的。化工产品为人类创造了现代高度的文明和日益丰富多彩的物质文化生活，与此同时，化工生产过程中“三废”治理所需的费用急剧攀升，使得化工企业不堪重负，化学工业面临着前所未有的挑战。

20世纪90年代初，综合考虑环保、经济、社会以及化学工业自身发展的要求，具有全新理念的“绿色化学”（green chemistry）应运而生。绿色化学又称环境无害化学（environmentally benign chemistry）、环境友好化学（environmentally friendly chemistry）或清洁化学（clean chemistry），它是从源头上防止污染产生或把化学过程对环境的负面影响减小到最低限度的化学。它强调的是用化学的技术和方法去减少或杜绝那些对人类健康、社区安全、生态环境有害的原料、催化剂、溶剂和试剂、副产物等的使用和产生。它是一门从源头上阻止污染的化学，所研究的中心问题是使化学反应、化工工艺及其产物具有以下四个方面的特点：

（1）采用无毒、无害的原料。

（2）在无毒、无害的反应条件（溶剂、催化剂等无毒无害）下进行。

（3）化学反应具有极高的选择性、极少的副产物，甚至达到“原子经济”的程度，即100%的选择性及废物的零排放。

（4）产品对环境无害。绿色化学使用化学品要体现“五R原则”。“五R原则”即：拒用危害品（reject）、减少用量（reduce）、循环使用（recycle）、重新利用（reuse）、再生利用（regenerate）。具体体现在原料、试剂、溶剂绿色化，尽量避免使用对人体和环境有毒害的原料和试剂；化学过程绿色化，合理设计实验，提高反应选择性和转化率，探究环境友好的化学过程，优化产品结构，获得绿色产品；合理处理“三废”，杜绝“三废”直接进入环境，确保物资的回收和循环再利用，实现末端绿色化。

总之，绿色化学及在此基础上产生的清洁技术，就是要依靠科技发展，使生产单位产品对环境的污染最低，资源及能源消耗最少的先进工艺技术，从化学反应入手，在根本上减少环境污染，不是仅仅对废水、废气、废渣等进行处理的局部性环保，而是终端治理技术。绿色化学的理想在于不再使用有毒、有害的物质，不再产生废物，因而也就不再需要考虑废物的处理。随着人们环境保护意识的提高及环境保护各项工作的深入，科学实验的环境保护问题越来越被人们重视，化学实验的绿色化是大趋势。绿色化学实验就是以绿色化学的理念和方法为核心和基本原则，对化学实验进行改进，为使化学实验过程达到绿色化而构建的化学实验新方法和新体系。化学实验绿色化是绿色化学理念在实际工作中的体现，其最终目的是最大限度地降低实验室的废物排放，使实验室废物得到妥善处理，实验室的安全性和环境质量得到提升，实验人员的绿色化学和环保意识得到强化。绿色化学理念的提出和绿色化学实验体系的构建，是具有巨大产业价值的跨世纪科技战略课题，具有重大的科学、经济和社会价值。

二、实现化学实验绿色化的途径

通过计算机辅助与多媒体仿真可实现化学实验绿色化。学生实验的内容大多是非常经典和成熟的，几乎每一个实验过程及结果都可用已有理论进行预测。利用计算机储存大量已有化学反应的资料和数据，设计程序对化学实验过程进行模拟，并对比判断反应的合理性和可行性。目前，国内外许多高校已开发出计算机仿真教学实验软件。仿真实验软件对实验装置、过程、现象进行模拟，再辅助以动画等多媒体技术，让实验者身临其境、全方位感受实验的动态过程。在仿真实验室里，参与者可以通过仿真实验平台，利用各种模块模拟进行各种化学实验，比如可以选择试管、烧杯、酒精灯、铁架台、烧瓶、锥形瓶等这些虚拟的实验仪器，自由搭建实验设施、添加药品，组织化学反应，观察实验现象等。多媒体技术在化学实验中的具体应用，是化学实验摆脱实物教育的一个巨大进步。它的运用和发展，对保护自然资源，实现化学实验绿色化，具有非常重要的意义。

通过微型化实现化学实验绿色化。微型化学实验是在微型的化学仪器装置中进行的化学实验，其试剂用量比相应的常规化学实验节省90%以上，它是以尽可能少的试剂来获取所需化学信息的实验原理与技术。它是20世纪80年代由美国几所大学首先发起的化学实验改革，它不是常规实验的简单微缩，而是在微型化的条件下对实验进行创新的再现。仪器的微型化、试剂的微量化、实验的创新性和绿色化是微型化学实验的特征，虽然它的化学试剂用量一般只为常规实验用量的几十分之一乃至几千分之一，但其效果却可以达到准确、明显、安全、方便和防止环境污染等目的。微型实验课的开设，对毒性大、药品贵、耗量大、易燃、易爆、污染严重、操作复杂的化学实验教学尤为必要，它能杜绝或明显减少实验过程中给环境带来的污染。例如，氯气的制备和性质实验，需要成套玻璃仪器，产生的氯气有毒，排入环境会导致环境污染，在通风不良的实验室还可能导致中毒事故发生。若改为微型实验，则只需一粒芝麻般大小的高锰酸钾晶体和几滴试剂，就可完成，实验现象清楚明了，却极大地减少了氯气的泄漏。由于产生的气体量极小，处理所产生的废气较为方便，即使偶尔散发到环境中，也较容易控制在安全浓度以下，因而不存在中毒的风险。微型化学实验体现了化学科学发展的趋势，符合可持续发展战略和科学发展观的要求，因此受到国内外化学界的青睐。在近 20 多年来，发展速度很快，现已在九十多个国家与地区推广。我国从 1998 年底开始进行微型化学实验的研究与应用工作，现已取得显著进展。已有千余所学校在教学中应用。所涉及的领域有无机化学、分析化学、有机化学、物理化学与高分子化学的实验内容，通过绿色化学的理论和方法实现化学实验绿色化。

实现化学实验绿色化的关键在于实验内容的设计。化学实验绿色化设计要以绿色化学的原则为依据，化学实验的绿色化设计可分为以下几个方面：

（1）化学试剂的绿色化。即在选择化学实验时应尽量选择采用那些无毒无害试剂的实验，或选择具有潜在环保属性的试剂。

（2）催化剂的绿色化。即在选择化学实验时尽量避免使用有毒有害的物质作为催化剂，如重金属离子、液态强酸强碱等；而应采用无毒无害的物质作为催化剂，如固体酸碱、酶等作为催化剂。

（3）化学反应的绿色化。即在选择化学实验时，应尽量使所涉及的化学反应具有较高的转化率和较高的选择性，这样不仅能提高试剂的利用程度，而且可以避免副产物带来的环境污染问题。

（4）反应产物的绿色化。即在选择化学实验时，应尽量使反应产生的产物和副产物无毒无害，即环境友好产品；或者以一种环境友好的状态存在，如固态产物等。

贯彻绿色化学实验理念，不仅是教师的责任，同样也是每一个学生需要承担的基本社会责任，化学实验绿色化需要大家的共同努力。教师在教学过程中要为人师表，学生要养成良好的实验习惯，比如实验仪器摆放整齐，实验台面保持清洁，实验中注意节约试剂，合理使用实验室的水、电及通风设施等资源，实验结束后认真清洗所用仪器，按照要求处理实验过程中产生的废弃物，认真打扫实验室等。只有大家共同努力，才可以营造出一个窗明几净、和谐良好的绿色实验环境，为实现化学实验绿色化、为保护我们共同的生活环境，贡献力量。

（蔡　东）

第二部分　医用化学实验的基本操作

第一节　加热灯的使用

在实验室的加热操作中，常使用的加热灯有酒精灯、酒精喷灯、煤气灯等。

一、酒　精　灯

酒精灯一般是玻璃制的，其灯罩带有磨口。酒精灯的温度可达400～500℃。使用酒精灯时要注意以下几点：

（1）点燃酒精灯时，决不能用另外一盏已燃着的酒精灯直接去点燃，以免灯内酒精洒出而引起燃烧，导致火灾发生。

（2）灯内需添加酒精时，应先把灯熄灭，再用漏斗把酒精加入灯内。灯内酒精不能太满，一般不超过酒精灯总容量的2/3，也不能少于1/4。

（3）酒精灯连续使用时间不能太长，以免酒精灯灼热后导致灯内酒精大量气化而发生危险。

（4）熄灭酒精灯时，不得用嘴去吹。正确的方法是将灯帽盖上，火焰即可熄灭，接着提起灯帽，等灯口稍冷后再盖上灯帽，这样可以避免灯口破裂。

（5）酒精灯不用时，必须将灯帽盖上，以免酒精挥发。

二、酒 精 喷 灯

酒精喷灯是金属制的，常用的酒精喷灯有座式和挂式两种。座式酒精喷灯其构造如图2-1-1所示。

座式喷灯的酒精储存在灯座内。座式喷灯在使用前，先往预热盘内加入酒精，然后点燃盘内酒精以预热铜质灯管。等盘内酒精将近燃烧完全时，开启开关（空气调节器），这时酒精在灼热的灯管内气化并与来自气孔的空气混合，用火柴点燃管口气体，即可得到温度很高的火焰。调节开关螺丝即可控制火焰的大小。使用完毕后，旋紧开关即可使灯焰熄灭。

图2-1-1　座式酒精喷灯的构造
1. 灯管；2. 空气调节器；3. 预热盘；4. 铜帽；5. 酒精壶

三、煤　气　灯

煤气灯也是实验室常见的加热灯具，使用很方便。煤气灯的样式很多，但构造原理是基本一致的，其构造如图2-1-2所示。灯管的下部通过螺丝与灯座相连。灯管下部还有几个圆孔，是空气入口。可旋转的灯管，可以完全关闭或不同程度地开启圆孔，以调节空气进入量。灯座的侧面有煤气入口，可以连接橡皮管将煤气导入灯内。灯座下面或侧面有一螺丝形针阀，用来调节煤气进入量。当煤气完全燃烧时，可以得到最大的热量，这时的火焰称为正常火焰。

点燃煤气灯前，先旋转灯管关闭空气入口，划着火柴再慢慢旋转煤气针阀打开阀门，开放煤气入口。在灯管口点燃煤气后，调节针阀，使火焰保持适当高度。然后旋转灯管开启空气入口，调节空气进入量至出现正常火焰。正常火焰可分为三个锥形区域，如图 2-1-3（a）所示。

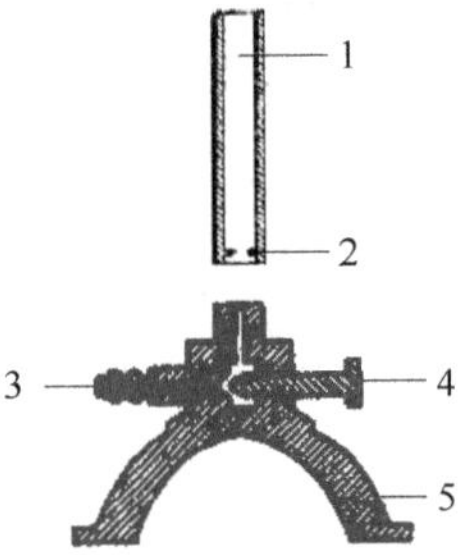

图 2-1-2　煤气灯的构造

1. 灯管；2.空气入口；3. 煤气入口；4. 针阀；5. 灯座

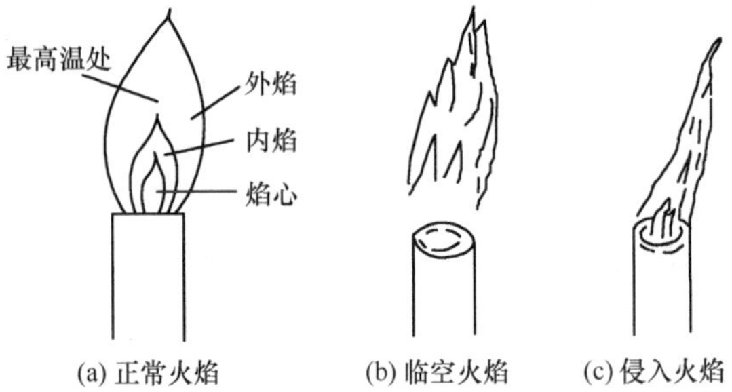

图 2-1-3　煤气灯的火焰

焰心：火焰呈黑色，温度最低。此处煤气和空气混合，未燃烧。

内焰：火焰呈蓝色，温度较高。此处煤气燃烧不完全，并分解为含碳产物，因此这部分火焰具有还原性，故又称“还原焰”。

外焰：火焰呈淡紫色，温度最高，可达到 800～900℃。此处煤气燃烧完全，过剩的空气使这部分火焰具有氧化性，故又称“氧化焰”。

实验中一般都用氧化焰加热，温度的高低可通过调节火焰大小来控制。

当煤气或空气的进入量调节不合适时，便会产生不正常的火焰。当煤气和空气的进入量都很大时，火焰会脱离灯管口而临空燃烧，称为临空火焰[见图 2-1-3（b）]。煤气燃烧时，若空气不足，则火焰发黄色光，此时应旋转灯管扩大空气入口的进气量。当空气进入量很大，而煤气进入量很小时，煤气会在灯管内燃烧，而不是在灯管口燃烧，即煤气在管内空气入口处燃烧，此时灯管口火焰变为一细长的绿色火焰，称为侵入火焰[见图 2-1-3（c）]。此时，灯管中会发出特殊的嘶嘶声，并可闻到煤气臭味，而灯管也被烧得很热。有时煤气灯在使用过程中，因某种原因煤气量突然减少，这时就会产生侵入火焰，这种现象称为“回火”。在实验中，当遇到侵入火焰或临空火焰时，应立即关闭煤气管阀门，待灯管冷却后，关闭空气入口，再重新点燃，进行调节使用。

煤气是有毒易燃的气体，煤气灯使用完毕，一定要随手关闭煤气管阀门，以免发生意外事故。

（刘佳川）

第二节　称 量 仪 器

一、托盘天平的使用

托盘天平（图 2-2-1）只适用于精确度要求不高的称量，一般能称准到 0.1g。托盘天平的横梁架在秤座上，其左右有两个托盘。横梁中部有指针，并且与刻度盘相对应。根据指针，可以看出托盘天平是否处于平衡状态。

称量步骤如下：

1. 调零点　在称量之前，先将游码移到游码标尺的“0”位置，再检查托盘天平的指针是否停在刻度盘中间位置。若不在中间位置，则可调节托盘天平托盘下面的平衡调节螺丝，使指针停留在中间位置，此中间位置称为托盘天平的零点。

2. 称量　称量时，左托盘上放称量物，右托盘上放砝码。添加砝码时，应按质量从大到小的顺序，必须用镊子夹取砝码。10g或5g以下的砝码，也可以通过移动游码标尺上的游码来添加。当砝码添加到托盘天平的指针停在刻度盘中间位置时，即处于平衡状态，此时指针所停位置称为停点（停点与零点之间允许偏差1小格以内）。停点时砝码质量加上游码质量即为称量物的质量。

图2-2-1　托盘天平

1. 底座；2. 平衡调节螺丝；3. 托盘；4. 指针；5. 吊架；6. 游码标尺；7. 中刀架

3. 整理工作　称量完毕后将砝码放回砝码盒中，将游码标尺上的游码移到刻度“0”位置，并将托盘擦净放在一侧，以免托盘天平摆动。

二、半自动电光分析天平的使用

1. 分析天平的种类　常用的分析天平有半自动电光分析天平（图2-2-2）、全自动电光分析天平（图2-2-3）。半自动电光分析天平，习惯上称为万分之一天平，可以准确称量至0.1mg，最大载荷200g。

图2-2-2　半自动电光分析天平

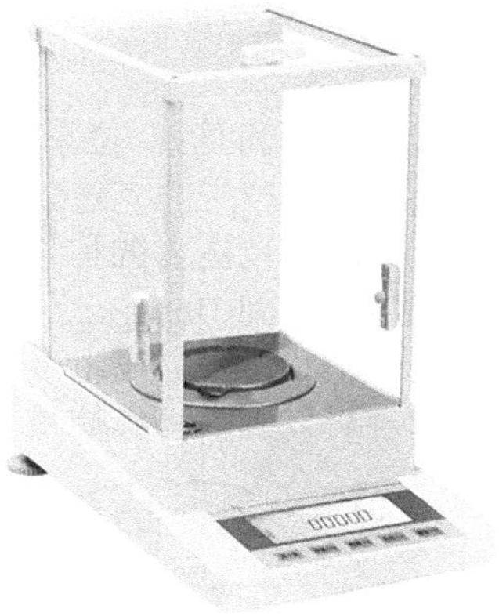

图2-2-3　全自动电光分析天平

2. 半自动电光分析天平基本结构　半自动电光分析天平也称电光分析天平，其构造如图2-2-4所示。

（1）横梁：天平的横梁是天平的重要部件，起平衡和承载物体的作用。

（2）平衡螺丝：天平横梁上部两端各装有一个，用来调节天平的零点。

（3）吊耳：吊耳的中间向下的部分嵌有玛瑙平板，与天平横梁两端的玛瑙刀口接触。吊耳两端面向下有两个螺丝凹槽。

（4）指针：指针固定在天平横梁中央，当天平摆动时，指针随着摆动。指针下端装有标尺，标尺位置可通过投影屏读出，从而确定天平横梁的平衡位置。

（5）支点刀：横梁的中间装有一个三棱形的玛瑙刀，刀口向下，天平启动后作为支点。

（6）框罩：框罩除用于保护天平外，还用于减少天平内气体的对流，以免影响称量。天平两边的门是供取放1g以上的砝码和被称物品的。前门是供安装、调整天平时用的，称量中不要随意打开。

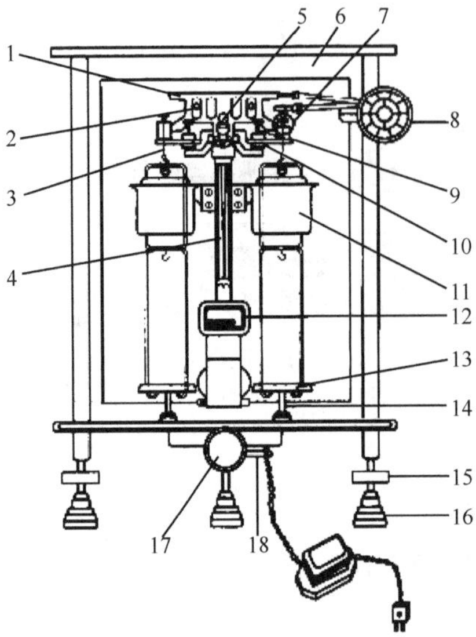

图 2-2-4　半自动电光分析天平基本结构
1. 横梁；2. 平衡螺丝；3. 吊耳；4. 指针；5. 支点刀；6. 框罩；7. 圈码；8. 指数盘；9. 承重刀；10. 折叶；11. 阻尼筒；12. 投影屏；13. 秤盘；14. 盘托；15. 螺旋脚；16. 垫脚；17. 升降枢；18. 调屏拉杆

（7）圈码：指数盘上刻有圈码的质量，分内外两层。外层由 100～900mg 组合，内层由 10～90mg 组合。天平达到平衡时，由外向内层读出圈码的质量，可以确定物体质量数中小数点后的第一、二位。

（8）指数盘：转动指数盘可向天平横梁上加砝码。半自动天平 1 克以下的砝码（又称为圈码，用金属丝制成）由指数盘添加，指数盘如图 2-2-5 所示。

（9）承重刀：横梁的两端还装有两个三棱形的玛瑙刀，称为承重刀，刀口向上。承重刀与支点刀必须完全平行且位于同一水平面内。刀口的角度和刀锋的完整程度直接影响天平的称量准确度。

（10）折叶：升起折叶，使三个玛瑙刀呈休止状态，保护天平。

（11）阻尼筒：两个套在一起的圆筒，外筒固定在天平柱上，内筒倒挂在吊耳钩上。两圆筒间有均匀的空隙，使内筒能自由上下移动。利用筒内空气的阻力产生阻尼作用，使天平很快达到平衡状态。

（12）投影屏（光幕）：位于天平指针下端标尺前，其上有一竖线，称为标线。称量时接通电源后，光源产生的光透过指针下端的标尺，经光学放大，投影到屏上。在投影屏上能读出 0.1～10mg 范围内的称量读数。

标尺的刻度从 0 到 10mg 分为十大格，每一大格，又分 10 小格，故每一小格为 0.1mg。

称量达到平衡状态时，投影屏上的标线与刻度尺的某一刻度线重合，此位置称为“停点”，从投影屏可以确定物体质量数中小数点后的第三、四位，如图 2-2-6 所示。

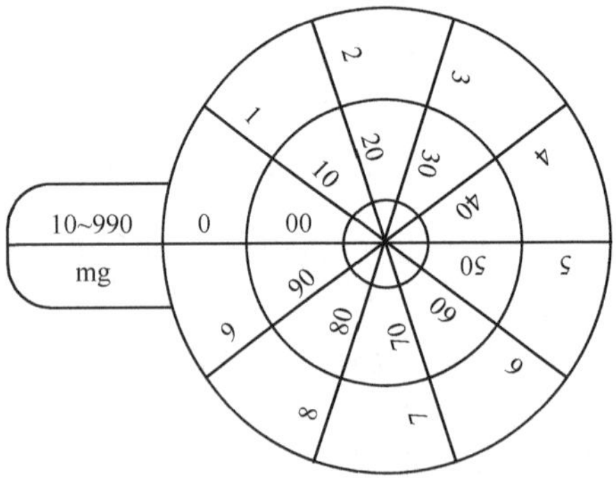

图 2-2-5　指数盘

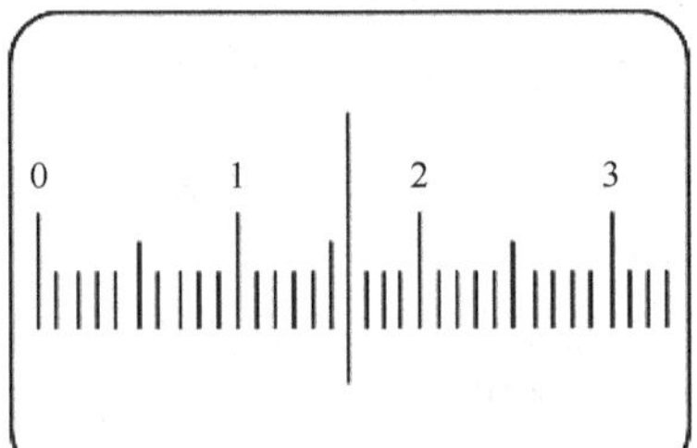

图 2-2-6　投影屏上的读数

（13）秤盘：左盘放称量物，右盘放砝码。

（14）盘托：位于天平秤盘下面，装在天平底板上。天平不用时，盘托升起。

（15）螺旋脚：天平箱下面前两只脚装有可以移动的螺丝，用以调整水平仪，使天平保持在水平位置上。

（16）垫脚：垫在天平三只脚下，起防滑减震作用。

（17）升降枢：是控制天平工作状态和休止状态的旋钮，也就是天平的开关。使用天平时，旋转升降旋钮，三个玛瑙刀口与相应的玛瑙平板接触，同时盘托落下，天平处于工作状态。

（18）调屏拉杆：可左右微调投影屏，调整零点。

3. 半自动电光分析天平的使用规则

（1）称量未知质量的物品时，一般要在托盘天平上粗略称量。这样不仅可以加快称量速度，同时可保护分析天平的玛瑙刀口。

（2）加减砝码的顺序是：由大到小，依次调定。在取、放称量物或加减砝码时（包括圈码），必须关闭天平。启动开关旋钮时，一定要缓慢均匀，避免天平剧烈摆动，这样可以保护天平玛瑙刀口不致受损。

（3）称量物和砝码必须放在托盘中央，避免托盘左右摆动，使称量结果不准确。称取具有腐蚀性、挥发性物体时，必须放在密闭容器内称量。

（4）同一实验中，所有的称量要使用同一架天平，以减少称量的系统误差。使用天平称量不能超过最大载重，以免损坏天平。

（5）砝码盒中的砝码必须用镊子夹取，不允许用手直接拿取，以免沾污砝码。砝码只能放在天平托盘上或砝码盒内，不得随意乱放。在使用机械加码旋钮时，要轻轻逐格旋转，避免圈码脱落。

（6）称量的物品温度要与天平室的温度一致，不得把过冷或过热的物品放到天平中称量。

（7）砝码与圈码调定后，关闭天平门，待标尺在投影屏上停稳后再读数，及时在记录本上记下数据。砝码、圈码的质量加标尺读数（均以克计）即为被称物质量。读数完毕，应立即关闭天平。

（8）称量完毕，将被称物放到指定位置，砝码放回盒内，指数盘退回到“000”位，关闭两侧门。再次调整天平零点，经教师确认后，盖上防尘罩。登记，凳子放回原处，然后离开天平室。

4. 全自动电光分析天平的使用

（1）打开电源开关，屏幕上出现 0.0000g。

（2）调零点：将称量纸放在托盘上，待屏幕数字稳定后，按“去皮”键（Tar 键），屏幕显示 0.0000g。

（3）向称量纸上加入药品，待接近称量数值，少量多次加入，读数稳定后记录药品质量。

（4）称量完毕，取出称量纸及药品，待读数回到零位后关闭电源开关。盖上防尘罩，经教师确认后，离开天平室。

5. 注意事项

（1）直接称量的物体应洁净、干燥，不易潮解、升华，且无腐蚀性。

（2）被称量物品不得用手直接接触，也不能直接放在秤盘上。

（3）如果倒入容器的称量样品超量，必须弃去重称，切勿将多余药品放回试剂瓶。

（4）称量结束后，应在“天平使用登记本”上登记。

（冯　宇）

第三节　滴定分析玻璃仪器简介

滴定分析中常用的精密玻璃仪器有滴定管、移液管和容量瓶，这三种仪器在计量液体体积时可精确到 0.01mL，只有正确掌握它们的使用方法才能达到应有的精度。

一、滴定分析玻璃仪器的清洗

上述三种玻璃仪器使用前必须进行清洗，由于它们属于精密量具，因而清洗其内壁时不允许用去污粉和毛刷，一般可用自来水或各种洗液。

1. 滴定管的洗涤　根据沾污程度，可采用自来水、洗涤剂或铬酸洗液等清洗滴定管。若滴定管比较洁净，可直接用自来水冲洗。若当其中有油污时可使用铬酸洗液洗涤。每次倒入 10～15mL 洗液于滴定管中（碱式滴定管需除去乳胶管，用胶帽堵住滴定管下口）。然后将滴定管端平并不断转动，直到洗液布满整个管内壁，再将洗液倒回原瓶，用自来水冲洗干净，最后用蒸馏水冲洗 2～3 次。并将管外壁擦干，以便观察内壁是否挂水珠。清洗碱式滴定管时，还要注意玻璃珠下方死角处的清洗。为此，在捏乳胶管时应不断改变方位，使玻璃珠四周得到彻底清洗。

2. 移液管的洗涤　移液管可用自来水洗涤，再用蒸馏水洗净。污垢较多时可用铬酸洗液洗涤，用洗耳球吸取洗液进入移液管，然后再把洗液放回原瓶（或把移液管放入装有洗液的高玻璃缸中浸泡一段时间，再把洗液沥净），然后依次用自来水、蒸馏水冲洗。

3. 容量瓶的洗涤　容量瓶可先用自来水冲洗，再用蒸馏水冲洗 2～3 次。容量瓶较脏时，可用铬酸洗液洗涤。使用铬酸洗液时先把容量瓶内的水尽量倒空，然后倒入洗液，盖上瓶塞，边转动边倾斜容量瓶，使洗液布满容量瓶内壁，几分钟后把洗液倒回原瓶，然后依次用自来水、蒸馏水冲洗。

二、滴定分析玻璃仪器的使用

1. 容量瓶的使用　容量瓶（图 2-3-1）是具有细长的颈和磨口玻璃塞（或塑料塞）的玻璃瓶，塞与瓶应编号配套或用绳子相连接。容量瓶用来准确配制一定体积的溶液，容量瓶的瓶颈上有环状刻度。在指定温度下，当瓶内液体的凹液面达到标线处时，其体积即为瓶上所注明的容积数。

使用容量瓶配制溶液的方法如下：

（1）试漏：在容量瓶内装入半瓶水，塞紧瓶塞，用右手食指顶住瓶塞，另一只手五指托住容量瓶底部，将其倒立 1min（瓶口朝下），观察容量瓶是否漏水（图 2-3-2）。若不漏水，将容量瓶正立且将瓶塞旋转 180°后，再次倒立 1min，检查是否漏水，若两次操作，容量瓶瓶塞周围无水漏出，即表明容量瓶不漏水。经检查不漏水的容量瓶才能使用。

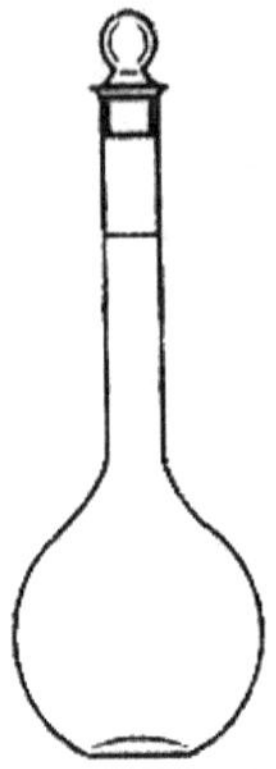

图 2-3-1　容量瓶

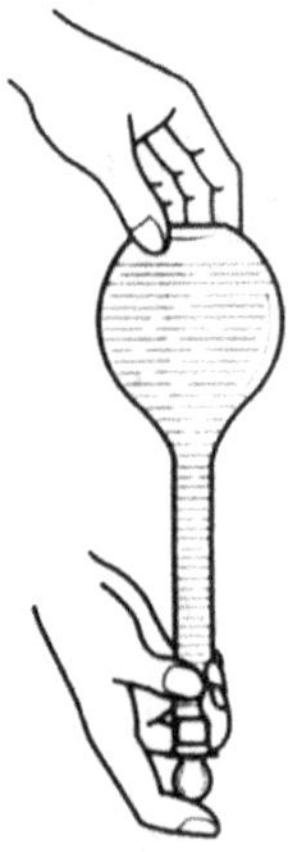

图 2-3-2　容量瓶的试漏

（2）配制溶液：一般说来，为防止溶质在溶解过程中吸热或放热而引起容量瓶容积的变化，不允许将固体溶质在容量瓶中溶解，固体溶质需要在烧杯中完全溶解，再转移到容量瓶中。即把准确称量好的固体溶质放在烧杯中，用少量溶剂溶解，然后把溶液转移到容量瓶内。转移时，将烧杯和玻璃棒拿到容量瓶口的上方时再将玻璃棒从烧杯中取出，放入容量瓶中，玻璃棒尖端贴紧容量瓶内壁，使溶液沿玻璃棒缓缓流入容量瓶内。当烧杯内溶液全部转移结束后，慢慢扶正烧杯，然后将玻璃棒沿烧杯嘴慢慢向上提，将玻璃棒上浸润的溶液拉回到烧杯中，以避免烧杯与玻璃棒之间的一滴溶液流到烧杯外。用少量蒸馏水洗涤烧杯壁和玻璃棒 3～4 次，每次洗涤液均按上述同样操作移入容量瓶内。然后向容量瓶中加溶剂（如蒸馏水），当溶液达到容量瓶容积的 2/3 时，将容量瓶沿水平方向摇晃，使溶液混合，再加溶剂（如蒸馏水）至接近标线约 1cm 处，改用滴管滴加溶剂（如蒸馏水），至溶液凹液面刚好与标线相切。盖好瓶塞，用食指压住瓶塞，另一只手手指托住容量瓶底部，倒转容量瓶，使瓶内气泡上升到顶部，边倒转边摇动，如此反复多次，直到溶液混合均匀（图 2-3-3）。

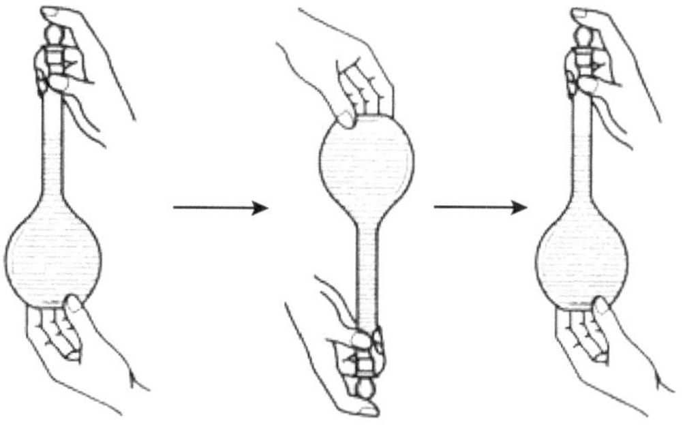

图 2-3-3　用容量瓶混合溶液

容量瓶只能用于配制溶液，不能长期储存溶液，因为溶液可能会对瓶体产生腐蚀，从而使容量瓶的精度受到影响。

容量瓶使用后应及时洗涤干净，塞上瓶塞。当容量瓶长期存放时，要在塞子与瓶口之间夹一纸条，防止瓶塞与瓶口粘连。

图 2-3-4　移液管

2. 移液管的使用　移液管（图 2-3-4）是用于精密转移一定体积液体的玻璃量器，形状是中部呈圆柱形，圆柱形以上及以下为较细的管颈，下部的管颈拉尖，上部的管颈刻有一环状刻度。

（1）润洗：为防止清洗移液管时管内残留的水分对待量取溶液的稀释，移液管需要事先用待量取的溶液润洗。具体操作如下：

将一部分待量取溶液从储备瓶中倒入烧杯，将移液管尖嘴插入烧杯里的待量取溶液中，用洗耳球轻轻吸入一定体积溶液至移液管，用右手食指堵住移液管管口，取出移液管，然后将移液管端平，慢慢旋转几圈。将溶液从尖嘴倒入烧杯，然后把烧杯倾斜，旋转几圈（润洗烧杯壁），再把烧杯中的待量取溶液沿移液管的外壁倒掉。这样润洗 3 次后，移液管壁和烧杯壁上的待量取溶液与待量取溶液浓度基本一致。

（2）移取溶液：将待量取的溶液倒入烧杯中，以右手拇指及中指捏住移液管管颈标线以上的地方，将移液管插入烧杯中，左手拿洗耳球，将溶液吸入移液管，眼睛注意正在上升的液面位置，当液面上升到刻度标线以上一段距离后，迅速用右手食指堵住管口，取出移液管，稍微松开右手食指堵住管口，使液面缓缓下降，此时视线应平视标线，直到溶液弯月面与标线相切，立即按紧食指，使液体不再流出，并使出口尖端接触容器外壁，以除去尖端外残留溶液。再将移液管移入准备接收溶液的容器中，使其出口尖端接触接收容器的器壁，使容器微倾斜，移液管直立，然后放松右手食指，使溶液自由地沿着器壁流下，待溶液停止流出后，一般等待 15 秒钟拿出（图 2-3-5）。注意此时移液管尖端仍残留有一滴液体，不可吹出（移液管上刻有“吹”、“快”字样除外）。

3. 滴定管的使用　滴定管分为酸式滴定管和碱式滴定管两种（图 2-3-6），其中酸式滴定管的下方为玻璃活塞，碱式滴定管是橡胶管中有一个玻璃球。酸式滴定管是滴定分析中经常使用的一种滴定管。除了强碱溶液外，其他溶液作为滴定液时一般均采用酸式滴定管。

（1）准备：为了使酸式滴定管活塞转动灵活并解决漏水问题，需将活塞涂油（如凡士林油或真空活塞脂）。操作方法如下：

解下活塞上的橡皮套，取出活塞，用吸水纸将活塞擦干，用手指或玻璃棒将油脂涂抹在活塞孔的两边（如图 2-3-7）。油脂涂得要适当。涂得太少，活塞转动不灵活，且易漏水；涂得太多，活塞孔容易被堵塞。油脂绝对不能涂在活塞孔的上下两侧，以免旋转时堵住活塞孔。将活塞插入活塞套时，活塞孔应与滴定管平行，径直插入活塞套，此时不要转动活塞，这样避免将油脂挤到活塞孔中。然后向同一方向旋转活塞，直到活塞和活塞套上的油脂层全部透明为止，套上橡皮套。经上述处理后，活塞应转动灵活，油脂层没有纹络。然后将酸式滴定管用蒸馏水洗三次。

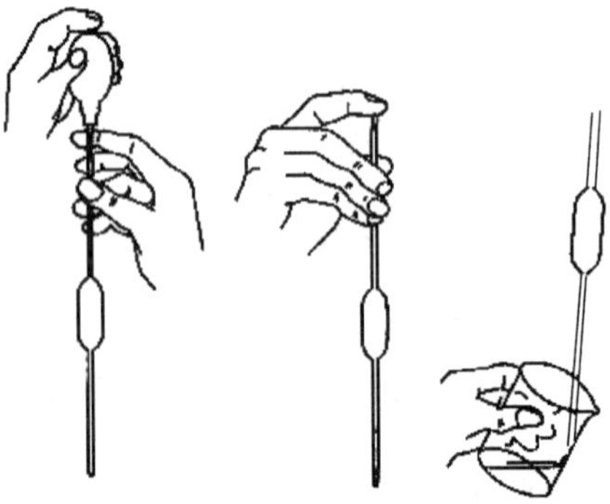

图 2-3-5　移液管的操作

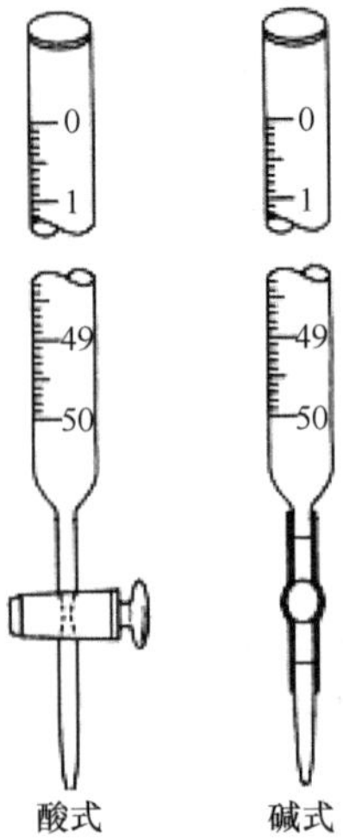

图 2-3-6　滴定管

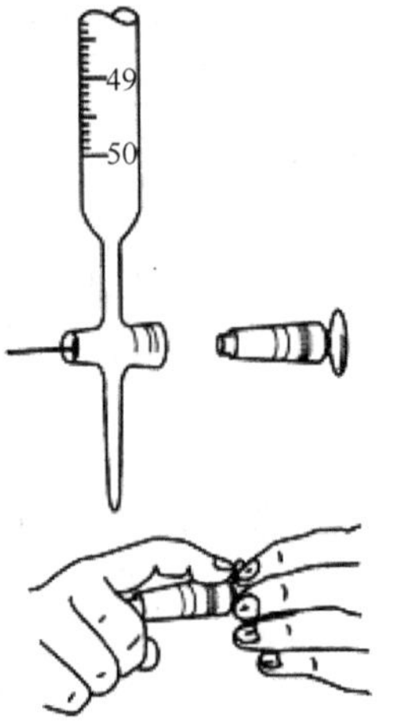

图 2-3-7　滴定管活塞涂油

碱式滴定管使用前应检查乳胶管和玻璃珠是否完好。若胶管已老化，玻璃珠过大（不易操作）或过小（漏水），应予更换。

（2）试漏

酸式滴定管：用自来水充满滴定管，将滴定管外壁擦干，将其放在滴定管架上垂直静置约 2min，观察有无水滴漏下。然后将活塞旋转 180°，再如前检查，如果漏水，应重新涂油。

碱式滴定管：用自来水充满滴定管，将滴定管外壁擦干，捏挤玻璃球使滴定管尖嘴充满水，将其放在滴定管架上垂直静置约 2min，观察有无水滴漏下。如果漏水，应更换胶管或玻璃珠。

（3）润洗：滴定管在装入滴定剂前应该用所装的溶液润洗，具体操作如下：

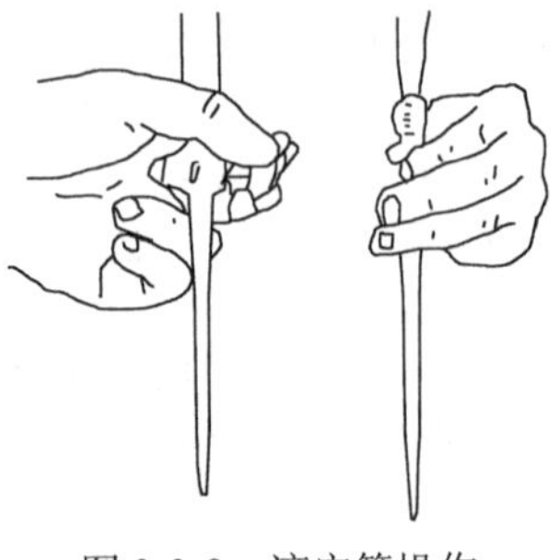

图 2-3-8　滴定管操作

左手掌心向酸式滴定管活塞弯曲，轻轻地贴着管活塞处，无名指和小手指指向手心，用拇指、食指和中指控制活塞的转动（图 2-3-8）。稍微往里用力，注意不要向外拉活塞以免拉出活塞造成漏水。

如使用的是碱式滴定管，左手无名指及小手指夹住出口管，拇指与食指在玻璃珠所在部位，往一旁（左右均可）捏乳胶管，使溶液从玻璃珠旁边空隙处流出（图 2-3-8）。注意不能使玻璃珠上下移动，也不要捏到玻璃珠下部的乳胶管以免空气进入。

无论使用哪种滴定管，装入滴定剂 5～10mL（装入溶液前，应将试剂瓶中的溶液摇匀，使凝结在瓶内壁上的水珠混入溶液，这个操作步骤在天气比较热、室温变化较大时更为必要。混匀后将溶液直接倒入滴定管中，不得用烧杯、漏斗等其他容器来转移。）将滴定管端平，慢慢旋转几圈，让溶液粘到滴定管的内壁上每一部分，然后将溶液从滴定管尖嘴处放出。一般要求润洗 3 次。

（4）调零：将溶液倒入滴定管中，直到充满至“0”刻度以上为止。注意检查滴定管的尖嘴部分是否充满溶液，如尖嘴部分有空气，则需要排掉。①在使用酸式滴定管时，将滴定管尽量竖立，迅速打开活塞至最大流量，使溶液冲出（下面用烧杯承接溶液，或到洗手池边使溶液冲入洗手池中），这时出口管中应不再留有气泡。若气泡仍未能排出，维持此状态，并边旋转边振荡滴定管，可排掉气泡。如仍不能使溶液充满，可能是出口管未洗净，必须重新清洗。②在使用碱式滴定管时，装满溶液后，捏住玻璃珠所在的位置并使乳胶管向上弯曲，出口管斜向上，然后在玻璃珠部位往一旁轻轻捏橡皮管，使溶液从出口管喷出（图 2-3-9），即可排掉气泡。

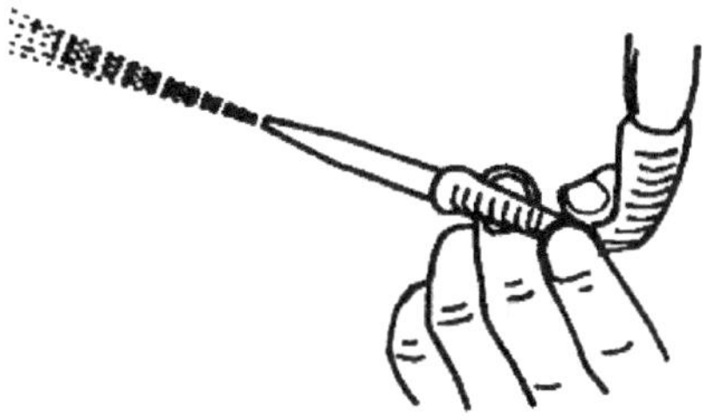

图 2-3-9　排气操作

排净气泡后向滴定管中加入溶液到“0”刻度以上，然后将滴定管直立，小心操纵滴定管使溶液的凹液面缓慢下降，直到使凹液面与“0”刻度相切为止，若此时滴定管尖嘴部分有一滴溶液未滴下，应用锥形瓶外壁将其沾落。

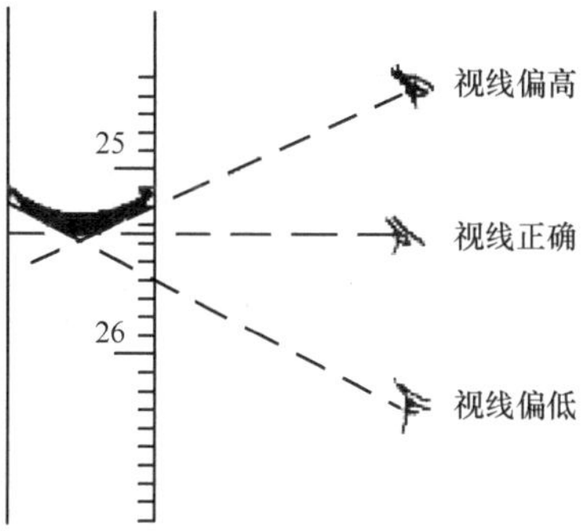

图 2-3-10　滴定管读数

（5）滴定管的读数

1）读数时，滴定管可以夹在滴定管架上，也可以用手拿滴定管上部无刻度处。不管用哪一种方法读数，均应使滴定管保持竖直。

2）对于无色或浅色溶液，应读取弯月面下缘最低点，读数时，视线在弯月面下缘最低点处，且与液面成水平（图 2-3-10）；溶液颜色太深时，可读液面两侧的最高点。此时，视线应与该点成水平。注意初读数与终读数采用同一标准。

3）必须读到小数点后第二位，即要求估计到 0.01mL。注意，估计读数时，应该考虑到刻度线本身的宽度。

4）若为乳白板蓝线衬背滴定管，应当取蓝线上下两尖端相对点的位置读数。

4. 滴定的操作方法　进行滴定操作时，每次滴定都从 0.00mL 开始，这样可以减小系统误差。滴定开始时应将滴定管垂直地夹在滴定管架上，让滴定管的尖嘴距离锥形瓶口 1～2cm，然后左手操作滴定管，右手摇动锥形瓶。必须掌握下面三种加液方法：①逐滴连续滴加；②只加一滴；③使液滴悬而未落，即加半滴。

滴定时，用右手前三指拿住锥形瓶瓶颈，升起锥形瓶使滴定管的尖端伸入瓶口约 1cm。左手按前述方法滴加溶液，右手运用腕力摇动锥形瓶，边摇动边滴加溶液（图 2-3-11）。滴定刚开始时，滴定速度可稍快，但不能形成“水线”。随着滴定的进行，在滴入滴定剂的点附近由于“局部过浓”现象，会局部变色，此时应降低滴定速度。接近终点时，应改为加一滴，摇几下。最后，每加半滴溶液就摇动锥形瓶，直至溶液出现明显的颜色变化。加半滴溶液的方法如下：微微操纵滴定管，使溶液悬挂在出口管嘴上，形成半滴，用锥形瓶内壁将其沾落，再将锥形瓶倾斜，用洗瓶以少量蒸馏水淋洗锥形瓶的瓶壁。重复半滴加入操作，直到指示剂变色为止，然后开始读取滴定剂消耗的体积。

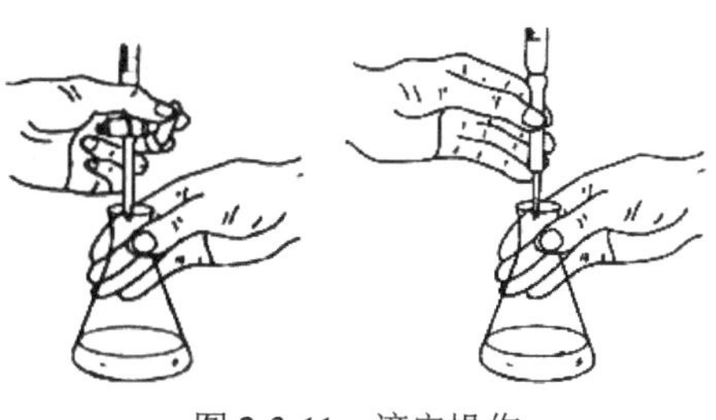

图 2-3-11　滴定操作

滴定结束后，滴定管内的剩余溶液应弃去，不得将其倒回原瓶，以免污染整瓶操作溶液。随即洗净滴定管，并将滴定管尖嘴向上夹在滴定台上。如滴定管需长期存放时，应在酸式滴定管的活塞处夹一纸条，防止粘连。

（李　丹）

第四节 酸度计原理及使用方法

酸度计简称 pH 计，常用来测量液体介质的 pH，配上相应的电极也可以测量电位（mV）值，广泛应用于工业、农业、科研、环保等领域。酸度计一般由参比电极、指示电极（玻璃电极）、电流计三部件构成。

1. 工作原理 当玻璃电极浸入待测 pH 的溶液时，玻璃薄膜内外两侧都因吸水膨润而分别形成两个极薄的水化凝胶层，中间则仍为干玻璃层。在进行 pH 测定时，玻璃膜外侧与待测 pH 溶液的相界面上要发生离子交换，有 H^+进出；同样，玻璃膜内侧与膜内装的 0.1mol·L^{-1} HCl 溶液的相界面上也要发生离子交换，也有 H^+进出。由于玻璃膜两侧溶液中 H^+浓度的差异，以及玻璃膜水化凝胶层内离子扩散的影响，就逐渐在膜外侧和膜内侧两个相界面之间建立起一个相对稳定的电位差，称为膜电位。玻璃电极的电极电位与待测溶液的氢离子浓度符合 nernst 方程，即 25℃时：ϕ（玻璃）= ϕ^0（玻璃）−0.0592×pH。由于膜内侧 HCl 溶液中 c（H^+）=0.1mol·L^{-1}，为定值，当玻璃膜内离子扩散情况稳定后，它对膜电位的影响也为定值，因此膜电位就只取决于膜外侧待测 pH 溶液中的 H^+浓度。合并电位 Ag| AgCl（s）|HCl（0.1mol·L^{-1}）|玻璃膜|待测溶液。在膜电位与 AgCl-Ag 电极的电位合并后，即得玻璃电极的电极电位。

目前市场使用的电极为复合电极的情况越来越普遍，复合电极只是复合了参比电极和指示电极的功能，简化了操作。

2. 使用方法 本节以上海精密科学仪器有限公司生产的 pHs-25 酸度计（图 2-4-1）为例介绍使用方法。

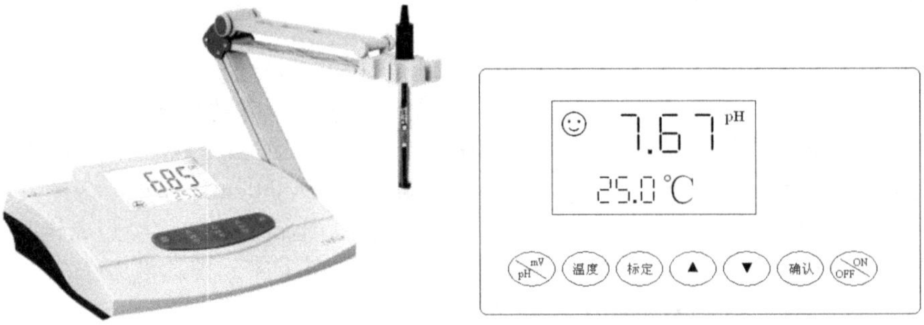

图 2-4-1 pHs-25 酸度计及仪器键盘

按【ON/OFF】打开电源开关，仪器进入 pH 测量状态，按“温度”键，使仪器进入溶液温度调节状态（此时温度单位℃，指示灯闪亮），按“▲”键或“▼”键调节温度显示数值上升或下降，使温度显示值和溶液温度一致，然后按“确认”键，仪器确认溶液温度值后回到 pH 测量状态。

然后进行校正，校正后的酸度计才能进行测量。校正时先将适量的 pH6.86 和 4.01（或 9.18）标准缓冲溶液倒入干净烧杯中。取下 pH 电极保护帽，用蒸馏水清洗电极并用滤纸片擦干，将 pH 电极浸入 pH 为 6.86 的缓冲溶液中，并轻轻晃动几下。按【标定】按键，待显示的 mV 值稳定后按【确认】键，此时会显示溶液的 pH，再按【确认】键，又显示 mV 值；重新用蒸馏水清洗电极并用滤纸片擦干后将 pH 电极浸入 pH 为 4.01（或 9.18）的缓冲溶液中并轻轻晃动电极。此时显示的 mV 值会发生变化。待示值稳定，按【确认】键，显示值与校准缓冲溶液在该测量温度下的 pH 相一致。再按【确认】键，显示屏上将会出现“测量”字样，酸度计校正工作就完成了。酸度计的校正工作，一般每天校正一次即可。

每次测量前都需要用蒸馏水清洗电极，再把电极用滤纸片擦干，然后将电极浸入待测溶液中，轻轻晃动几下，待显示的 pH 稳定后，读数即可。电极使用完毕后应用蒸馏水洗净擦干，然后套上保护帽。保护帽中的 KCl 溶液不足时应及时添加。

电极不得长期浸泡在蒸馏水、蛋白质溶液、酸性氟化物或强碱性溶液中。

（刘佳川）

第五节　721 型分光光度计的使用

721型分光光度计是在可见光波谱区域内使用的一种单光束型仪器，工作波长范围为360～800nm，其工作原理、使用方法以及注意事项如下：

1. 工作原理　当一束强光为I_0的单色光照射有色溶液时，若透射光的强度为I，则入射光强度与透射光强度之比的对数与液层厚度及溶液的浓度c的乘积成正比，即

$$A = \lg\frac{I_0}{I} = \lg\frac{1}{T} = \varepsilon bc$$

这是朗伯-比尔定律的数学表达式，式中

A-吸光度　I_0-入射光强度　I-透射光强度　T-透射比

ε-摩尔吸光系数　c-被测物浓度　b-液层厚度（光程长度）

如果入射光波长和液层厚度不变，在一定浓度范围内，有色物质的吸光度A与该物质的浓度c成正比。

分光光度法测定有色物质的含量分三步：

（1）测定不同波长下有色物质的吸光度，确定最大吸收峰对应的波长。

（2）将波长调到最大吸收峰对应的波长处，测定一系列已知浓度溶液的吸光度，并绘制标准曲线。

（3）在相同条件下测定未知溶液的吸光度，从标准曲线上找出吸光度对应的未知溶液的浓度。

2. 使用方法　721 型分光光度计的外形如图 2-5-1 所示，面板如图 2-5-2 所示。

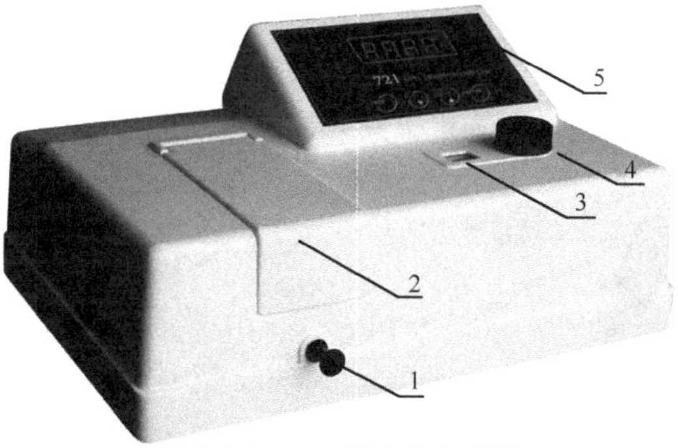

图 2-5-1　721 型分光光度计

1. 样品架拉杆；2. 样品室盖；3. 波长显示窗口；4. 波长旋钮；5. 面板

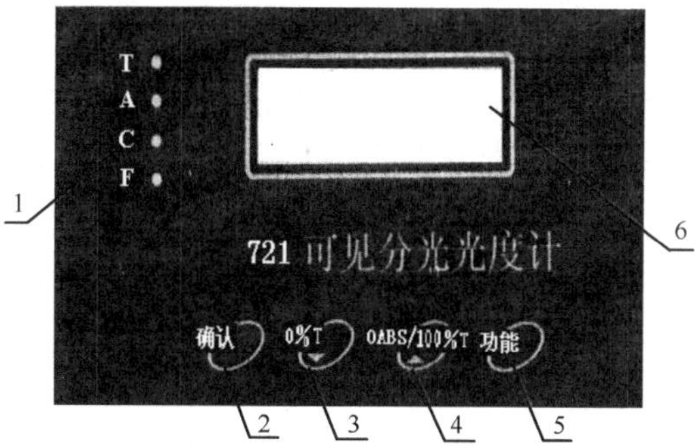

图 2-5-2　721 型分光光度计面板

1. 状态显示；2. 确认键；3. 0%T 键；4. 0ABS/100% T 键；5. 功能键；6. 数据显示窗口

使用方法如下：

（1）接通电源，打开仪器开关，预热 20min。

（2）调节波长旋钮，选择需用的单色光波长。

（3）按“功能”键设置测试模式为透射比（T），打开样品室盖，将 0%T 的校具（黑体）放入比色皿槽中，置入光路，盖上样品室盖。按“0%T”键，待显示屏显示“0.000”后，取出黑体。

（4）将参比溶液和待测溶液分别装入比色皿中，用擦镜纸擦净外壁，将盛有溶液的比色皿依次置于比色皿槽中（一般情况下参比溶液放置于第一个比色皿槽中），盖上样品室盖。

（5）将参比溶液推（拉）入光路，按“功能”键设置测试模式为透光率“T”，按“0ABS/100%T”键，此时显示器显示“100.0”。按“功能”键，将测试模式转换在吸光度“A”方式下，此时显示器显示“0.000”。

（6）将待测溶液推（拉）入光路，此时显示器上显示的即是待测溶液的吸光度值。

（7）测量完毕，切断电源，洗净比色皿，倒置晾干后放回比色皿盒内。

3. 注意事项

（1）测定时，比色皿应先用去离子水淋洗，然后用被测溶液洗涤三次，避免待测液的浓度发生变化。

（2）溶液装入比色皿后，先用滤纸吸干比色皿外部的水分，再用擦镜纸将其外部擦净。注意保护比色皿的透光面，使其不受损坏或产生划痕。拿比色皿时，手指应捏住毛玻璃的两面。

（3）仪器连续使用时间不应超过 2h，最好是间隔半小时后，再继续使用。

（4）仪器内的硅胶干燥剂如受潮变色，应立即更换。

（赵　杰）

第六节　熔点仪的使用

一、显微熔点仪

1. 概述　用毛细管法测定熔点，其优点是仪器简单，操作方便，缺点是不能清楚观察到晶体在加热过程中的变化状况。为了克服这一缺点，可用显微熔点仪测定熔点，其优点是可测定微量样品（数颗晶体）；可测定高熔点样品（室温～350℃）；在显微镜下能清楚地看到样品晶体受热变化的过程，如升华、分解、脱水和多晶形物质的晶形转化等。

显微熔点仪种类很多，图 2-6-1 是其中的一种。它主要由几部分组成：一是显微镜，可放大 50～100 倍；二是加热台，安装在显微镜的载物台上，中心有一透光小孔，用电热丝加热；三是温度计等主要部件。

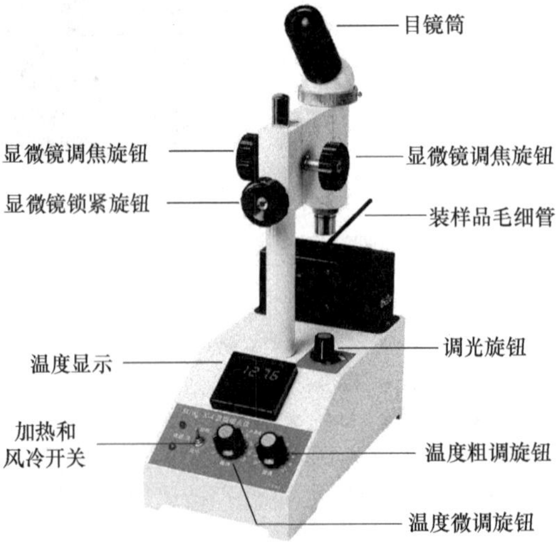

图 2-6-1　X-4 数字显示显微熔点仪

2. 操作步骤

（1）取适量待测干燥样品（不大于 0.1mg，或 2～3 颗小结晶）放在一片载玻片上，并使样品分布薄而均匀，盖上一片盖玻片，轻轻压实，然后放在加热台中心空洞上。也可以将样品装入熔点测定毛细管中，样品高度约为 2～3mm。然后，插入侧面毛细管孔。

（2）盖上隔热玻璃，保护显微镜镜头。

（3）将升温速率调节旋钮（粗调、微调）置于最低挡位“0 挡”，接通电源，打开照明灯，调节显微镜，使加热台中心光孔完全处于视场中。调节镜头焦距，直到样品清晰可见。

（4）根据粗测样品熔点的温度值，控制温度粗调旋钮（升温速率快）和温度微调旋钮（升温速率慢），在测试过程中，前段温度可以升温迅速，中段升温逐渐减慢，后段升温平缓。当温度接近样品熔点温度 40℃左右时，调定旋钮使升温速率减慢。当接近样品熔点温度 10℃左右时，调整温控旋钮使升温速率约 1℃ · min^{-1}。

（5）通过目镜仔细观察样品的状态变化，亦可连接电脑显示器直接显示样品的状态变化。当样品的结晶棱角开始变圆时表明已开始熔化（初熔），记录此温度（初熔温度），继而晶体变成小圆珠（终熔），记录此温度（终熔温度），即完成一次测试。如果晶体迅速地熔化成透明液滴并连成片，说明熔点已过，这是加热过快造成的，需要重新测定熔点。盖玻片只能使用一次，不能重复使用。

（6）测试完毕后，用镊子取下隔热玻璃和盖玻片，放在隔热垫上，将温度粗调旋钮和温度微调旋钮归零，将加热开关调换成风冷开关，使加热台等部件冷却，然后关闭电源开关。

测试过程中，一定要使用镊子夹持放入或取出样品，加热台属高温部件，严禁用手触摸，以免烫伤。

（7）在重复测量时，开关处于中间——关的状态，这时加热停止。当温度冷却到低于熔点值 40℃以下时，放入样品，开关拨到加热挡，即可进行重复测量。

二、数字熔点仪

1. 概述　有各种型号的数字熔点仪，它们都具有初熔、终熔温度自动显示、自动贮存的优点。图 2-6-2 为 WRS-1B 数字熔点仪。该熔点仪采用光电检测、数字温度显示等技术。

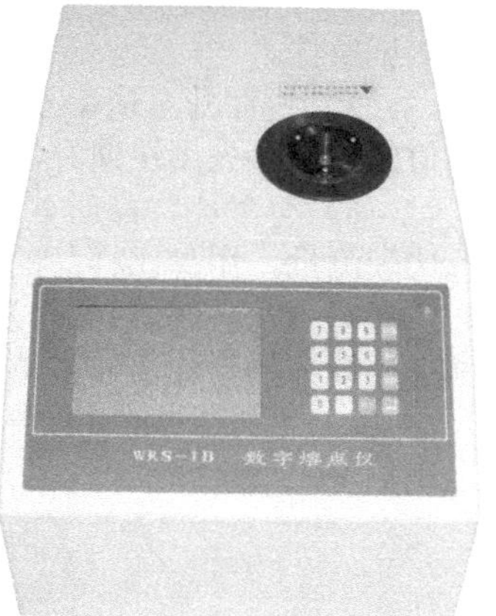

图 2-6-2　WRS-1B 数字熔点仪

2. 操作步骤

（1）开启电源开关，显示上一次起始温度及升温速率。稳定 20min。此时，光标将停止在“起始温度”第一位数字，可通过键盘修改起始温度，并按“↵”键表示确认，若起始温度不需修改可直接按“←”键，此时光标跳至“升温速率”第一位数字。

（2）通过键盘输入升温速率，按“↵”键表示确认，亦可直接按“↵”键，默认当前的升温速率，此时光标又回到“起始温度”第一位数字。

（3）可通过光标移动键“←”将光标移到需修改的数字中，然后进行修改（总之光标所停地位置即可修改），修改后按“↵”键表示确认。

（4）当实际炉温达到预设温度并稳定后，可插入样品毛细管。

（5）按“升温”键，操作提示显示“↑”，此时仪器将按照预定的工作参数对样品进行测量。

（6）在屏幕中显示熔化曲线，当达到初熔点时，显示初熔温度，当达到终熔点时，显示终熔温度。在屏幕下方，显示统一样品 *n* 次测量的初熔温度平均值和终熔温度平均值，屏幕显示，示例如图 2-6-3。

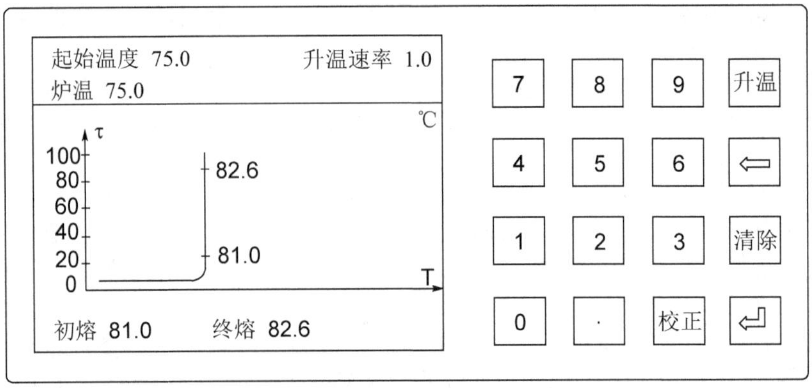

图 2-6-3　WRS-1B 数字熔点仪的屏幕显示

（7）只要电源未切断，上述读数值将一直保留。若要测量另一新的样品，输入完“起始温度”并“↵”键后，原先的曲线将自动清除，开始下一样品的测量。

3. 使用注意事项

（1）样品必须按要求烘干，同一批次测量样品的装填高度应相同，以确保测量结果的一致性。样品装样的好坏及一致性将直接影响到测量读数的准确性，装样不好不合格，可能导致熔化曲线出现波谷或长距离的不连续，此时的测量值仅供参考。

（2）仪器开机后自动预置到上一次起始温度，炉子温度高于或低于此温度都可用键盘快速设定。

（3）设定起始温度切勿超过仪器使用范围（300℃），否则仪器易损坏。

（4）某些样品起始温度高低对测定结果有影响，应确定一定的操作规范。建议提前 3～5min 插入装样毛细管，如线性升温速率设定 1℃ · min^{-1}，设置起始温度应比熔点低 3～5°C；速率若设定 3℃ · min^{-1}，设置起始温度应比熔点低 9～15℃，一般应通过实验确定最佳测试条件。

（5）线性升温速率不同，测定结果也不一致。一般速率越大，读数值越高。未知熔点值的样品可先用快速升温方式，得到初步熔点范围后再精确测量。

（6）有参比样品时，可先测参比样品，根据要求选择一定的起始温度和升温速率进行比较测量，用参比样品的初熔读数作为参考依据。

（7）被测样品最好一次填装 5 根毛细管，分别测定后舍弃最大值和最小值，取用中间 3 个读数的平均值作为测定结果，以消除毛细管及样品制备填装带来的偶然误差。

（8）毛细管插入仪器前用软布将外面污物清除，否则，仪器内部会积垢，导致无法准确测量。

（蔡　东）

第七节　干燥方法和干燥剂的使用

干燥是常用的除去固体、液体或气体中少量水分或少量有机溶剂的方法。在有机物波谱分析、定性或定量分析以及测物理常数时，往往要求预先干燥，否则测定结果将不准确。

液体有机物在蒸馏前也需干燥，否则沸点前馏分较多，产物损失，甚至沸点也不准确。此外，许多有机反应需要在无水条件下进行，溶剂、原料和仪器等均要干燥。在有机化学实验中，试剂和产品的干燥十分重要。

一、液体有机化合物的干燥

1. 基本原理　干燥的方法大致分为物理方法和化学方法。物理方法有吸附、分馏、利用共沸蒸馏将水分移除等。近年来也常用多孔性的离子交换树脂和分子筛脱水，这些脱水剂都是固体，利用其内部的孔穴吸附水分子，一旦加热到一定温度时又释放出水分子，故可以重复使用。

化学方法是利用干燥剂与水进行反应而达到脱水目的，按其去水作用的原理又可分为两类：

（1）第一类干燥剂：能与水可逆地结合生成水合物、如无水氯化钙、无水硫酸镁等。

$$CaCl_2 + nH_2O \Longleftrightarrow CaCl_2 \cdot nH_2O$$

由于这类干燥剂与被干燥物之间存在可逆平衡，因此不可能使被干燥物完全脱水。如果加入的量过多，将会使有机液体的吸附损失增大；如果加入的量不足，则残留水分过多。通常这类干燥剂在使用时需要放置较长时间，以使其形成水合物的反应达到平衡。另外，在进行蒸馏等操作前，必须先将液体中的此类干燥剂过滤除去。

（2）第二类干燥剂：与水发生不可逆的化学反应生成新的化合物，如金属钠、五氧化二磷等。

$$2Na + 2H_2O = 2NaOH + H_2\uparrow$$

这类干燥剂加入液体后，会生成比较稳定的产物，因此蒸馏前可以不必滤除。目前实验室中应用最广泛的是第一类干燥剂。

2. 干燥剂的选择　液体有机化合物的干燥，通常是用干燥剂直接与其接触，因而所用的干燥剂必须不能与该物质发生化学反应或催化作用，且不溶解于该液体中。例如酸性物质不能用碱性干燥剂，而碱性物质则不能用酸性干燥剂。有的干燥剂能与某些被干燥的物质生成络合物，如氯化钙易与醇类、胺类形成络合物。因而不能用来干燥这些液体。强碱性干燥剂如氧化钙、氢氧化钠能催化某些醛类或酮类发生缩合、自动氧化等反应，也能使酯类或酰胺类发生水解反应。氢氧化钾（钠）还能显著地溶解于低级醇中。

在使用干燥剂时，还要考虑干燥剂的吸水容量和干燥效能。吸水容量是指单位重量干燥剂所吸收的水量；干燥效能是指达到平衡时液体干燥的程度。对于形成水合物的无机盐干燥剂，常用吸水后结晶水的蒸汽压来表示。例如，硫酸钠可以形成 10 个结晶水的水合物，其吸水容量达 1.25。氯化钙最多能形成 6 个结晶水的水合物，其吸水容量为 0.97。两者在 25℃时蒸汽压分别为 0.20kPa 及 0.04kPa。因此，硫酸钠的吸水量较大，但干燥效能弱；而氯化钙的吸水量较小但干燥效能强。所以在干燥含水量较多而又不易干燥的（含有亲水性基团）化合物时，常先用吸水量较大的干燥剂，除去大部分水分，然后再用干燥性能强的干燥剂干燥。通常第二类干燥剂的干燥效能较第一类高，而吸水量较小，所以都是用第一类干燥剂干燥后，再用第二类干燥剂除去残留的微量水分，而且只是在需要彻底干燥的情况下才使用第二类干燥剂。

此外选择干燥剂还要考虑干燥速度和价格，常用干燥剂的性能见表 2-7-1。

表 2-7-1　常用干燥剂的性能

干燥剂	干燥效能和干燥速度	适用有机物类型
浓硫酸	强；快	饱和烃、卤代烃
五氧化二磷	强；快	烃、卤代烃、醚
氢氧化钠（钾）	强；快	烃、醚、胺
金属钠	强；快	烃、醚、叔胺
氧化钙	强；较快	低级醇、胺
无水碳酸钾（钠）	较弱；慢	醇、酮、酯、胺
无水氯化钙	中等；较快，放置时间长	烃、卤代烃、酮、醚、硝基化合物
无水硫酸镁	弱；较快	醇、酮、醛、酸、酯、酰胺、腈、硝基化合物
无水硫酸钠	弱；慢	醇、酮、醛、酸、酯、酰胺、腈、硝基化合物
分子筛（3A；4A；5A）	强；快	各类有机溶剂

3. 干燥剂的用量　掌握好干燥剂的用量很重要。若用量不足，则达不到干燥的目的。若用量太多，会由于干燥剂的吸附而造成被干燥物的损失。例如，室温时水在乙醚中可溶解 1%～1.5%，若用无水氯化钙来干燥 100mL 含水的乙醚时，全部转变成 $CaCl_2 \cdot 6H_2O$，其吸水容量为 0.97，也就是说 1g 无水氯化钙大约可吸收 0.97g 水。这样，无水氯化钙的理论用量至少要 1g，而实际上远远超过 1g，这是因为乙醚中含有的水分不可能完全除净，所以实际投入的无水氯化钙是大大过量的。

可通过查阅溶解度手册来估算干燥剂的用量。在实际操作中，一般每 10mL 液体需 0.5～1g 干燥剂。但由于干燥剂质量和颗粒大小不同，干燥温度不同，待干燥的液体产品中含水量也不同，因此一般应分批加入适量干燥剂，每次加入后要振摇并细致观察。如出现干燥剂附着器壁或相互黏结时，说明干燥剂用量不够，应再添加干燥剂，直到出现无吸水的、松动的干燥剂颗粒为止。

干燥前，有时液体会呈浑浊状态，经干燥后变为澄清状态，这可简单地作为水分基本除去的标志。

二、固体有机化合物的干燥

从重结晶得到的固体有机物常含水分或有机溶剂，应根据有机物的性质选择适当的方法进行干燥。

1. 自然晾干　把过滤后得到的固体有机物移至表面皿上摊开成薄层，用一张滤纸覆盖起来，在空气中慢慢晾干。这种方法适用于比较稳定但受热易升华的物质。

2. 加热干燥　对于热稳定的固体有机化合物可以放在专用烘箱内烘干，加热的温度切忌不要达到或超过该固体的熔点，以免固体熔化、变色和分解，若需要可在真空恒温干燥箱中干燥。

3. 红外灯干燥　特点是穿透性强，干燥快，但易升华或受热易分解的产物不宜使用。

4. 干燥器干燥　对易吸潮或在较高温度下会分解、变色的化合物可用干燥器干燥。干燥器有普通干燥器和真空干燥器两种（图 2-7-1）。

（1）普通干燥器：干燥有机物效率较差，但方便实用。

（2）真空干燥器：干燥效率较普通干燥器好。其顶部装有带旋塞的玻璃导气管，由此处连接抽气泵，使干燥器内压力降低，从而提高了干燥效率。使用前必须试压，试压时用网罩或防爆布包住干燥器，然后抽真空，关上旋塞放置过夜，避免干燥器炸碎时玻璃碎片飞溅而伤人。解除器内真空时，开动旋塞放入空气的速度不能过快，以免吹散被干燥的物质。

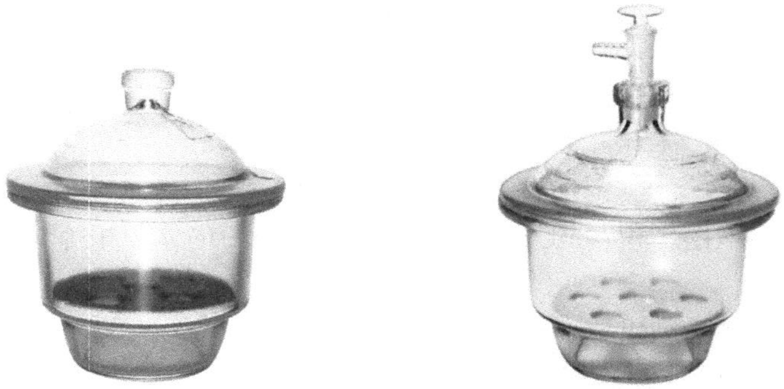

图 2-7-1　干燥器

三、气体的干燥

在有机实验中常用气体有 N_2、O_2、H_2、Cl_2、NH_3、CO_2，有时要求气体中含微量或几乎不含 H_2O 等。因此就需要对上述气体进行干燥。

干燥气体常用仪器有干燥管、干燥塔、U 型管、各种洗气瓶（用来盛液体干燥剂）等。干燥气体常用的干燥剂列于表 2-7-2 中。

表 2-7-2　用于气体干燥的常用干燥剂

干燥剂	可干燥气体
CaO、碱石灰、NaOH、KOH	NH_3 类
无水 $CaCl_2$	H_2、HCl、CO_2、CO、SO_2、N_2、O_2、低级烷烃、醚、烯烃、卤代烷
P_2O_5	H_2、O_2、CO_2、SO_2、N_2、烷烃、乙烯
浓 H_2SO_4	H_2、N_2、CO_2、Cl_2、HCl、烷烃
$CaBr_2$、$ZnBr_2$	HBr

（蔡　东）

第八节　液-液萃取

溶质从一种溶剂向另一种溶剂转移的过程称为萃取，它是有机实验室中用来提取、纯化有机物的常用操作之一。通过该操作可以从反应混合物或动植物组织中提取所需要的物质，也可以用来除去少量杂质，使产品得到纯化。

一、基 本 原 理

萃取是利用物质在两种不互溶（或微溶）溶剂中溶解度或分配比的不同来达到分离、提取或纯化目的的操作。

分配定律是液-液萃取的主要理论依据。在两种互不相溶的混合溶剂中加入某种可溶性物质时，它能以不同的溶解度分别溶解在这两种溶剂中。实验证明，在一定温度下，若该物质的分子在此两种溶剂中不发生分解、缔合和溶剂化等作用，则此物质在两种溶剂中的浓度之比是一个常数，假如一种物质在两液相 A 和 B 中的浓度分别为 C_A 和 C_B，则在一定温度下，$C_A / C_B = K$，K 是一个常数，称为分配系数，这种关系式称为分配定律。K 可以近似地作为物质在两溶剂中的溶解度之比。

当用一定量的溶剂从水溶液中萃取有机化合物时，是采取一次萃取还是多次萃取？可以用上面的分配系数公式来进行推导说明。

假设在 V（mL）的水中溶解 W_0（g） 的有机物，每次用 S（mL）与水不互溶的有机溶剂（有机物在此溶剂中一般比在水中的溶解度大）重复萃取。

第一次萃取：

设 V=被萃取溶液的体积（mL），近似认为与溶剂 A 的体积相等（因溶质的量不多，可忽略）；

W_0=被萃取溶液中溶质的总含量（g）；

S=萃取时所用溶剂 B 的体积（mL）；

W_1=第一次萃取后溶质在溶剂 A 中的剩余量（g）；

W_2=第二次萃取后溶质在溶剂 A 中的剩余量（g）；

W_n=经过 n 次萃取后溶质在溶剂 A 中的剩余量（g）；

故 W_0-W_1=第一次萃取后溶质在溶剂 B 中的含量（g）；

故 W_1-W_2=第二次萃取后溶质在溶剂 B 中的含量（g）。

则

$$\frac{W_1/V}{(W_0-W_1)/S}=K \text{ 或 } W_1=\frac{KV}{KV+S}W_0$$

同理

$$\frac{W_2/V}{(W_1-W_2)/S}=K \text{ 或 } W_2=W_1\frac{KV}{KV+S}=W_0\left(\frac{KV}{KV+S}\right)^2$$

经过几次萃取后的剩余量 W_n，应为：

$$W_n=W_0\left(\frac{KV}{KV+S}\right)^n$$

当用一定量的溶剂萃取时，总是希望在水中的剩余量越少越好。因为上式中 $\frac{KV}{KV+S}$ 恒小于 1，所以 n 越大，W_n 就越小，也就是说把溶剂分成几份作多次萃取比用全部量的溶剂作一次萃取要好。但必须注意，上面的式子只适用于几乎和水不互溶的溶剂。

萃取次数取决于分配系数，一般情况下萃取 3～5 次就够了。如果再增加萃取次数而被萃取物的量增加不多，而溶剂的量则增加较多，回收溶剂既浪费能源，又浪费时间，往往得不偿失。

萃取剂的选择要根据被萃取物质在此溶剂中溶解度而定。同时要易于和溶质分离。所以最好用低沸点的溶剂。理想的萃取溶剂应该具备以下条件：

（1）不与原溶剂混溶，也不形成乳浊液；

（2）不与溶质或原溶剂发生化学反应；

（3）对溶质有尽可能大的溶解度；

（4）沸点较低，易于回收；

（5）不易燃，无腐蚀性，无毒或毒性甚低；

（6）价廉易得。

在实际工作中能完全满足这些条件的溶剂几乎不存在，故只能择优选用。乙醚是最常用的溶剂，可满足大多数条件下的萃取，但是易燃，久置会形成爆炸性的过氧化物，吸入过多乙醚蒸气也有害于健康。二氯甲烷与乙醚类似，但不易燃，其缺点是较易与水形成乳浊液。苯已被证明具有致癌危险，除非采取了有效的预防措施；否则最好不用。戊烷、已烷毒性较低，但易燃，亦较昂贵，故常用较便宜的石油醚代替。一般水溶性较小的物质可用石油醚萃取；水溶性较大的可用乙醚；水溶性极大的用乙酸乙酯等。

如果溶质在原溶剂中溶解度大而在萃取溶剂中溶解度小，则有限次的萃取难以得到满意的效果，这时可采用适当的装置，使萃取溶剂在使用后迅速蒸发再生，循环使用，称为连续萃取。

另外一类萃取原理是利用萃取剂能与被萃取物质起化学反应。这种萃取通常用于从化合物中移去少量杂质或分离混合物。常用的这类萃取剂如氢氧化钠水溶液、碳酸钠水溶液、碳酸氢钠水溶液、稀盐酸、稀硫酸及浓硫酸等。碱性的萃取剂可以从有机相中移出有机酸，或从溶于有机溶剂的有机化合物中除去酸性杂质（使酸性杂质形成钠盐溶于水中）；稀盐酸及稀硫酸可从混合物中萃取出有机碱性物质或用于除去碱性杂质；浓硫酸可应用于从饱和烃中除去不饱和烃，从卤代烷中除去醇及醚等。

二、液-液萃取操作

液-液萃取是实验室最常用的萃取操作。这一操作通常在分液漏斗中进行。应选择容积比液体体积大一倍以上的分液漏斗。先将支管活塞擦干，在离支管活塞孔稍远处薄薄地涂一层润滑脂如凡士林（注意切勿将活塞孔沾污，以免污染萃取液），塞好后再把活塞旋转几圈，使凡士林分布均匀，看上去透明即可。使用之前在分液漏斗中放入水振摇，检查支管活塞与顶塞是否渗漏，确认不漏水方可使用。

将漏斗固定在铁架上的铁圈中，关好活塞。将要萃取的水溶液和萃取剂（萃取剂一般为溶液体积的 1/3）依次自上口倒入漏斗中，塞紧顶塞（注意顶塞不能涂润滑脂）。取下分液漏斗，用右手手掌顶住漏斗顶塞，左手握住漏斗支管活塞处，大拇指压紧支管活塞。使漏斗的上口向下倾斜，下部支管口指向斜上方无人处。左手仍握在活塞支管处，用拇指和食指旋开活塞，释放出漏斗内的蒸气或产生的气体，使内外压力平衡，此操作也称“放气”［见图 2-8-1（a)］，再把分液漏斗放平并前后振荡。开始振荡要慢，振荡几次后，再次放气［见图 2-8-1（b)］。如此重复至放气时只有很小压力后，再剧烈振荡 2～3min，然后再将漏斗放回铁圈中静置。待两层液体完全分开后，打开顶塞，再将活塞缓缓旋开，下层液体自支管活塞流入接收瓶。若萃取剂的比重小于被萃取液的比重，下层液体尽可能放干净，有时两相间可能出现一些絮状物，也应同时弃去；然后将上层液体从分液漏斗的上口倒入锥形瓶中，不可从下口活塞放出，以免被残留的下层液体污染。再将下层液体倒回分液漏斗中，用新的萃取剂萃取，重复上述操作，萃取次数一般为 3～5 次。若萃取剂的比重大于被萃取液的比重，下层液体从支管活塞放入接收瓶中，但不要将两相间可能出现的一些絮状物放出；再从漏斗上口加入新萃取剂，重复上述操作。

在萃取操作中，有时会遇到水层与有机层出现乳化、难分层现象，此时应认真分析原因，采取相应的措施：

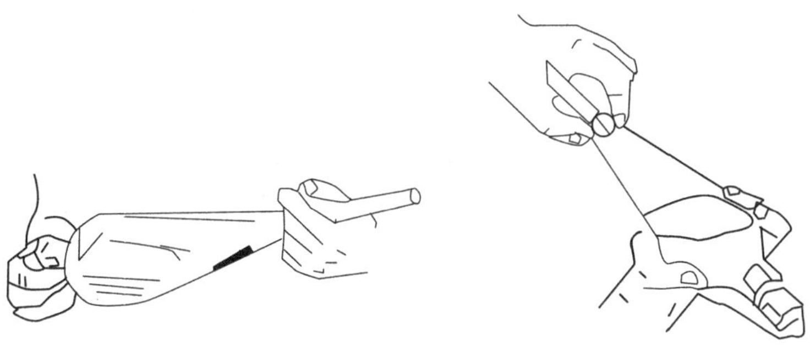

(a) (b)

图 2-8-1 分液漏斗的使用

（1）若萃取剂与水层的比重较接近时，可能出现难分层现象。在这种情况下，只要加入一些溶于水的无机盐，增大水层的密度，即可迅速分层。此外，加入无机盐（通常用氯化钠）使水溶液饱和后，能显著降低有机物在水中的溶解度，明显提高萃取效果，这就是所谓的“盐析作用”。

（2）若萃取剂与水部分互溶而产生乳化，只要静置较长时间就可以分层。

（3）若被萃取液中存在少量轻质固体，在萃取时常聚集在两相交界面处使分层不明显时，只要将混合物过滤一下，就能解决问题。

（4）若因被萃取液呈碱性而产生乳化，加入少量稀酸，并轻轻振摇一般就能使乳浊液分层。

（5）若被萃取液中含有表面活性剂而造成乳化时，条件允许可用改变溶液 pH 的方法来使之分层，也可以加入少量乙醇、磺化蓖麻油等破乳剂。此外，还可根据不同情况，采用加热破坏乳化等方法处理。

上述萃取方式属液-液萃取，此外还有液-固萃取和固相萃取。液-固萃取用于从固相中提取物质，它利用溶剂对样品中待提取物质和杂质溶解度的不同来达到分离提纯的目的。

（蔡　东）

第九节　重　结　晶

无论是天然的还是合成的固体有机化合物往往都是不纯的，其中常夹杂少量其他化合物，通常称其为杂质，重结晶是纯化固体化合物的重要方法之一。把固体化合物溶解在热溶液中形成近饱和溶液，该溶液冷却后形成过饱和溶液并析出结晶，而杂质不溶解被过滤去除或溶解度较大而溶在溶剂中被除去，这一操作过程称为重结晶。

一、基 本 原 理

固体有机物在溶剂中的溶解度与温度有密切关系，一般是温度升高时溶解度增大，温度降低时溶解度减小。利用这一性质，使固体有机物在较高温度下溶解，在低温下结晶析出，而杂质全部或大部分仍留在溶液中（若杂质在溶剂中的溶解度极小，可经过滤除去），从而达到提纯的目的。

使用重结晶法纯化固体有机物，杂质的含量不能过多（杂质太多会影响结晶速率，甚至妨碍结晶体的生成）。重结晶一般只适用于杂质含量约在 5%以下的固体化合物，所以在结晶之前应根据不同情况，分别采用其他方法进行初步提纯，例如萃取、水蒸气蒸馏、减压蒸馏等，然后再用重结晶提纯。必要时可进行第二次或多次重结晶，直到获得纯品。

二、溶剂的选择

选择适当的溶剂是重结晶的一个重要环节。通常借助资料、手册可以了解已知化合物在某种溶剂中的溶解度，但最主要是通过实验方法进行选择。所选适宜的溶剂应符合下列条件：

（1）不与被提纯物质起化学反应。

（2）温度高时被提纯物质在溶剂中溶解度大，而在室温或更低温度时，被提纯物质溶解度小。

（3）低温时对杂质的溶解度要大，冷却后不会随样品结晶出来，或者杂质在热溶剂中也不溶解（可在热过滤时除去）。

（4）溶剂的沸点要低些，易与结晶分离，便于蒸馏回收。

（5）溶剂的沸点应低于样品的熔点，否则当溶剂沸腾时，样品会熔化为油状，给纯化带来困难。

（6）被提纯物质在溶剂中能形成良好的结晶。

（7）溶剂纯度高、价格低、易获取、毒性小、使用安全。

溶剂的最后选择必须用实验方法确定。溶解度实验方法如下：

取 0.1g 待重结晶的固体粉末于一小试管中，用滴管滴加约 1mL 溶剂，振荡下观察溶解情况。若不加热很快溶解，说明溶解度太大，则此溶剂不适用；若加热至沸腾还不溶解，可逐步添加溶剂，每次加入 0.5mL 并加热使其沸腾。当加入溶剂量达到 4mL，而物质仍然不能溶解，说明溶解度太小，则此溶剂也不适用。如果该物质能溶解在 1～4mL 的沸腾溶剂中，则将试管进行冷却，观察结晶析出情况，如果结晶不能自行析出，可用玻璃棒摩擦溶液液面下的试管壁，或再辅以冰水冷却，使结晶析出。若结晶仍不能析出，则此溶剂也不适用。如果结晶能正常析出，要注意析出的量。在几种溶剂用同法比较后，可以选用结晶产率最高的溶剂做重结晶实验。常见的重结晶溶剂见表 2-9-1。

表 2-9-1　常见的重结晶溶剂

名称	沸点（℃）	ρ（$g \cdot cm^{-3}$）	名称	沸点（℃）	ρ（$g \cdot cm^{-3}$）
水	100	1.00	乙酸乙酯	77.1	0.90
甲醇	64.7	0.79	二氯甲烷	40.8	1.34
乙醇	78.0	0.79	三氯甲烷	61.2	1.49
丙酮	56.1	0.79	丁酮	79.9	0.81
乙醚	34.6	0.71	乙腈	81.6	0.78
石油醚	30～60	0.68～0.72	二氧六环	101.3	1.03
环己烷	80.8	0.78	甲苯	110.6	0.87

若不能筛选出一种合适的单一溶剂进行重结晶，可考虑使用混合溶剂。混合溶剂一般由两种能以任何比例互溶的溶剂组成，其中一种对样品必须是易溶的，另一种则是难溶或不溶的。一般常用的混合溶剂有：乙醇-水、丙酮-水、乙酸乙酯-石油醚、醋酸-水、乙醚-乙醇、乙醚-石油醚、乙醇-氯仿等。

选择混合溶剂的具体方法是：

（1）按照选择溶剂的方法，通过试验找出混合溶剂各自量的比例。

（2）将被重结晶物质加热溶解于适量的易溶溶剂中。

（3）趁热过滤，以除去不溶性杂质。

（4）用滴管逐滴加入热的不易溶的溶剂，直至出现浑浊，且不再消失为止。

（5）再加热使其澄清，若不澄清，可再加极少量的易溶溶剂，使其刚好澄清。

（6）将此热溶液在室温下放置，冷却析出结晶。

若冷却后析出油状物，则需调整两溶剂的比例，再进行实验，或换另一对溶剂，有时也可以将两种溶剂按比例预先混合好，再进行重结晶实验。

三、固体的溶解和结晶

绝大多数固体物质的溶解度都随温度的升高而增大。在较低温度下达到饱和的溶液升高温度时就不再饱和，需再加入一定量的溶质才能达到新的饱和。反之，在较高温度下达到饱和的溶液，当降低温度时，溶质会部分析出。如果析出时的温度高于溶质的熔点，则析出油状物。这些油状物在进一步降低温度时会固化而形成无定形固体，且往往包夹着较多的溶剂和杂质。如果析出时的温度低于溶质的熔点，则会直接析出固体。析出固体有两种形式：若固体析出较慢，首先析出的数目较少的固体微粒形成“晶种”。它们在过饱和的溶液中有选择地吸收合适的分子或离子并将其安排到晶格的适当位置上去，从而使自己一层层地“长大”，最后得到的晶体具有较大的粒度和较高的纯度。这样的过程称为结晶。如果固体析出甚快，在很短时间内形成数目巨大的固体微粒，这些微粒来不及选择分子和定位排列，也长不大，这样的过程称为沉淀。沉淀出来的固体物质纯度较低，且由于粒度小，总表面积大，吸附的溶剂较多。而溶剂中又往往溶解有其他杂质，当溶剂挥发后，其中的杂质也就留在沉淀表面。

显然，溶质以油状或以粉末状析出都是不纯的，只有以结晶形式析出才是较纯净的。

四、重结晶的步骤

1. 溶解　将待重结晶的物质置于锥形瓶（圆底烧瓶）中，加入比需要量（根据查得的溶解度数据或溶解度实验方法所得的结果估计得到）稍少的适宜溶剂，加热到沸腾，若未完全溶解，可再分次添加溶剂，每次加入后，均再加热使溶液沸腾，直至物质完全溶解（要注意判断是否有不溶性杂质存在，以免误加过多的溶剂）。

重结晶的物质溶解时需注意以下几点：

（1）溶剂的用量要适当，虽然从减少溶解损失考虑，溶剂应尽可能避免过量，但在热过滤时会引起结晶析出；特别是当待结晶物质的溶解度随温度变化很大时，更加明显。因为操作时会因挥发而损失溶剂，或因降低温度而使溶液过饱和而导致溶液析出结晶。根据这两方面的损失，权衡溶剂的用量，通常可采用比实际需要量多 20%左右的溶剂。

（2）当用有机溶剂进行重结晶时，使用回流装置并避免使用明火加热。添加溶剂时可由冷凝管上端加入，或反应器用双颈烧瓶，斜口装上恒压滴液漏斗添加溶剂。

（3）采用混合溶剂重结晶时，首先将待提纯的物质溶于易溶的沸腾溶剂中，然后将另一难溶的溶剂加至沸腾溶液中直至呈浑浊状。最后补加少量易溶溶剂使浑浊的溶液刚好再次澄清，以便热过滤。

2. 脱色　有机反应的粗产品可能含有有色杂质。在结晶时，这些有颜色的杂质可溶解在沸腾的溶剂中，重结晶时部分杂质将会吸附在晶体上。加入少量活性炭，加热溶液 5～10min。然后通过热过滤方法除去有色杂质。

使用活性炭应注意以下几点：

（1）加活性炭前，待结晶化合物应已完全溶解于溶剂中。

（2）待热溶液稍冷后方可加入活性炭，振摇或搅拌使其均匀分布在溶液中，切勿在沸腾或接近沸点的溶液中加入活性炭，以免引起暴沸。

（3）活性炭的量不宜过多，否则会吸附一部分被纯化的物质导致产率降低，使用量一般为粗品质量的 1%～2%。如一次脱色效果不好，可用活性炭再处理一次，以达到脱色的目的。

（4）活性炭的脱色效果在水中最好，也可在其他溶剂中使用，但在烃类等非极性溶液中效果较差，可使用其他方法如氧化铝吸附脱色等。

3. 热过滤　热过滤的目的是除去不溶性杂质（过滤过程中，由于温度降低而在滤纸上析出结晶，可以采用常压过滤和减压过滤）。

（1）常压过滤：在常压过滤过程中，为了保持滤液的温度使过滤操作尽快完成，一是选用颈短且粗的玻璃漏斗；二是使用折叠滤纸；三是使用保温漏斗。

少量热溶液的过滤，可选一颈短且粗的玻璃漏斗放在烘箱中预热后使用。在漏斗中放一折叠滤纸，用热的溶剂润湿后，即刻倒入溶液（切忌不要直冲滤纸底部），用表面皿盖好漏斗，以减少溶剂挥发。

若过滤的溶液量较多，则应选择保温漏斗。保温漏斗是由金属套内安装一个短颈玻璃漏斗组成的。使用时将热水（通常是沸水）倒入玻璃漏斗与金属套的夹层内，加热侧管（如溶剂易燃，过滤前务必将火熄灭）。漏斗中放入折叠滤纸，用少量热溶剂润湿滤纸，立即把热溶液分批倒入漏斗，不要倒得太满，也不要等过滤完全后再倒，未倒的溶液和保温漏斗用小火加热，保持微沸。为减少溶剂的挥发，可用表面皿盖在漏斗上。热过滤时一般不要用玻璃棒引流，以免加速降温。接收滤液的容器内壁不要贴紧漏斗颈，以免滤液迅速冷却析出的晶体沿器壁向上堆积而堵塞漏斗下口。

若操作顺利，只会有少量结晶在滤纸上析出，可用少量热溶剂洗涤一下。若析出结晶较多，可将滤纸取出，用刮刀刮回原来的瓶中，重新进行热过滤。过滤完成后，将溶液加盖放置，自然冷却。

进行热过滤操作要准备充分，动作迅速。

（2）减压过滤：使用瓷质的布氏漏斗，布氏漏斗以橡皮塞与吸滤瓶相连，漏斗下端斜口正对吸滤瓶支管，吸滤瓶的支管套上橡皮管，与安全瓶连接，再与真空泵相连。在布氏漏斗中铺一张比漏斗底部略小的圆形滤纸，过滤前先用热溶剂润湿滤纸，打开真空泵，关闭安全瓶活塞，抽气，使滤纸紧紧贴在漏斗上。迅速将热溶液倒入布氏漏斗（事先置于沸水中预热）中，在液体抽干之前应保持漏斗有较多液体。同时压力也不可抽得过低，以防溶剂沸腾抽走，或将滤纸抽破使活性炭漏到滤液中。

减压过滤的最大优点是过滤速率快，缺点是悬浮的杂质有时会透过滤纸，溶剂由于减压易沸腾而被抽走，但实验室仍普遍采用此方法。

4. 结晶　将滤液在冷水中快速冷却并剧烈搅动时，可得到颗粒很小的晶体。小晶体虽然包含的杂质少，但由于表面积大而吸附杂质多；若结晶速率过慢，则可得到颗粒很大的晶体，结晶中会包藏有母液和杂质，纯度降低，难以干燥。因此，应将滤液静置，使其缓慢冷却，不要迅速冷却和剧烈搅动，避免晶体过细，当发现大晶体正在形成时，轻轻摇动使之形成较均匀的小晶体。为使结晶更完全，可使用冰水冷却。

如果溶液冷却后仍不结晶，可加入“晶种”（同一种物质的晶体）或用玻璃棒摩擦器壁引发晶体形成。

如果被纯化的物质不析出晶体而析出油状物，由于油状物中含杂质较多，这时可将析出油状物的溶液加热重新溶解，让其自然冷却至开始有油状物出现时，立即剧烈搅拌，使油状物在均匀分散的条件下固化，这样包含的杂质较少。当然最好改换溶剂或溶剂用量，再进行结晶，得到纯的结晶产品。

如果结晶不成功，通常必须用其他方法（如柱色谱等）提纯。

5. 晶体的收集和洗涤　通常用减压过滤的方法，把结晶从母液中分离出来。过滤前先用溶剂润湿滤纸，打开真空泵，关闭安全瓶活塞，抽气，使滤纸紧紧贴在漏斗上，将要过滤的混合物倒入布氏漏斗中，使固体物质均匀分布在整个滤纸面上，用少量滤液将黏附在容器壁上的结晶洗出，继续抽气，并用药匙挤压晶体，尽量除去母液。当布氏漏斗下端不再滴出溶剂时，慢慢旋开安全瓶活塞，关闭真空泵，滤得的固体，习惯称为滤饼。

为了除去结晶表面的母液，应洗涤滤饼。用少量干净溶剂均匀洒在滤饼上，并用玻璃棒或刮刀轻轻翻动晶体，使全部结晶刚好被溶剂浸润（注意不要使滤纸松动），打开真空泵，关闭安全瓶活塞，抽去溶剂，重复操作两次，就可把滤饼洗净。

减压过滤要注意选择大小合适的漏斗。

6. 晶体的干燥　用重结晶法纯化后的晶体，其表面还吸附有少量溶剂，应根据所用溶剂及结晶的性质选择恰当的方法进行干燥。

（蔡　东）

第十节　旋转蒸发仪的使用

一、概　　述

旋转蒸发仪由电机带动可旋转的蒸发瓶（圆底烧瓶或茄形瓶等）、冷凝器和收集瓶组成（见图 2-10-1）。旋转蒸发仪是通过电子调速，使蒸发瓶在最合适的速度下匀速旋转，在加热恒温负压条件下，使瓶内溶液扩散蒸发，然后再冷凝回收溶剂。可在常压或减压下操作，可一次进料，也可分批吸入蒸发料液。由于蒸发瓶的不断旋转，可免加沸石而不会暴沸。蒸发瓶旋转时，会使料液的蒸发面大大增加，加快了蒸发速度。因此，它是浓缩溶液、回收溶剂的理想装置。

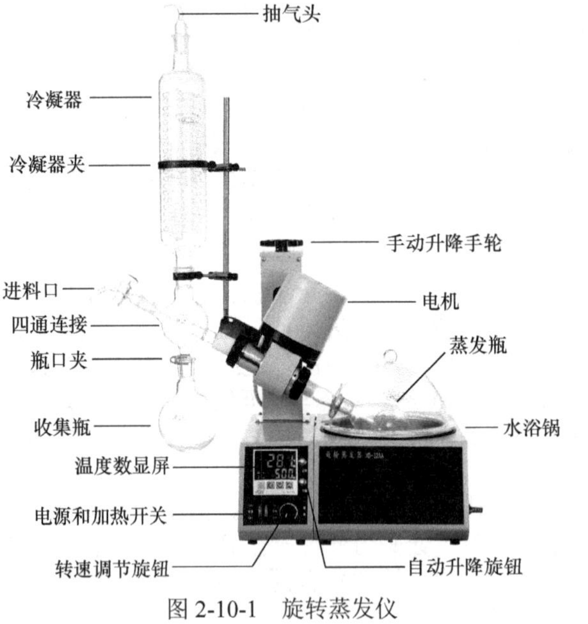

图 2-10-1　旋转蒸发仪

旋转蒸发仪具有操作简便的升降装置，利用自动升降旋钮能上升或下降。当升降电机发生故障时，可使用手动升降手轮应急。上端口装抽真空抽气头。冷凝器上有两个接口接冷却水，下端口接进水，上端口接出水。冷却水一般接自来水，其温度越低效果越好。也可连接低温冷却液循环泵（冷却泵），它是采取机械形式制冷的低温液体循环设备，和旋转蒸发仪连接后，将低温液体通入冷凝器中（见图 2-10-2）。

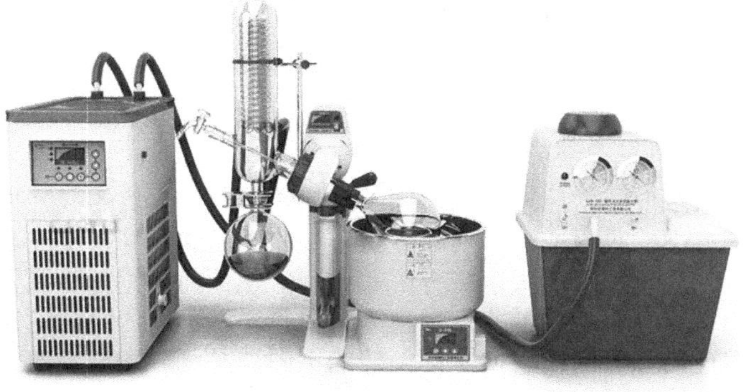

图 2-10-2　旋转蒸发仪及其配套装置

二、旋转蒸发仪操作步骤

（1）检查真空泵及水浴锅中是否有水。

（2）打开加热开关，设置水浴温度，水浴温度一般要低于溶剂沸点温度 30℃左右。

（3）打开冷凝水开关。

（4）打开真空泵开关，接上适宜容积的收集瓶，夹上瓶口夹。在转动接口连接蒸发瓶，夹上瓶口夹，检查系统是否漏气。调节蒸发瓶，使之处在合适的高度和角度，将转速调节旋钮旋至最小后再打开转动开关，调节适当转速进行蒸发。

注意：蒸发瓶中溶液不超过瓶体积的 2/3，若溶液量太多，可通过进料口分批吸入蒸发料液。沸点低的溶剂最好少量多次加入，以免暴沸冲出。一般大蒸发瓶用中、低速，黏度大的溶液用较低转速。

（5）蒸馏结束后，通过自动升降旋钮提升蒸发瓶，使之离开水面，停止水浴加热，将转速旋钮旋至最小，通过转动进料阀泄压，取下瓶口夹和蒸发瓶。将收集瓶中的溶剂倒入相应的回收瓶中。

注意：在关真空泵之前，一定要通过进料阀泄压（或拔掉连接真空泵的橡皮管或打开安全阀），否则真空泵中的液体会严重倒吸进冷凝器和收集瓶中。蒸发仪若受到污染，用水及乙醇或丙酮清洗。

（6）关闭真空泵和冷凝水。

三、旋转蒸发仪操作注意事项

（1）玻璃零件拆装应轻拿轻放，安装前应清洗干净，擦干或烘干。

（2）各接口、密封面和密封圈及接头安装前都需要涂一层真空脂。

（3）水浴锅通电前必须加水，不允许干烧。

（4）如真空度降低，需检查各接头接口是否密封、密封圈是否有效、主轴与密封圈之间真空脂是否涂好、真空泵及其皮管是否漏气或玻璃件是否有裂缝、碎裂、损坏的现象。

（5）减压蒸馏过程中，当温度高、真空度低时，瓶内液体可能会暴沸。此时，及时转动进料阀泄压，通入空气降低真空度即可。

（6）对于不同的物料，应找出合适的温度与真空度，以平稳地进行蒸馏。停止蒸发时，先停止加热，最后停止抽真空。若烧瓶取不下来，可趁热用橡胶棒轻轻敲打，即可取下。

（蔡　东）

第十一节 薄层色谱

色谱法（chromatography）是分离、提纯和鉴定有机化合物的重要方法之一，具有极其广泛的用途。

色谱法种类很多，但基本原理是一致的。即都是利用待分离的混合物中各组分在某一物质（称为固定相）中的吸附或溶解（即分配系数）性能的不同，使混合物溶液（称为流动相）流经该物质，进行反复的吸附或分配等作用，从而将各组分分离开来。

根据被分离组分在固定相中的作用原理不同，色谱法可分为吸附色谱、分配色谱、离子交换色谱、排阻色谱等类型；根据操作条件的不同，又可分为柱色谱、纸色谱、薄层色谱、气相色谱及高效液相色谱等类型。下面主要介绍薄层色谱。

一、薄层色谱法概述

薄层色谱法（thin layer chromatography）常用 TLC 表示，是一种微量、快速和高效的分离方法。TLC 常用于有机化合物的分离与鉴定；在有机合成反应中还可用来监测反应过程；在柱色谱法分离中，常常利用 TLC 来确定其分离条件和监控分离的进程。TLC 既能分离微量样品，也能分离较大量（500mg）的样品，因此又可用于精制样品。

薄层色谱是在洗净的玻璃板（10cm×3cm）上均匀地涂上一层吸附剂或支持剂，经干燥、活化后将样品溶液滴加到离薄层板一端约 1cm 处的起点线上，待溶剂晾干或吹干后，置于盛有展开剂的展开槽中进行展开。待展开剂前沿离顶端约 0.5cm 附近时，将薄层板取出，在紫外灯下显色，或干燥后喷以显色剂。记录原点至展开点中心 a 及展开剂前沿 c 的距离，计算比移值（R_f），如图 2-11-1 所示。

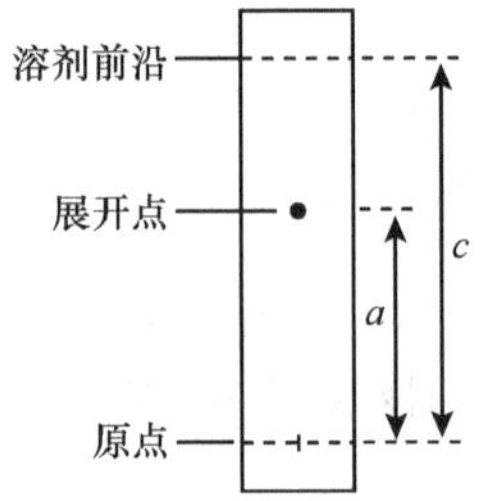

$$R_f=\frac{\text{原点至展开点的距离}}{\text{原点至溶剂前沿的距离}}=\frac{a}{c}$$

图 2-11-1 比移值的计算

在固定的色谱条件下，相同物质的 R_f 值相同。常用的定性方法是已知物对照法，即将样品与已知物对照品在同一薄层板上展开，比较组分与对照品的 R_f 值。如果二者的 R_f 值不同，则组分与对照品不是同一物质；如果二者的 R_f 值相同，则不能轻易肯定二者就是同一物质，必须用几种性质不同的展开剂或性质不同的吸附剂展开，若二者的 R_f 值都一致，同时又对多种显色剂有相同的反应，则组分与对照品定为同一物质才比较可靠。值得注意的是，TLC 鉴别时，R_f 值常常是不固定的，它受到薄层厚度、活化程度、展开方式、展开剂配比的准确程度等多种因素的影响，但相对比移值 $R_{i,s}$ 的数值比较稳定。在不同日期，使用不同批次制备的薄层和不同批次配制的展开剂，R_f 值不易重现。

如果将被分离物质与一参比物点在同一块薄层上，用相同的色谱条件进行分离，相对比移值就是被测物的 R_f 值和参比物的 R_f 值之比，见图 2-11-2。由于参比物的 R_f 值或移动距离可大于或小于被分离物质的 R_f 值或移动距离，因此相对比移值可大于或小于 1，但其重复性及可比性均优于 R_f 值。

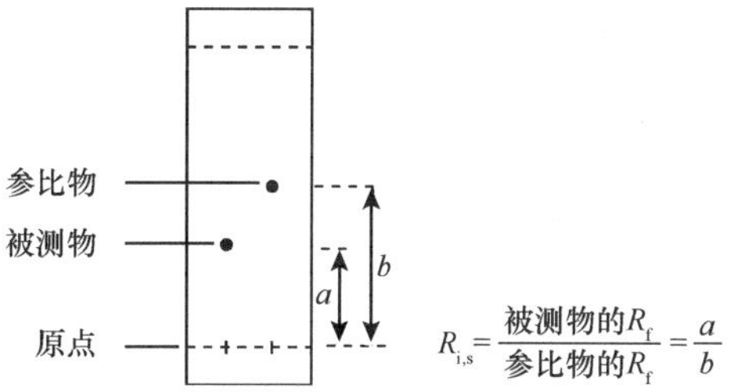

图 2-11-2　相对比移值的计算

二、点　样

将样品用易挥发溶剂（乙酸乙酯、甲醇、乙醇、二氯甲烷、丙酮等）配成 1%～5%的溶液。在距薄层板一端约 10mm 处，用铅笔轻轻地画一条横线作为起始线，在距薄层板另一端约 5mm 处，再画一条横线作为终点线。

用管口平整、内径小于 1mm 的洁净毛细管吸取少量样品，在起始线上小心点样，斑点直径一般不超过 2mm。如果溶液浓度太低，一次点样往往不够，可在前次点样的溶剂挥发完后重复点样，一般点样 3～5 次即可。若在同一块薄层板上点几个样，各样点之间应相隔 1～1.5cm。点样要轻，不可刺破薄层（图 2-11-3）。点好样的薄层板要等溶剂挥发完、样点干燥后，才可进行展开操作。

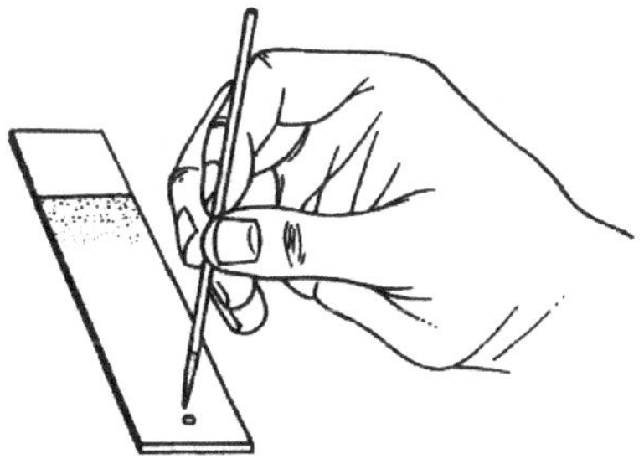

图 2-11-3　点样

三、展　开

选择合适的展开剂是至关重要的。一般根据文献中报道的该类化合物所使用的展开剂，首先尝试使用该类展开剂，然后不断尝试比例，直到找到一个分离效果好的展开剂。一般来说，极性化合物选择极性展开剂；非极性化合物选择非极性展开剂。当一种展开剂不能将样品分离时，还可选用混合展开剂。展开剂的选择条件如下：

（1）对待测组分有良好的溶解性。

（2）可使待测组分明显分开。

（3）待测组分的 R_f 一般在 0.2～0.8 之间较为合适，定量测定的 R_f 一般在 0.3～0.5 之间较为合适。

（4）不与待测组分或吸附剂发生化学反应。

（5）沸点适中，黏度较小。

（6）展开后组分斑点为半径很小的圆形区域。

（7）混合溶剂最好现用现配。

常见的强极性溶剂有乙酸、甲醇、乙醇等；中等极性溶剂有乙酸乙酯、二氯甲烷、甲苯等；非极性溶剂有环己烷、石油醚、己烷等。

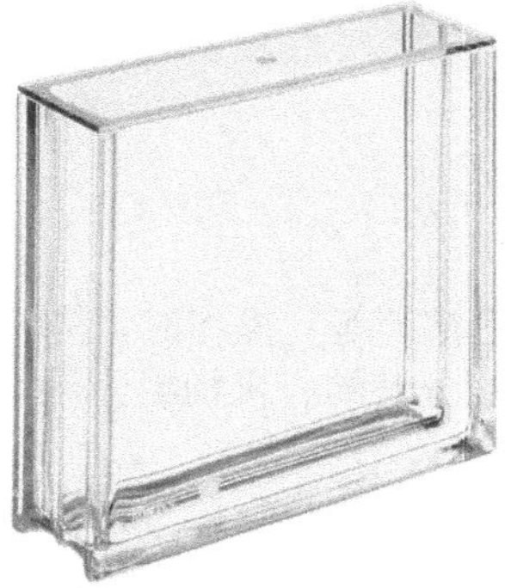

图 2-11-4　长方形盒式展开槽

薄层色谱的展开应在密闭的展开槽中进行。常用的展开槽有长方形盒式展开槽（图 2-11-4）或其他密闭容器。

展开方式有下列几种：

（1）上升法：用于含黏合剂的硬薄层板，将薄层板垂直立于盛有展开剂的展开槽中。

（2）倾斜上行法：薄层板倾斜与垂直线成 15°，适用于无黏合剂的软薄层板，含有黏合剂的硬薄层板可以倾斜与垂直线成 45°～60°，如图 2-11-5 所示。

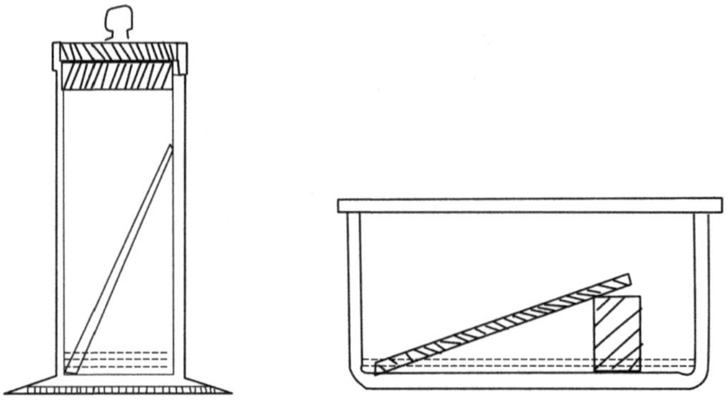

图 2-11-5　倾斜上行法展开方式

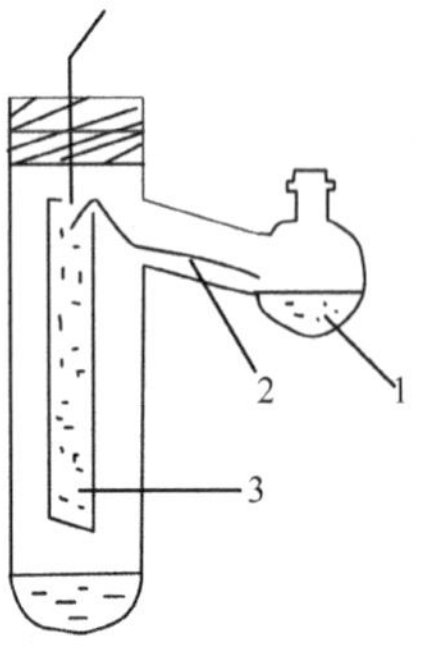

图 2-11-6　下降法展开方式
1. 溶剂；2. 滤纸条；3. 薄层板

（3）下降法：将展开剂放在圆底烧瓶中，用滤纸条将展开剂吸到薄层板的上端，使展开剂沿着薄层板向下扩散（图 2-11-6）。这种连续展开的方法适用于 R_f 值小的化合物。

（4）双向展开法：适用于成分复杂的混合物的分离。将样品点在正方形薄层板的一角，先用第一种展开剂向一个方向展开。待展开剂挥发完以后，将薄层板转动 90°，再换第二种展开剂展开。

样品展开后，如果本身带有颜色，可直接确定斑点的位置。但大多数有机物是无色的，因此需要采用适当的方法使斑点显色。常用的显色方法有：

（1）紫外光显色法：对于含有荧光剂（如，硫化锌镉、硅酸锌、荧光黄）的薄层板，用紫外分析仪在 254nm 波长的紫外光下（图 2-11-7），观察到暗色斑点，此斑点就是样品点。

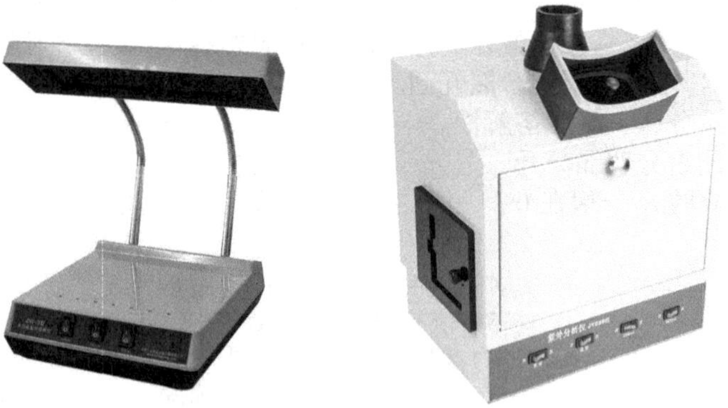

图 2-11-7　常见紫外分析仪

（2）显色剂显色法：常用的显色剂有碘、浓硫酸、三氯化铁溶液等。操作时，先将薄层板展开、风干，然后用喷雾器将显色剂直接喷到薄层板上，被分开的有机物组分便呈现出不同颜色的斑点。及时标记出斑点的形状和位置。

很多有机物都能与碘形成黄色或棕色的络合物。利用这一性质，在一个密闭容器中放几粒碘，稍稍加热，待容器充满碘蒸气后，将展开并风干后的薄层板放入其中，碘与展开后的有机物可逆地结合，在几秒钟内化合物斑点的位置即呈黄棕色。取出薄层板，立即标记出斑点的形状和位置。

四、薄层色谱监测反应

TLC技术是一种重要的分离、鉴定和定量的分析手段，特别是对反应进程的监测更具独到之处。通过TLC对有机制备反应过程的监控、定性鉴别（混合点样法）和定量分析（比较相同R_f斑点大小及颜色深浅）等手段，可以观察反应过程中原料和生成物量的变化，进而判断反应进行的方向以及反应是否到达终点。通过TLC分析可以直观反映有机制备反应的整个过程，从而可以获得反应的最佳条件（反应时间、原料配比、反应温度等）。

例如以苯酚和溴乙烷为原料合成苯乙醚，图2-11-8中，点1为原料苯酚的斑点，点2为反应液的展开点，其中含有苯酚的斑点，还有一个新的斑点，这说明反应原料没有转化完全，还有苯酚残留。随着反应的进行，反应物苯酚不断减少，点2中苯酚斑点会逐渐变小，而新的斑点会逐渐增大。点3为反应结束后反应液的斑点，已经没有苯酚残留，而且产物斑点大小及荧光色斑颜色深度不再变化，这说明反应原料已完全转化，反应已经到达终点。

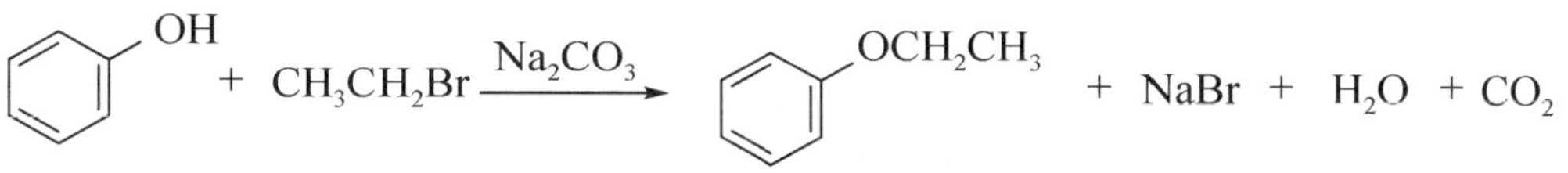

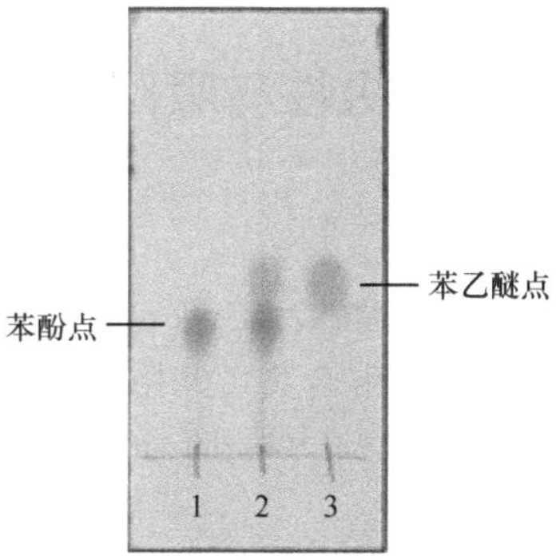

图 2-11-8　反应过程中的薄层色谱展开板

（蔡　东）

第十二节　柱色谱法分离

柱色谱（column chromatography）又称柱层析，一般有吸附柱色谱和分配柱色谱两类。此处主要介绍实验室常用的吸附柱色谱。

吸附柱色谱的分离原理是利用混合物中各组分在吸附剂中的吸附或溶解性能的不同或其他亲和作用的差异，使混合物溶液流经吸附剂时，进行反复的吸附（吸附→溶解→再吸附→再溶解），从而将各组分分开。在进行柱色谱的过程中，混合样品一般是加在色谱柱的顶端，流动相从色谱柱顶端流经色谱柱，并不断地从柱中流出。由于混合样中的各组分与吸附剂的吸附作用强弱不同，因此各组分随流动相（洗脱剂）在柱中的移动速度也不同，最终导致各组分按顺序从色谱柱中流出。如果分步接收流出的洗脱剂，便可达到混合物分离的目的。一般与吸附剂作用较弱的成分先流出，与吸附剂作用较强的成分后流出。

一、吸　附　剂

常用的吸附剂有硅胶、氧化铝、氧化镁、碳酸钙和活性炭等。实验室一般使用硅胶或氧化铝，分离有机混合物常用硅胶作为吸附剂。供柱色谱使用的氧化铝有酸性、中性和碱性三种。酸性氧化铝的 pH 约为 4，适用于分离酸性有机物；碱性氧化铝的 pH 约为 10，用于胺或其他碱性化合物的分离；中性氧化铝的 pH 约为 7.5，用于分离中性有机物，如醛、酮、酯、醌等。

吸附剂的活性取决于吸附剂的含水量。含水量越高，吸附剂的活性越低，吸附能力越弱；反之，含水量越低，吸附剂的活性越高，吸附能力越强。通常按含水量的不同将氧化铝和硅胶的活性分成Ⅰ～Ⅴ级，如表 2-12-1 所示。

表 2-12-1　吸附剂的含水量与活性等级的关系

活性等级	Ⅰ	Ⅱ	Ⅲ	Ⅳ	Ⅴ
氧化铝的含水量	0%	3%	6%	10%	15%
硅胶的含水量	0%	5%	15%	25%	38%

一般选用Ⅱ或Ⅲ级，偶尔使用Ⅳ级。Ⅰ级吸附作用太强，Ⅴ级吸附作用太弱，都不适用。

二、有机物的极性与吸附能力的关系

有机物的吸附性与它们的极性成正比。极性越大，吸附性也越强。氧化铝对各种有机物的吸附活性如下：

酸和碱＞醇、胺、硫醇＞酯、醛、酮＞芳族化合物＞卤代物、醚＞烯＞饱和烃

例如，邻硝基苯胺和对硝基苯胺的混合物可利用柱色谱将它们分离开来，就是根据它们的极性不同：邻硝基苯胺的偶极矩为 4.45D，而对硝基苯胺则为 7.1D。邻硝基苯胺极性小，因而首先被洗脱出来。

三、洗　脱　剂

在柱色谱分离中，洗脱剂的选择是非常重要的一环。一般的原则是：

（1）洗脱剂的极性不能大于样品中各组分的极性，否则，由于洗脱剂在吸附剂（固定相）上被吸附，迫使样品一直留在洗脱剂中。这样一来，样品中的各组分在柱中移动太快，分离效果很差。

一般来说，洗脱剂的极性大小具有下列次序：

乙酸＞吡啶＞甲醇＞乙醇＞正丙醇＞丙酮＞乙酸乙酯＞乙醚＞氯仿＞二氯甲烷＞四氯化碳＞环己烷＞己烷＞石油醚

（2）洗脱剂必须能够将样品中的各组分溶解，但又不能妨碍固定相对各组分的吸附。如果被分离的样品不溶于洗脱剂，那么各组分可能会牢固地吸附在固定相上，而不随洗脱剂移动或移动太慢，分离效果同样很差。

四、色　谱　柱

吸附柱色谱的分离效果不仅依赖于吸附剂和洗脱剂，而且与制成的色谱柱（层析柱）有关。色谱柱是一根下端带有旋塞的玻璃管，如图 2-12-1 所示。一般来说，柱中的吸附剂

用量是被分离样品质量的 30～40 倍，柱高和直径之比一般是 8∶1。装柱前，先将色谱柱洗净、干燥，如果色谱柱下端没有砂芯层，应在色谱柱底部铺一层薄脱脂棉等物，再铺上一层厚约 1mm 的石英砂，然后将吸附剂（如硅胶）装入色谱柱内，最后在吸附剂上面再铺一层厚约 1mm 的石英砂。

装柱可采用干法和湿法两种：

1. 干法装柱　先将干燥的色谱柱竖直固定在铁支架上，关闭活塞。加入洗脱剂至柱容积的 3/4，然后将所需量的干吸附剂通过一支短颈玻璃漏斗慢慢加入色谱柱中。同时，轻轻敲色谱柱使柱填充紧密。干法装柱的缺点是容易使柱中混有气泡。

2. 湿法装柱　先关闭活塞。将溶剂倒入柱内，至柱容积的 1/4。再将需要量的吸附剂置烧杯中，加洗脱剂浸润，溶胀并调成糊状。打开色谱柱下端活塞，调节流出速度为每秒钟一滴，将调好的吸附剂在搅拌下自色谱柱顶缓缓注入柱中，同时用硬橡胶棒轻轻敲击色谱柱，使吸附剂在洗脱剂中均匀沉降。最后在吸附剂顶部盖上一层白石英砂，关闭活塞。

一般来说，湿法装柱较干法装柱紧密均匀。实验室大多采用湿法装柱。

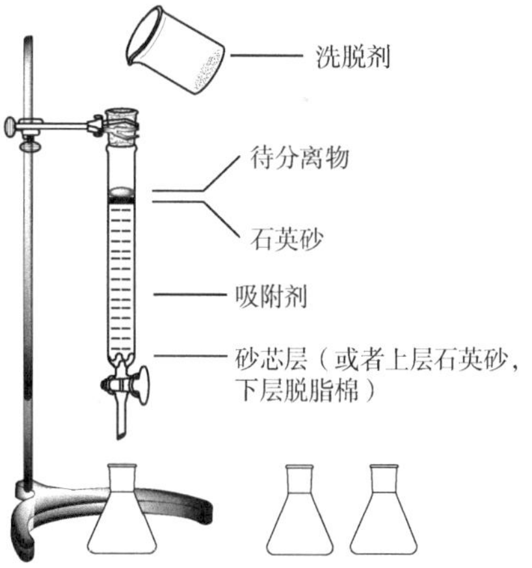

图 2-12-1　色谱柱分离装置

五、加　　样

加样亦有干法、湿法两种。

1. 湿法加样　将待分离物溶于尽可能少的溶剂中，如有不溶性杂质应当滤去。先将吸附剂上端多余的洗脱剂放出，再将配好的溶液沿着内壁缓缓加入，切记不要冲散吸附剂界面。溶液加完后，小心开启柱下端活塞，放出液体至溶液液面降至吸附剂界面处时，关闭活塞。用少许溶剂冲洗柱内壁（同样不可冲散吸附剂界面），再放出液体至液面降到吸附剂界面处。

2. 干法加样　将待分离样品加少量溶剂溶解，再加入约五倍量吸附剂，混合均匀后蒸发至干。将样品与吸附剂的混合物均匀平摊在吸附剂的顶端，再在上面加盖一薄层石英砂（或吸附剂）。干法加样易于掌握，但不适合于热敏感的化合物。

六、洗脱及各组分样品的收集

洗脱过程就是样品的分离过程，如图 2-12-2 所示。操作时要注意：

（1）洗脱剂要连续不断地加入，并保持液面有一定的高度。整个操作过程中不要使柱中吸附剂界面上的洗脱剂流干，否则，会使色谱柱中产生气泡和裂缝，影响分离效果。

（2）要控制洗脱剂的流出速度，一般控制流速为每秒一滴。流速太快或太慢均会影响分离效果。若流速太快，样品在柱中的吸附和溶解过程来不及达到平衡，影响分离效果。若流速太慢分离时间会拖得太长。有时，样品在柱中停留时间过长，可能促成某些成分发生变化。或洗脱剂在柱中下行速度小于样品的扩散速度，会造成色带加宽、重叠甚至根本不能分离。

（3）洗脱时，可以先用极性小的洗脱剂，然后逐渐加大洗脱剂的极性，这样可以在色谱柱内形成不同的色带环。

（4）收集洗脱液时，如果被分离的各组分有颜色，可按不同的色带分别进行收集；

如果没有颜色，则采用等份（每份一般为 20～50mL，据实际情况而定）收集法进行收集，再用薄层色谱法逐一鉴定，合并相同组分的收集液，蒸除溶剂，即得各组分，从而将混合物分离开来。

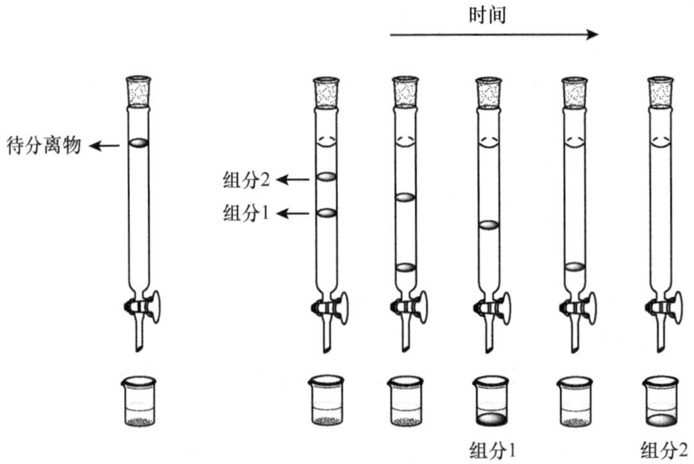

图 2-12-2 色谱柱分离过程

七、柱色谱操作中影响分离效果的现象

1. 色带过宽，界线不清 造成的原因可能是柱的直径与高度比选择不当，或吸附剂、洗脱剂选择不当，或样品在柱中停留时间过长。但更常见的原因却是在加样时造成的。

2. 色带倾斜 正常情况下柱中的色带应是水平的，而倾斜的色带说明在前一个色带还没有完全流出时，后面色带的前沿已开始流出，所以不能接收到纯的单一组分。造成色带倾斜的原因是吸附剂的顶面装得倾斜，或柱身安装得不垂直。

3. 气泡 造成气泡的原因可能是石英砂、吸附剂或脱脂棉中的空气未排净，也可能是吸附剂未充分浸润溶胀。但更多的是在装柱或淋洗过程中洗脱剂放出过快，液面下降到吸附剂柱表面之下、使空气进入吸附剂内部滞留而成。所以在装柱及淋洗过程中应始终保持吸附剂上面有一段液柱。

4. 断层和裂缝 当柱内某一区域内积有较多气泡时，这些气泡会合并起来在柱内形成断层或裂缝。

（蔡 东）

第三部分　基础化学实验

实验一　物质的称量

【实验目的】

1. 学会正确使用托盘天平。
2. 了解分析天平的结构和性能。
3. 掌握分析天平的使用规则，学会用减量法称量一定质量的样品。

【实验原理】

见第二部分第二节。

【实验仪器与试剂】

1. 仪器　托盘天平、分析天平、干燥器、称量瓶、小烧杯。

2. 试剂　硫酸钡固体粉末。

【实验步骤】

1. 称量前的检查　进入天平室后，对照天平编号坐在自己需使用的天平前，将天平防尘罩取下叠好，放在天平顶部。再按下述方法进行检查：

（1）天平是否水平（观察水准泡，水准泡必须位于液腔中央。如不水平，在教师指导下，可调节天平箱下面的两个螺旋脚，使水准泡处于水平仪的中间）。

（2）圈码是否挂好。

（3）指数盘是否在“000”位置。

（4）两托盘是否空载（用小毛刷将托盘清扫干净）。

2. 调节零点　接通电源，轻轻顺时针旋转升降枢，启动天平，在光幕上即看到标尺，标尺停稳后，光幕中央的黑线应与标尺中的“0”线重合，即为零点（天平空载时平衡点）。如不在零点，差距小时，可调节天平箱下部的调零拨杆，移动光幕的位置，调至零点；如差距大时，关闭天平，调节横梁上的平衡螺丝，再开启天平，反复调节，直至零点。

3. 物质的称量

（1）直接称量法：将分析天平零点调好以后，关闭天平。把被称物用干净的纸条套住（参看图 3-1-1，也可采用专用手套），先用托盘天平粗称（便于精称时心中有数，保护分析天平），结果记录在表 3-1-1 中，然后放在分析天平左盘中央。按照“由大到小，中间截取，逐级试重”的原则在右盘加减砝码（或圈码）。试重时应半开天平，观察指针偏移方向或标尺投影移动方向，以判断左右两盘的轻重和所加砝码是否合适及如何调整（指针总是偏向轻的一侧，标尺投影总是向重一侧方向移动）。

先确定克以上砝码（用镊子取放），关上天平右门。再依次调整指数盘内外两层圈码，每次都从中间量（500mg 和 50mg）开始调节。确定内层圈码读数后，开启天平，待光幕上标尺刻度慢慢停到某个位置时，立刻记录光幕上的读数。关闭天平，则砝码、指数盘及光幕上读数之和即为被称物的质量。

例如用托盘天平粗称一坩埚的质量为 15.0g 后，将坩埚放在分析天平左盘中央，右手用镊子将 10g 和 5g 砝码置于右盘中央，左手稍微转动升降枢，观察指针移动的方向，若指针迅速向左移动，表示砝码太重（若指针迅速向右移动，则表示砝码太轻），应马上关闭升降枢。根据上述情况，先减（增）1g 的砝码，观察指针偏转，若砝码轻，则进一步由指数盘操纵，先加 500mg 的圈码（转动指数盘的外圈），观察指针偏转，然后再由大到小地加减圈码，先确定外圈圈码，再确定内圈圈码，如此称得坩埚质量在 14.85～14.86g 之间。小数点后第 3 位、第 4 位可由投影屏上直接读出，最后称得坩埚质量为 14.8583g。

（2）差减法

1）一次差减：用分析天平称量，只要准确称出称量瓶与样品的总质量 m_1，从右盘先减去称量范围最小值，再分若干次倾出样品至干净的容器中（参看图 3-1-2），直至指针偏左。左手持称量瓶，右手持盖轻敲瓶口上部，使样品慢慢落入容器中。倒完后，慢慢将瓶竖起，用瓶盖轻敲瓶口，使沾在瓶口的样品落回瓶中，然后将瓶盖盖上，放回天平盘上称量。此时，容器中样品质量符合要求（但不能超量，即从右盘减去称量范围最大值后，指针偏右）。右盘重，再减去砝码（由轻到重），至天平平衡。称出称量瓶与剩余样品的质量 m_2，计算称出的样品质量$\Delta m=m_1-m_2$。结果记录在表 3-1-2 中。

2）连续差减（称量出三份样品）

粗称（称量瓶+样品）→精称→m_1。

减去样品所需质量→倾倒→精称→m_2，重复 2 次得 m_3，m_4。

则三份样品$\Delta m_1=m_1-m_2$，$\Delta m_2=m_2-m_3$，$\Delta m_3=m_3-m_4$。

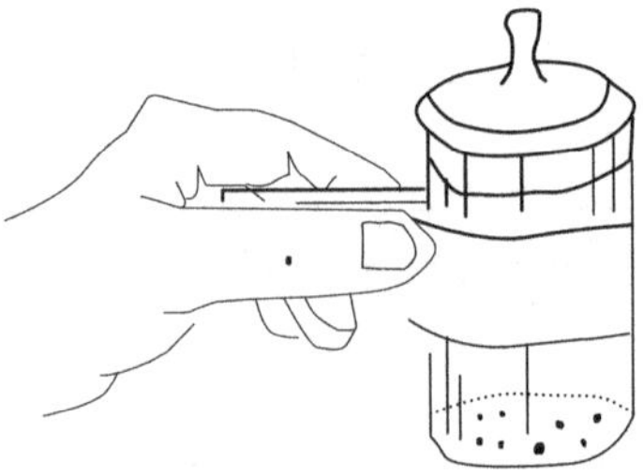

图 3-1-1　称量瓶拿法

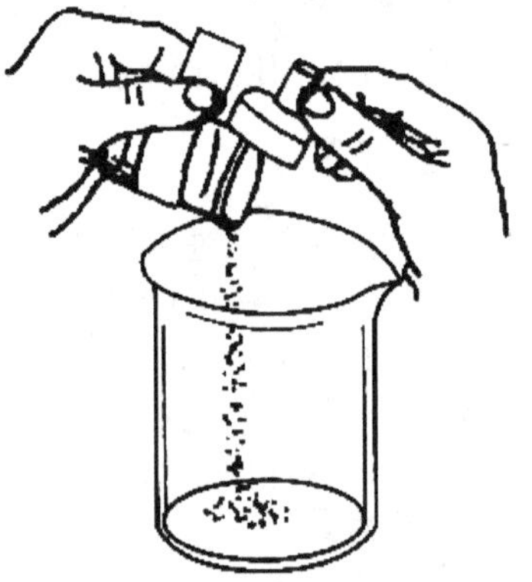

图 3-1-2　从瓶中倾出样品

【实验结果和数据处理】

将实验数据填入表 3-1-1 和表 3-1-2 中。

表 3-1-1　粗称

称量瓶（g）	称量瓶+$BaSO_4$（g）	$BaSO_4$（g）

表 3-1-2　精称

称量份数	1	2	3
称量范围（g）	0.5～0.7	0.3～0.4	0.1～0.15
称量瓶+$BaSO_4$（g）	m_1	m_2	m_3
	m_2	m_3	m_4
称取 $BaSO_4$（g）	Δm_1	Δm_2	Δm_3

【思考题】

1. 如何调节分析天平的零点?
2. 在分析天平上取放物品或加减砝码（包括圈码）时，应特别注意哪些事项?
3. 分析天平称量结果应记录至小数点后几位?
4. 快速开、关升降枢会造成什么结果?
5. 称量前，当天平的指针不在零点而偏左时，用以称量物品，天平达到平衡时，称得的物品质量与实际质量相比是偏小还是偏大?

（冯 宇）

实验二 食盐的提纯和质量检查

【实验目的】

1. 掌握食盐的提纯方法和基本原理。
2. 学习称量、沉淀、常压过滤、蒸发浓缩、结晶和减压过滤等基本操作。
3. 了解 Ca^{2+}、Mg^{2+}、SO_4^{2-} 等离子的定性鉴定。

【实验原理】

用于配制生理盐水的 NaCl 试剂是以粗食盐为原料提纯制备的。粗食盐中除含有泥沙等不溶性杂质外，还含有 K^+、Ca^{2+}、Mg^{2+}和 SO_4^{2-} 等可溶性杂质。不溶性杂质可通过过滤除去；选用合适的试剂使可溶性的 Ca^{2+}、Mg^{2+}、SO_4^{2-} 等杂质离子生成沉淀，再过滤除去。

通常是先在粗食盐溶液中加入稍过量的 $BaCl_2$ 溶液，使其中的 SO_4^{2-} 生成 $BaSO_4$ 沉淀：

$$Ba^{2+}+SO_4^{2-} = BaSO_4\downarrow$$

过滤除去 $BaSO_4$ 沉淀后，在滤液中加入过量的 Na_2CO_3 溶液，Ca^{2+}，Mg^{2+}和过量的 Ba^{2+} 转化为沉淀：

$$Ca^{2+}+CO_3^{2-} = CaCO_3\downarrow$$

$$4Mg^{2+}+4CO_3^{2-}+H_2O = Mg(OH)_2\cdot 3MgCO_3\downarrow+CO_2\uparrow$$

$$Ba^{2+}+CO_3^{2-} = BaCO_3\downarrow$$

过滤除去沉淀后，再向所得滤液中加入盐酸除去过量的 Na_2CO_3：

$$CO_3^{2-}+2H^+ = CO_2\uparrow+H_2O$$

粗盐中的 K^+和上述的沉淀剂都不起作用，仍留在溶液中。由于 KCl 的溶解度大于 NaCl 的溶解度，且含量较少，因此在蒸发和浓缩食盐溶液时，NaCl 先结晶析出，而 KCl 仍留在溶液中。

【实验仪器与试剂】

1. 仪器 托盘天平、烧杯、玻璃棒、量筒、滤纸、玻璃漏斗、布氏漏斗、吸滤瓶、蒸发皿、石棉网、煤气灯、三脚架、研钵。

2. 试剂 粗食盐、HCl（$6mol\cdot L^{-1}$）、HAc（$6mol\cdot L^{-1}$）、NaOH（$6mol\cdot L^{-1}$）、

$BaCl_2$（$1mol \cdot L^{-1}$）、Na_2CO_3（饱和）、$(NH_4)_2C_2O_4$（饱和）、镁试剂、H_2SO_4（$1mol \cdot L^{-1}$）。

【实验步骤】

1. 粗食盐的提纯

（1）粗食盐的溶解：用托盘天平称取 10g 粗食盐于研钵中，研碎后转入 100mL 烧杯中。加约 40mL 蒸馏水，加热搅拌使粗食盐溶解。

（2）除SO_4^{2-}：加热溶液至沸腾，边搅拌边滴加 $1mol \cdot L^{-1}$ $BaCl_2$ 溶液至沉淀完全（约 2～3mL $BaCl_2$ 溶液）。继续加热 5min，使沉淀颗粒长大易于沉降。

（3）检查SO_4^{2-}是否除尽：将烧杯从石棉网上取下，静置、冷却至室温，待沉淀沉降后，取少许上层清液于试管中，加 1 滴 $6mol \cdot L^{-1}$ HCl 溶液和 2 滴 $1mol \cdot L^{-1}$ $BaCl_2$ 溶液，如果出现浑浊，表示SO_4^{2-}未除尽，继续滴加 $BaCl_2$ 溶液除去剩余SO_4^{2-}；如果不出现浑浊，表示SO_4^{2-}已除尽。常压过滤，弃去沉淀。

（4）除 Ca^{2+}、Mg^{2+}和过量的 Ba^{2+}：将所得滤液加热近沸，边搅拌边滴加饱和的 Na_2CO_3 溶液至沉淀完全（约 4～5mL Na_2CO_3 饱和溶液）。静置，冷却至室温。

（5）检查 Ba^{2+}是否除尽：取少许上层清液于试管中，加入 2 滴 $1mol \cdot L^{-1}$ H_2SO_4 溶液，如果出现浑浊，表示 Ba^{2+}未除尽，在原溶液中继续加 Na_2CO_3 溶液，直至 Ba^{2+}除尽为止。常压过滤，弃去沉淀。

（6）用盐酸调节酸度除去过量的CO_3^{2-}：在搅拌下向滤液中逐滴滴加 $6mol \cdot L^{-1}$ HCl 溶液至溶液 pH 为 4～5（用 pH 试纸进行检查）。

（7）浓缩与结晶：将滤液倒入蒸发皿中，用小火加热蒸发浓缩至稀糊状为止（约为原体积的 1/4），冷却后，抽滤，尽量将 NaCl 晶体抽干。再将 NaCl 晶体转移到蒸发皿中，在石棉网上用小火烘干。冷却后称量，计算产率。

2. 粗食盐和精制食盐中杂质的定性比较 取粗食盐和精制食盐各 1g，分别溶于 5mL 蒸馏水中，将两种溶液各分为四等份分装在八支试管中组成四组，用下面的方法进行定性检验，结果记录在表 3-2-1。

（1）SO_4^{2-}的检验：在第一组溶液中，分别加入 2 滴 $6mol \cdot L^{-1}$ HCl 溶液，使溶液呈酸性，再各加入 3 滴 $1mol \cdot L^{-1}$ $BaCl_2$ 溶液，观察现象。

（2）Ca^{2+}的检验：在第二组溶液中，分别加入 2 滴 $6mol \cdot L^{-1}$ HAc 溶液，使溶液呈酸性，再各加入 3 滴饱和的$(NH_4)_2C_2O_4$溶液。如有白色 CaC_2O_4 沉淀生成，证明 Ca^{2+}存在（Mg^{2+}也可产生草酸盐沉淀。但 MgC_2O_4 溶于 HAc，CaC_2O_4 不溶于 HAc，加 HAc 可排除 Mg^{2+}的干扰），观察现象。

（3）Mg^{2+}的检验：在第三组溶液中，分别加入 2 滴 $6mol \cdot L^{-1}$ NaOH 溶液，使溶液呈碱性，再各加入 2 滴镁试剂。若有天蓝色沉淀生成，证明 Mg^{2+}存在，观察现象。

（4）Ba^{2+}的检验：在第四组溶液中各加入 2 滴 $1mol \cdot L^{-1}$ H_2SO_4，比较两份溶液产生沉淀的情况。

注：镁试剂为对硝基苯偶氮间苯二酚，其结构式为

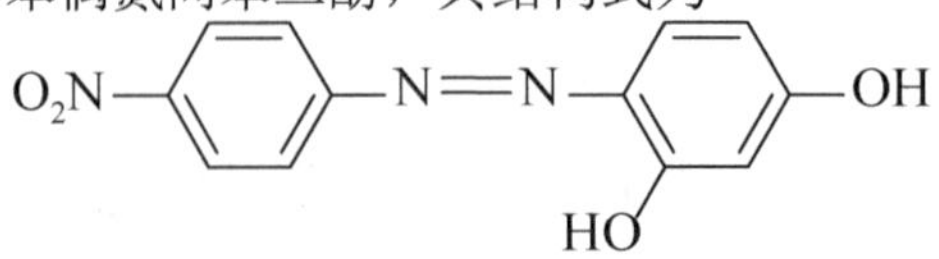

在碱性溶液中呈红色或红紫色，被 $Mg(OH)_2$ 沉淀吸附后呈天蓝色。

【实验结果和数据处理】

将实验数据填入表 3-2-1 中。

表 3-2-1　粗食盐和精制食盐杂质的定性比较

被检离子	加入试剂	离子反应式	现象	
			粗食盐溶液	精制食盐溶液
SO_4^{2-}				
Ca^{2+}				
Mg^{2+}				
Ba^{2+}				

【思考题】

1. 在除去 Ca^{2+}、Mg^{2+}、SO_4^{2-} 时，为什么要先加入 $BaCl_2$ 溶液，然后再加入 Na_2CO_3 溶液?

2. 能否用 $Ba(NO_3)_2$ 代替 $BaCl_2$ 除食盐中的 SO_4^{2-}？

3. 检查 SO_4^{2-} 时，为什么要先加盐酸酸化?

4. 用 Na_2CO_3 溶液除去阳离子后，为什么只检查 Ba^{2+} 除尽了没有？

5. 在蒸发浓缩时，为什么不能把溶液蒸干？

（刘佳川）

实验三　海带中碘的提取

【实验目的】

1. 掌握从海带中提取碘的原理和方法。
2. 学习利用升华提纯化合物的方法。

【实验原理】

碘是人体生命活动中极为重要的微量元素之一。当碘摄入不足时，机体会出现一系列的症状。碘缺乏病是由于自然环境缺碘而对人体所造成的损害，可导致各种疾病。地方性甲状腺肿、地方性克汀病、地方性亚临床型克汀病及影响生育而出现的不育症、早产儿、死产、先天畸形儿等这些病统称为“碘缺乏病”。人体吸收的碘主要来源之一是海洋生物，尤其是资源丰富的海带。因此从海带中提取碘具有重要意义。

从海带中提取碘是先将干海带灼烧成灰，然后用蒸馏水浸取，使其中的碘以 I^- 形式被溶解出来，再在中性条件下将其氧化成 I_2（本实验采用重铬酸钾作氧化剂）。

$$6I^- + Cr_2O_7^{2-} + 14H^+ = 2Cr^{3+} + 3I_2 + 7H_2O$$

最后利用升华的方法，将单质碘提纯。

【实验仪器与试剂】

1. 仪器　称量瓶、蒸馏烧瓶、烧杯、研钵、抽滤装置、蒸发皿。

2. 试剂　重铬酸钾、H_2SO_4（$2mol \cdot L^{-1}$）、滤纸、pH 试纸、干海带。

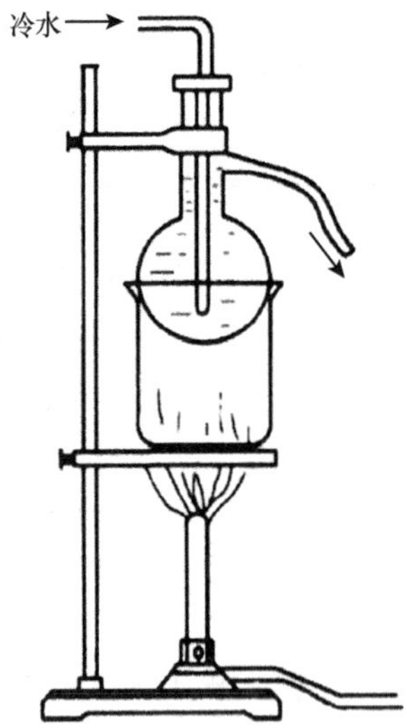

图 3-3-1　碘的升华

【实验步骤】

（1）称取 10g 干燥的海带，放在蒸发皿中焙烧，使海带完全灰化。将海带灰倒在烧杯中，依次加入 20mL、10mL、10mL 蒸馏水煮沸，每次煮沸后，倾泻出上层清液，抽滤。将滤液和三次浸出液合并在一起，总体积不宜超过 30mL。

（2）向滤液里滴加 $2mol \cdot L^{-1}$ 硫酸溶液至滤液显中性（用 pH 试纸检查）。把酸化后的滤液在蒸发皿中蒸发至干。冷却后转移至研钵中，加入 0.5g 重铬酸钾固体与之混合均匀并研细。

（3）将上述混合物放入干燥的高筒烧杯中，将装有冷却水的烧瓶放在烧杯口上（图 3-3-1）。加热烧杯使生成的碘升华。碘蒸气在烧瓶底部凝聚。当没有碘蒸气（紫色）产生时，停止加热。

（4）将新制得的碘回收在棕色试剂瓶内。

（5）性质检验：将少许碘产品放入一试管中，加几滴水，摇匀。再滴加淀粉溶液，观察现象。

【注意事项】

1. 海带灰里含有碳酸钾，酸化使其呈中性或弱酸性，对下一步氧化析出碘有利。但硫酸加多了则易使碘化氢被氧化产生碘而损失。
2. 实验中冷却的水流速度应控制在蒸馏烧瓶外无冷凝水层为宜。

【思考题】

1. 从海带中提取碘，将海带灼烧成灰的作用是什么？
2. 从海带中提取碘要高温灼烧，使海带全部烧成黑色灰状物。灼烧不会使碘升华吗？
3. 加硫酸的作用是什么？
4. 冷却时为什么需要蒸馏烧瓶外无冷凝水？
5. 新制得的碘为什么回收在棕色试剂瓶内？

（冯　宇）

实验四　荧光材料 8-羟基喹啉锌的制备与检验

【实验目的】

1. 了解荧光材料 8-羟基喹啉锌的制备方法。
2. 学习并掌握称量、水浴加热、溶解、过滤、洗涤和结晶等基本操作。
3. 掌握荧光材料的初步检验方法。

【实验原理】

8-羟基喹啉锌是一种发光效率高、性质稳定的荧光材料，而且其传输电子的能力较强。因此，8-羟基喹啉锌可以用作发光材料和电致发光器件中的电子传输材料。目前，其广泛用于制备有机电致发光显示器件，用其制作的有机电致发光器件的寿命长、亮度高，是一种非常重要的发光材料。在紫外、可见光的激发下，8-羟基喹啉锌发出强烈的蓝绿色荧光，其激发和发射光谱如图 3-4-1 所示。

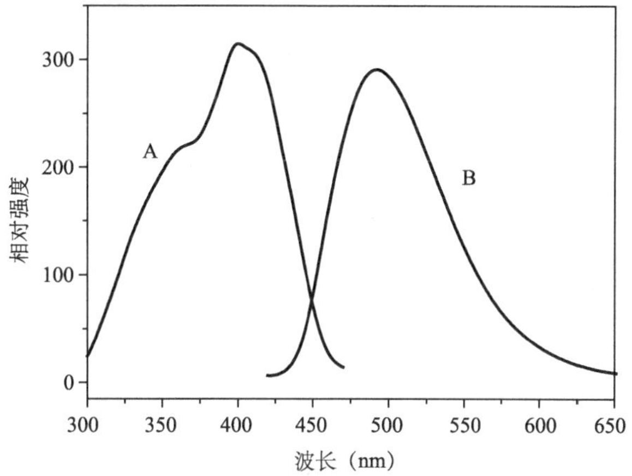

图 3-4-1 8-羟基喹啉锌的激发光谱（曲线 A）和发射光谱（曲线 B）

8-羟基喹啉锌的制备原理为锌盐与 8-羟基喹啉反应，在 pH 为 6～7 的条件下反应生成 8-羟基喹啉锌，反应式如下：

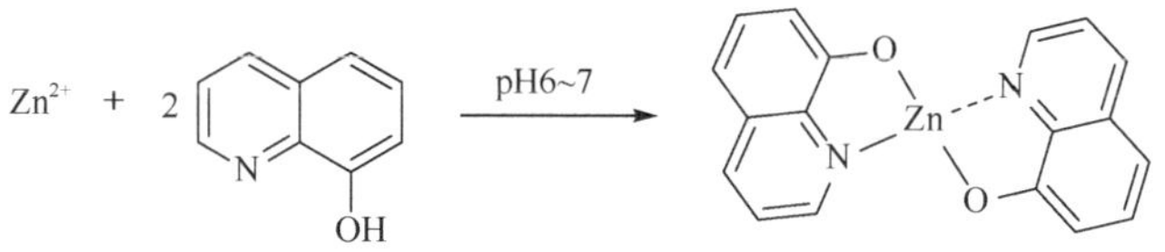

$ZnSO_4 \cdot 7H_2O$ 易溶于水，8-羟基喹啉不溶于水但易溶于 95%的乙醇溶液，生成的 8-羟基喹啉锌不溶于水微溶于乙醇。因此，8-羟基喹啉锌可以从反应溶液中沉淀出来，从而得到目标产物。

【实验仪器与试剂】

1. 仪器 电子天平、水浴锅、控温电磁搅拌器、烧杯（100mL 和 50mL 各 1 只）、量筒（25mL）、布氏漏斗、抽滤瓶、表面皿（比烧杯口大一点）、玻璃棒、pH 试纸（1～14）、定性滤纸、紫外灯。

2. 试剂 8-羟基喹啉、$ZnSO_4 \cdot 7H_2O$、NaOH 溶液（$2mol \cdot L^{-1}$）、95%乙醇、去离子水。

【实验步骤】

1. 8-羟基喹啉乙醇溶液的制备 称取 0.96g 8-羟基喹啉置于 50mL 烧杯中，加入 15mL 95%乙醇，60℃水浴加热，电磁搅拌至完全溶解，备用。

2. 8-羟基喹啉锌的制备 称取 0.95 g $ZnSO_4 \cdot 7H_2O$ 于 100mL 烧杯中，加入 5mL 去离子水，60℃水浴加热，电磁搅拌至完全溶解。缓慢加入制备好的 8-羟基喹啉乙醇溶液，然后逐滴加入 $2mol \cdot L^{-1}$ NaOH 溶液，调节溶液的 pH 为 6～7，60℃继续搅拌 25min。将上述溶液自然冷却至室温，抽滤，并用 4～5mL 去离子水和 2～3mL 95%乙醇分别洗涤三次，抽干，称量样品的质量并计算产率。

3. 荧光检验 用紫外灯照射制备出的样品 8-羟基喹啉锌，观察样品是否发出强烈的蓝绿色荧光，并用数码像机或者手机拍照留存。

【实验结果和数据处理】

1. 8-羟基喹啉锌的实际产量。

2. 8-羟基喹啉锌的理论产量。
3. 8-羟基喹啉锌的产率。
4. 紫外光照射下 8-羟基喹啉锌的荧光照片。

【思考题】

1. 在用 NaOH 溶液调节 pH 之前，溶液呈酸性还是碱性，为什么？
2. 调节溶液的 pH 时为什么要逐滴加入 NaOH 溶液，而不能快速加入 NaOH 溶液？
3. 如果用 NaOH 溶液调节溶液的 pH 大于 7，合成出的样品荧光强度较强还是较弱，为什么？
4. 实验过程中为什么不能加入大量的乙醇洗涤？

（王　朋）

实验五　硫酸亚铁铵的制备及纯度检验

【实验目的】

1. 学习复盐硫酸亚铁铵的制备方法。
2. 练习和巩固水浴加热、蒸发浓缩、结晶、减压过滤等基本操作。
3. 学习用目视比色法检验产品的质量等级。
4. 学习用热重分析仪测试和绘制硫酸亚铁铵的热重分析曲线。

【实验原理】

硫酸亚铁铵$(NH_4)_2SO_4 \cdot FeSO_4 \cdot 6H_2O$ 俗名为莫尔盐，为浅蓝绿色单斜晶体。一般亚铁盐在空气中易被氧化，而硫酸亚铁铵在空气中比一般亚铁盐稳定，不易被氧化，并且价格低，制造工艺简单，容易得到较纯净的晶体，因此应用广泛。在定量分析中常用来配制亚铁离子的标准溶液。

和其他复盐一样，$(NH_4)_2SO_4 \cdot FeSO_4 \cdot 6H_2O$ 在水中的溶解度比组成它的每一组分 $FeSO_4$ 或$(NH_4)_2SO_4$ 的溶解度都要小。利用这一特点，可通过蒸发浓缩 $FeSO_4$ 与$(NH_4)_2SO_4$ 溶于水所制得的浓混合溶液制取硫酸亚铁铵晶体。三种盐的溶解度数据列于表 3-5-1。

表 3-5-1　三种盐的溶解度　［单位：g·（100g H_2O）$^{-1}$］

温度（℃）	$FeSO_4$	$(NH_4)_2SO_4$	$(NH_4)_2SO_4 \cdot FeSO_4 \cdot 6H_2O$
10	20.0	73	17.2
20	26.5	75.4	21.6
30	32.9	78	28.1

本实验先将铁屑溶于稀硫酸生成硫酸亚铁溶液：

$$Fe + H_2SO_4 = FeSO_4 + H_2\uparrow$$

再往硫酸亚铁溶液中加入硫酸铵并使其全部溶解，加热浓缩制得的混合溶液，再冷却即可得到溶解度较小的硫酸亚铁铵晶体。

$$FeSO_4 + (NH_4)_2SO_4 + 6H_2O = (NH_4)_2SO_4 \cdot FeSO_4 \cdot 6H_2O$$

用目视比色法可估计产品中所含杂质 Fe^{3+}的量。Fe^{3+}与 SCN^-能生成红色物质$[Fe(SCN)_6]^{3-}$，红色深浅与 Fe^{3+}含量有关。将所制备的硫酸亚铁铵晶体与 KSCN 溶液在比色管中配制成待测溶液，将它所呈现的红色与含一定 Fe^{3+}量所配制成的标准$[Fe(SCN)_6]^{3-}$溶液的红色进行比较，根据待测溶液中杂质 Fe^{3+}的含量范围，确定产品等级。

【实验仪器与试剂】

1. 仪器 锥形瓶（250mL）、量筒（50mL 和 10mL）、水浴锅、玻璃棒、玻璃漏斗、滤纸、漏斗架、蒸发皿、布氏漏斗、真空泵、煤气灯、石棉网、铁架台、泥三角、托盘天平、滤纸、pH 试纸、比色管（25mL）、热重分析仪。

2. 试剂 铁屑、Na_2CO_3（$1mol \cdot L^{-1}$）、H_2SO_4（$6mol \cdot L^{-1}$）、$(NH_4)_2SO_4$（化学纯）、乙醇（95%）、HCl（$2mol \cdot L^{-1}$）、KSCN（$1mol \cdot L^{-1}$）、$NH_4Fe(SO_4)_2 \cdot 12H_2O$（分析纯）。

【实验步骤】

1. 铁屑的净化 用托盘天平称取 2.8g 铁屑，放入锥形瓶中，加入 20mL $1mol \cdot L^{-1}$ Na_2CO_3 溶液，将锥形瓶置于石棉网上，用煤气灯小火加热，煮沸约 10min 以除去铁屑上的油污。倾去碱液，用自来水冲洗后，再用去离子水把铁屑冲洗干净。

2. $FeSO_4$ 的制备 向盛有铁屑的锥形瓶中加入 10mL $6mol \cdot L^{-1}$ H_2SO_4，水浴加热，并经常振荡锥形瓶。反应过程中适当补加少量去离子水，以维持原体积，防止 $FeSO_4$ 结晶析出。待反应基本完成（不再有气泡放出）后，再加入 1mL $6mol \cdot L^{-1}$ H_2SO_4，以防止 Fe^{2+} 转化为 Fe^{3+}。趁热用普通漏斗过滤，滤液转移至蒸发皿中。

3. $(NH_4)_2SO_4 \cdot FeSO_4 \cdot 6H_2O$ 的制备 用托盘天平称取 6.5g$(NH_4)_2SO_4$，加入上述装有 $FeSO_4$ 溶液的蒸发皿中，置于石棉网上加热，搅拌，使$(NH_4)_2SO_4$ 全部溶解，继续蒸发、浓缩至表面出现晶膜为止（蒸发过程不宜搅动溶液）。静置，使之缓慢冷却，$(NH_4)_2SO_4 \cdot FeSO_4 \cdot 6H_2O$ 晶体大量析出，待冷至室温后，减压过滤，并用少量 95%乙醇洗涤晶体两次，抽干。观察晶体的颜色和形状。称重，计算产率。

4. 产品检验［Fe^{3+}］的限量分析 称取 1.0g 产品于 25mL 比色管中，用 15mL 不含氧的去离子水溶解，再加入 2mL $2mol \cdot L^{-1}$ HCl 和 1mL $1mol \cdot L^{-1}$ KSCN 溶液，用不含氧的去离子水稀释至 25mL，摇匀。与 Fe^{3+}标准溶液进行目视比色，确定产品级别。

此产品分析方法是将成品配制成溶液与各标准溶液进行比色，以确定杂质含量范围。如果成品溶液的颜色不深于标准溶液，则认为杂质含量低于某一规定限度，所以这种分析方法称为限量分析。

5. 热重曲线的绘制 使用热重分析仪绘制热重曲线。用分析天平称取 5～15mg 硫酸亚铁铵，倒入坩埚中，在空气或氮气环境中，以每分钟 10～20℃的升温速率，反应温度在室温至 700℃的温度范围内，以温度为横坐标，硫酸亚铁铵的质量为纵坐标绘制 $(NH_4)_2SO_4 \cdot FeSO_4 \cdot 6H_2O$ 的热重分析曲线。

【实验结果和数据处理】

1. 硫酸亚铁铵的实际产量。
2. 硫酸亚铁铵的理论产量。
3. 硫酸亚铁铵的产率。
4. 确定产品的级别。
5. 热重分析曲线作图：绘制热重分析曲线，并分析硫酸亚铁铵在加热过程中所发生的化学变化。

【注意事项】

1. 酸溶时要注意分次补充少量水，以防止 $FeSO_4$ 析出。
2. 蒸发浓缩初期要不停搅拌，但要注意观察晶膜，一旦发现晶膜出现即停止搅拌。
3. 使用氧化铝坩锅即可完成化学反应，反应物不能腐蚀氧化铝坩埚，但如用铂金坩埚，温度不要超过 1200℃。

【思考题】

1. 为什么硫酸亚铁铵在定量分析中可以用来配制亚铁离子的标准溶液？
2. 本实验利用什么原理来制备硫酸亚铁铵？
3. 如何利用目视法来判断产品中所含杂质 Fe^{3+}的量？
4. Fe 屑中加入 H_2SO_4 水浴加热至不再有气泡放出时，为什么要趁热过滤？
5. 洗涤晶体时为什么用 95%乙醇而不用水洗涤晶体？
6. 升温速率太快对热重曲线的绘制有什么影响？

（李华侃）

实验六 缓冲溶液的配制和性质

【实验目的】

1. 掌握配制缓冲溶液的基本程序，学会使用酸度计。
2. 了解配制缓冲溶液的基本原理及缓冲溶液的性质。

【实验原理】

缓冲溶液是一种在一定程度上能抵抗外加的少量强酸、少量强碱和稍加稀释，而保持自身 pH 基本不变的溶液。缓冲溶液一般是由共轭酸碱对组成的，例如弱酸和弱酸盐，或弱碱和弱碱盐。

缓冲溶液的 pH 计算公式如下：

$$pH = pK_a + \lg \frac{c_{共轭碱}}{c_{共轭酸}}$$

因为缓冲溶液中的共轭酸碱对分别具有抗酸和抗碱能力，所以加入少量强酸或强碱，其 pH 基本上是不变的。稀释缓冲溶液时，酸和碱的浓度比值不改变，适当稀释不影响其 pH。

假如缓冲溶液中共轭酸碱对的物质的浓度相同，则缓冲溶液的 pH 可由下式计算：

$$pH = pK_a + \lg \frac{V_{共轭碱}}{V_{共轭酸}}$$

缓冲容量是衡量缓冲溶液缓冲能力大小的尺度。其大小与缓冲溶液总浓度和缓冲比有关。缓冲比一定时，缓冲溶液总浓度越大，缓冲容量越大；缓冲溶液总浓度一定时，缓冲比越接近 1，缓冲容量越大。

【实验仪器与试剂】

1. 仪器 酸度计，量筒（10mL、50mL），烧杯（200mL、100mL、50mL），试管，大试管。

2. 试剂 HAc（0.1mol · L^{-1}、1mol · L^{-1}），NaAc（0.1mol · L^{-1}、1mol · L^{-1}），NaH_2PO_4（0.1mol · L^{-1}），Na_2HPO_4（0.1mol · L^{-1}），$NH_3 \cdot H_2O$（0.1mol · L^{-1}），NH_4Cl（0.1mol · L^{-1}），HCl（0.1mol · L^{-1}、1.0×10^{-4} mol · L^{-1}），NaOH（0.1mol · L^{-1}、1.0×10^{-10} mol · L^{-1}），甲基红指示剂，广泛 pH 试纸，精密 pH 试纸，吸水纸。

【实验步骤】

1. 缓冲溶液的配制与pH的测定 按表3-6-1中各缓冲液共轭酸碱对计算配制pH=4.0

和pH=7.0及pH=10.0的缓冲溶液100mL所需各溶液的体积。根据计算用量，量取各组溶液分别置于200mL烧杯中，混匀。用精密pH试纸和pH计分别测定它们的pH并填入表3-6-1中。

表 3-6-1 缓冲溶液的配制与 pH 的测定

实验编号	理论 pH	100mL 缓冲溶液中		pH 测定值	
		组分	体积（mL）	精密 pH 试纸	pH 计
1	4.0	HAc（0.1mol · L^{-1}）			
		NaAc（0.1mol · L^{-1}）			
2	7.0	NaH_2PO_4（0.1mol · L^{-1}）			
		Na_2HPO_4（0.1mol · L^{-1}）			
3	10.0	$NH_3 \cdot H_2O$（0.1mol · L^{-1}）			
		NH_4Cl（0.1mol · L^{-1}）			

2. 缓冲溶液的性质 取6支试管，依次加入蒸馏水、pH=4的HCl溶液、pH =10的NaOH溶液、pH=4.0、pH=7.0、pH=10.0的缓冲溶液各5mL，用精密pH试纸测其pH。

然后向各试管中加入 5 滴 HCl（0.1mol · L^{-1}），用精密 pH 试纸测其 pH。

重新取 6 种溶液 5 mL，加入 5 滴 NaOH（0.1mol · L^{-1}），用精密 pH 试纸测其 pH。

重复上面操作，取 6 种溶液 5mL，加入 10mL 纯水，用精密 pH 试纸测其 pH。

将结果记录在表 3-6-2 中。根据加入酸、碱、纯水前后 pH 的变化，说明缓冲溶液具有哪些性质。

表 3-6-2 缓冲溶液的性质

实验编号	溶液类别	pH	加 5 滴 HCl 后 pH	加 5 滴 NaOH 后 pH	加 10mL 水后 pH
1	蒸馏水				
2	pH=4.0 的 HCl 溶液				
3	pH=10.0 的 NaOH 溶液				
4	pH=4.0 的缓冲溶液				
5	pH=7.0 的缓冲溶液				
6	pH=10.0 的缓冲溶液				

3. 缓冲溶液的缓冲容量

（1）缓冲容量与缓冲组分浓度的关系：取两支大试管，在一试管中加入0.1mol · L^{-1} HAc和0.1mol · L^{-1} NaAc各3mL，另一试管中加入1mol · L^{-1} HAc和1mol · L^{-1} NaAc各3mL，在两试管中分别滴入2滴甲基红指示剂，然后在两试管中分别逐滴加入0.1mol · L^{-1} NaOH溶液（边加边摇），直至溶液的颜色变成黄色。记录所加NaOH的滴数，结果记录在表3-6-3，解释其原因。

表 3-6-3 缓冲容量与缓冲组分浓度的关系

实验编号	缓冲溶液	组分浓度	组分体积（mL）	至溶液变色所加 NaOH 的滴数
1	HAc+NaAc	0.1mol · L^{-1}	6	
2	HAc+NaAc	1mol · L^{-1}	6	

（2）缓冲容量与缓冲比的关系：取两支大试管，在一试管中加入0.1mol · L^{-1} NaH_2PO_4和0.1mol · $L^{-1}$$Na_2HPO_4$各10mL，另一试管中加入2mL 0.1mol · L^{-1} NaH_2PO_4和18mL 0.1mol · $L^{-1}$$Na_2HPO_4$，混匀后用精密pH试纸分别测量两试管中溶液的pH。然后在每试管中各加入1.0mL 0.1mol · L^{-1}NaOH，混匀后再用精密pH试纸分别测量两试管中溶液的pH，结果记录在表3-6-4。解释其原因。

表 3-6-4　缓冲容量与缓冲比的关系

实验编号	缓冲溶液	组分体积（mL）	缓冲比	pH	加入 1.0mL NaOH 后 pH
1	NaH_2PO_4（0.1mol · L^{-1}）	10	1∶1		
	Na_2HPO_4（0.1mol · L^{-1}）	10			
2	NaH_2PO_4（0.1mol · L^{-1}）	2	1∶9		
	Na_2HPO_4（0.1mol · L^{-1}）	18			

【思考题】

1. 缓冲溶液的 pH 由哪些因素决定?
2. 为什么缓冲溶液具有缓冲作用?
3. 缓冲溶液的缓冲能力由哪些因素决定?
4. $NaHCO_3$ 溶液是否具有缓冲作用，为什么?
5. 用 pH 计测定溶液 pH 时，已经标定的仪器，“定位”调节是否可以改变位置，为什么?

（付纯刚）

实验七　配位化合物的生成和性质

【实验目的】

1. 了解几种不同类型配离子的生成和组成形式。
2. 认识简单离子与配离子、配离子与复盐之间的区别。
3. 了解配离子的稳定性和配位平衡的移动。
4. 认识螯合物的生成。

【实验原理】

从组成结构上看，配位化合物一般分为内界和外界两部分。中心离子和配位体以配位键结合组成配合物的内界（称为配离子或分子），配离子以外的部分为外界。

配离子一般较稳定，在水溶液中仅有极小部分解离为简单离子，而复盐则全部电离为简单离子。当简单离子形成配离子后，往往发生某些性质的改变，如颜色、溶解性等的变化。

配离子在溶液中存在配位平衡，如：

$$Ag^+ + 2NH_3 \rightleftharpoons Ag(NH_3)_2^+$$

$$K_s = \frac{[Ag(NH_3)_2^+]}{[Ag^+][NH_3]^2}$$

K_s为稳定常数，不同的配离子具有不同的K_s，对于同种类型的配离子，K_s值愈大，配离子愈稳定。

根据勒夏特列原理，改变中心离子、配位体及配离子的浓度会使配位平衡发生移动。稀释或浓缩，加入能与中心离子形成更稳定的配离子的配位剂、加入沉淀剂、改变介质的酸碱性和改变中心原子的氧化态，都会使配位平衡发生移动。

螯合物是由中心离子与多齿配位体形成的具有环状结构的配合物，螯合物中以五元环、六元环最稳定，且形成的环越多越稳定。螯合物大多具有特征颜色。

【实验仪器与试剂】

1. 仪器　试管、胶头滴管。

2. 试剂　$CuSO_4$（0.1mol · L^{-1}），$BaCl_2$（0.1mol · L^{-1}），NaOH（2mol · L^{-1}），$NH_3 \cdot H_2O$（2mol · L^{-1}、6mol · L^{-1}），$FeCl_3$（0.1mol · L^{-1}），$K_3[Fe(CN)_6]$（0.1mol · L^{-1}），KSCN（1mol ·L^{-1}），$NH_4Fe(SO_4)_2$（0.1mol ·L^{-1}），$AgNO_3$（0.1mol ·L^{-1}），NaCl（0.1mol ·L^{-1}），KI（0.1mol ·L^{-1}、2mol ·L^{-1}），$HgCl_2$（0.1mol ·L^{-1}），$SnCl_2$（0.1mol ·L^{-1}），$CaCl_2$（0.1mol ·L^{-1}），Na_2H_2Y（0.1mol · L^{-1}），Na_2CO_3（0.1mol · L^{-1}），H_2SO_4（1mol · L^{-1}），NH_3-NH_4Cl 缓冲溶液（0.1mol · L^{-1} pH=10），pH 试纸，铬黑 T 指示剂。

【实验步骤】

1. 配离子的生成和组成形式

（1）取二支试管，各加入 20 滴 0.1mol · L^{-1} $CuSO_4$ 溶液，然后分别加入 3～5 滴 0.1mol · L^{-1} $BaCl_2$，3～5 滴 2mol · L^{-1} NaOH，观察现象并加以解释。

（2）取二支试管，各加入 20 滴 0.1mol · L^{-1} $CuSO_4$ 溶液，各加入 6mol · L^{-1} $NH_3 \cdot H_2O$ 至生成的沉淀又溶解，再多加几滴，得深蓝色的溶液。然后分别加入 3～5 滴 0.1mol · L^{-1} $BaCl_2$、3～5 滴 2mol · L^{-1} NaOH，观察是否有沉淀生成，结果记录在表 3-7-1。根据上面实验的结果，说明 $CuSO_4$ 和 $NH_3 \cdot H_2O$ 所形成的配位化合物的组成。

表 3-7-1　配离子的生成和组成形式

编号	实验现象	实验解释
（1）		
（2）		

2. 简单离子与配离子、配离子与复盐的性质比较

（1）$FeCl_3$ 和 $K_3[Fe(CN)_6]$ 的性质比较：取二支试管，分别加入 3～5 滴 0.1mol · L^{-1} $FeCl_3$ 溶液和 3～5 滴 0.1mol · L^{-1} $K_3[Fe(CN)_6]$溶液，然后各加 5 滴水，再各加入 3～5 滴 1mol · L^{-1} KSCN 溶液，观察有何变化并加以解释。

（2）复盐的性质：取三支试管，各加入 3～5 滴 $NH_4Fe(SO_4)_2$（0.1mol · L^{-1}）溶液，然后分别在第 1 个试管加入 3～5 滴 2mol · L^{-1} NaOH 溶液并在试管口放上湿润 pH 试纸，第 2 个试管加入 3～5 滴 1mol · L^{-1} KSCN 溶液，第 3 个试管加入 3～5 滴 0.1mol · L^{-1} $BaCl_2$ 溶液，观察有何变化并加以解释？结果记录在表 3-7-2。

表 3-7-2 简单离子与配离子、配离子与复盐的性质比较

编号	实验现象	实验解释
（1）		
（2）		

3. 配位平衡的移动

（1）酸碱平衡的影响：在试管中加 20 滴 0.1mol · L^{-1} $CuSO_4$溶液，逐滴加 6mol · L^{-1}氨水，观察有无沉淀生成。继续加入氨水直至生成的沉淀完全溶解，在此溶液中加入 10 滴 1mol · L^{-1} H_2SO_4溶液，观察现象，溶液颜色有何变化并加以解释？继续加入 H_2SO_4至溶液呈酸性，又有何变化并加以解释？

（2）沉淀平衡的影响：在试管中加入 10 滴 $AgNO_3$（0.1mol · L^{-1}）溶液，再加 3～5 滴 NaCl（0.1mol · L^{-1}）溶液，在生成的沉淀中加入氨水（6mol · L^{-1}）至沉淀刚好溶解。再向溶液中加入 1 滴 0.1mol · L^{-1} NaCl 溶液，观察是否有 AgCl 白色沉淀生成。再加 1 滴 KI（0.1mol · L^{-1}）溶液，观察有无 AgI 沉淀生成，解释现象。

（3）氧化还原平衡的影响：向一盛有 10 滴 $HgCl_2$（0.1mol · L^{-1}）溶液的试管中，逐滴加入 KI（0.1mol · L^{-1}）溶液至生成的红色沉淀消失后，再逐滴加入 $SnCl_2$（0.1mol · L^{-1}）溶液，观察现象并加以解释。结果记录在表 3-7-3。

表 3-7-3 配位平衡的移动

编号	实验现象	实验解释
（1）		
（2）		
（3）		

4. 螯合物的生成 向试管中加入 5 滴 $CaCl_2$（0.1mol · L^{-1}）溶液，加入 2mL pH=10 的 NH_3-NH_4Cl 缓冲溶液，加 2 滴铬黑 T 指示剂，再加入 20 滴 EDTA（0.1mol · L^{-1}）溶液，观察试管中的现象并加以解释。结果记录在表 3-7-4。

表 3-7-4 螯合物的生成

编号	实验现象	实验解释
1		

【注意事项】

$HgCl_2$ 剧毒，使用时要注意安全。

【思考题】

1. 配合物与复盐的区别是什么？
2. 配离子与简单离子有什么不同？
3. 哪些因素影响配离子的平衡移动？
4. 配离子的解离平衡与难溶电解质的沉淀溶解平衡的关系是什么？
5. 螯合物的结构特征与什么有关？

（付纯刚）

实验八　硫酸铜的制备与提纯

【实验目的】

1. 掌握用工业氧化铜制备硫酸铜的方法及原理。
2. 巩固称量、加热、溶解、蒸发、常压过滤、减压过滤、重结晶等基本操作。
3. 学习用热重分析仪测试和绘制硫酸铜的热重分析曲线。

【实验原理】

$CuSO_4 \cdot 5H_2O$ 俗称胆矾或蓝矾，蓝色晶体，易溶于水，难溶于乙醇。在干燥的空气中 $CuSO_4 \cdot 5H_2O$ 可缓慢风化，加热至 230℃时可失去全部结晶水而变成白色的无水 $CuSO_4$ 粉末。$CuSO_4 \cdot 5H_2O$ 是制备其他铜盐和电镀铜的主要原料，也常用作农业的杀菌剂，如无机农药波尔多液就是硫酸铜和石灰乳混合液，它是一种良好的杀菌剂，可用来防治多种作物的病害。

目前制备硫酸铜的原料主要有金属铜、铜精矿、氧化矿等，制备工艺流程主要包含原料预处理、浸出、蒸发浓缩结晶、离心甩干等几个工序。为了经济、方便、有效的制备硫酸铜，合理利用各种原料，选择合适的制备工艺流程及条件非常重要。本实验以工业氧化铜为原料制备 $CuSO_4 \cdot 5H_2O$。反应式如下：

$$CuO + H_2SO_4 + 4H_2O = CuSO_4 \cdot 5H_2O$$

所得 $CuSO_4 \cdot 5H_2O$ 粗品中含有杂质，主要包括少量不溶性杂质和可溶性杂质 $FeSO_4$、$Fe_2(SO_4)_3$ 等，不溶性杂质可以使用过滤法去除，可溶性杂质可以利用它们在水中溶解度的不同，用结晶法进行分离提纯，由于 $FeSO_4$、$Fe_2(SO_4)_3$ 的溶解度大于 $CuSO_4 \cdot 5H_2O$ 的溶解度，且含量较少，因此在蒸发和浓缩溶液时，$CuSO_4 \cdot 5H_2O$ 先结晶析出，而 $FeSO_4$、$Fe_2(SO_4)_3$ 仍留在溶液中。

【实验仪器与试剂】

1. 仪器　循环水泵，吸滤瓶，布氏漏斗，烧杯（100mL），量筒（10mL、100mL），玻璃漏斗，pH 试纸，蒸发皿，表面皿，台秤，三角架，石棉网，泥三角，煤气灯，热重分析仪，坩埚。

2. 试剂　工业 CuO（s），H_2SO_4（$1mol \cdot L^{-1}$、$5\ mol \cdot L^{-1}$）。

【实验步骤】

1. $CuSO_4 \cdot 5H_2O$ 粗品的制备　称取 4g 工业 CuO 至于 100mL 烧杯中，加入 20mL

$5mol \cdot L^{-1}$ H_2SO_4溶液，小火加热至沸腾后，立刻再加入去离子水 30mL，盖上表面皿，用小火加热约 15min，并维持溶液体积为 40mL 左右，此时溶液的颜色为蓝绿色并有残渣。稍冷后趁热常压过滤弃去残渣，滤液盛接于洁净的蒸发皿中，将蒸发皿置于泥三角上，用小火加热蒸发、浓缩至液面出现晶膜，立即停止加热。待稍冷后，将蒸发皿放在盛有冷水的烧杯上冷却，使 $CuSO_4 \cdot 5H_2O$ 晶体析出。经减压过滤得 $CuSO_4 \cdot 5H_2O$ 粗品，并用台秤称量 $CuSO_4 \cdot 5H_2O$ 粗品的质量，计算产率。

2. $CuSO_4 \cdot 5H_2O$ 的提纯 用重结晶法提纯硫酸铜。将制备的粗产品按每克 1.2mL 水的比例溶于蒸馏水中，用 $1mol \cdot L^{-1}$ H_2SO_4 调节溶液的 pH 至 1～2，加热使硫酸铜完全溶解。趁热过滤（若无杂质可不过滤），滤液收集在一个小烧杯中，让其慢慢冷却，即有晶体析出（如无晶体析出，可在水浴上再加热蒸发，使其结晶）。完全冷却后，用倾泻法除去母液，晶体用滤纸吸干。称重，计算产率。

3. 热重曲线的绘制 用分析天平称取 5～15mg 硫酸铜，倒入坩埚中，在空气或氮气环境中，以每分钟 10～20℃的升温速率在室温至 700℃的温度范围内，测试 $CuSO_4 \cdot 5H_2O$ 的热重分析曲线。

【实验结果和数据处理】

将实验数据填入表 3-8-1。

表 3-8-1 $CuSO_4 \cdot 5H_2O$ 的产率

$CuSO_4 \cdot 5H_2O$ 粗品		$CuSO_4 \cdot 5H_2O$ 纯品	
重量（g）	产率（%）	重量（g）	产率（%）

热重分析曲线作图：以温度为横坐标，硫酸铜的质量为纵坐标绘制热重分析曲线，并分析硫酸铜在加热过程中所发生的化学变化。

【思考题】

1. 蒸发溶液时，为什么不可将滤液蒸干？
2. 趁热过滤操作时，漏斗要预热吗？热过滤操作要注意什么？
3. 现有 $CuSO_4$ 废液，欲制备纯净的 $CuSO_4$ 晶体，试设计实验步骤。

（庄鹏飞）

实验九 三草酸根合铁（Ⅲ）酸钾的制备及光化学性质

【实验目的】

1. 掌握三草酸根合铁（Ⅲ）酸钾的制备方法。
2. 检验三草酸根合铁（Ⅲ）酸钾的光化学性质。
3. 学习用热重分析仪测试和绘制三草酸根合铁（Ⅲ）酸钾的热重分析曲线。

【实验原理】

三草酸根合铁（Ⅲ）酸钾 $K_3[Fe(C_2O_4)_3] \cdot 3H_2O$ 为绿色单斜晶体，溶于水但不溶于乙醇。本实验用氢氧化铁和草酸氢钾反应，生成三草酸根合铁（Ⅲ）酸钾。它在日光直射或强光照射下分解生成草酸亚铁，遇铁氰化钾生成铁氰化亚铁，即腾氏蓝。反应式为：

$$Fe(OH)_3 + 3KHC_2O_4 = K_3[Fe(C_2O_4)_3] + 3H_2O$$

$$2K_3[Fe(C_2O_4)_3] \xrightarrow{h\nu} 2FeC_2O_4 + 3K_2C_2O_4 + 2CO_2\uparrow$$

$$3FeC_2O_4 + 2K_3[Fe(CN)_6] = Fe_3[Fe(CN)_6]_2 + 3K_2C_2O_4$$

因此，在实验室中可做成感光纸，进行感光实验。

【实验仪器与试剂】

1. 仪器　托盘天平、抽滤装置、烧杯、量筒、蒸发皿、热重分析仪。

2. 试剂　NaOH（$6mol \cdot L^{-1}$）、10% H_2O_2、$(NH_4)_2SO_4 \cdot FeSO_4 \cdot 6H_2O$（分析纯）、$H_2C_2O_4 \cdot 2H_2O$（分析纯）、$K_2CO_3$（分析纯）、$K_3[Fe(CN)_6]$（分析纯）。

【实验步骤】

1. 制备

（1）制取氢氧化铁：称取 5g $(NH_4)_2SO_4 \cdot FeSO_4 \cdot 6H_2O$，加约 100mL 蒸馏水配成溶液，在水浴加热和搅拌下，滴加约 7mL $6mol \cdot L^{-1}$ NaOH 溶液生成沉淀。为加速反应滴加约 4mL 10%的 H_2O_2，当变成棕色后，再煮沸 10min，稍冷后抽滤，用少量水洗一次沉淀。

（2）制取草酸氢钾：在约 40mL 蒸馏水中加入 5g $H_2C_2O_4 \cdot 2H_2O$ 后，加入 3g K_2CO_3 充分反应后生成 KHC_2O_4 溶液。

（3）制备三草酸根合铁酸钾：将 KHC_2O_4 溶液水浴加热，在搅拌下加入 $Fe(OH)_3$ 棕色沉淀，观察溶液的颜色。稍冷后抽滤，用蒸发皿将滤液浓缩到原体积的 1/2 左右，用水彻底冷却。待大量晶体析出后抽滤，并用少量乙醇洗涤一次，用滤纸吸干，称重计算产率。

2. 光化学性质　按 1g $K_3[Fe(C_2O_4)_3] \cdot 3H_2O$，1.3g $K_3[Fe(CN)_6]$，加水 10mL 的比例配成溶液，涂在纸上即成感光纸（黄色）。感光纸附上图案后在日光直照下（数秒）或红外灯照射下，曝光部分呈现蓝色，被遮盖没有曝光部分即显影映出图案来。

3. 热重曲线的绘制　用分析天平称取 5～15mg 三草酸根合铁（Ⅲ）酸钾，倒入坩埚中，在空气或氮气气氛中，以每分钟 10～20℃的升温速率在室温至 700℃的温度范围内，测试 $K_3[Fe(C_2O_4)_3] \cdot 3H_2O$ 的热重分析曲线。

【实验结果和数据处理】

1. 热重分析曲线作图：以温度为横坐标，三草酸根合铁（Ⅲ）酸钾的质量为纵坐标绘制热重分析曲线。
2. 分析三草酸根合铁（Ⅲ）酸钾在加热过程中所发生的化学变化。

【思考题】

1. 写出$[Fe(C_2O_4)_3]^{3-}$的结构式。
2. 在进行三草酸根合铁酸钾的光化学性质实验时，需要配制溶液，此时应当特别注意什么？
3. 如果从废铁屑出发来制备三草酸根合铁酸钾时应当怎样进行?用图示表示。

（王　朋）

实验十　硫代硫酸钠的制备

【实验目的】

1. 了解无机化合物的制备方法，掌握硫代硫酸钠的合成方法。
2. 掌握相关仪器设备装配及正确操作。
3. 了解SO_3^{2-}、SO_4^{2-}的半定量比浊分析法。

【实验原理】

五水合硫代硫酸钠是无色单斜系结晶，密度 $1.71g \cdot cm^{-3}$，熔点 48.2℃，结晶在空气中稳定，但在水溶液中不稳定，会吸收空气中的 CO_2 而发生分解，析出硫黄。如果晶体中夹杂亚硫酸氢钠，因呈弱酸性也较稳定。

五水合硫代硫酸钠在 48.2℃开始分解，加热至 100℃则失去 5 个结晶水。在常温下从溶液中结晶出来的硫代硫酸钠为 $Na_2S_2O_3 \cdot 5H_2O$，如要烘干，则只能采用真空低温干燥，干燥温度不应超过 48.2℃。若要获得无水 $Na_2S_2O_3$，则可在较高温度下进行干燥。

根据元素硫在 pH =7 时的电极电位

$$2SO_3^{2-} + 3H_2O + 4e^- \Longrightarrow S_2O_3^{2-} + 6OH^- \quad \varphi=+0.04V$$

$$S_2O_3^{2-} + 3H_2O + 4e^- \Longrightarrow 2S + 6OH^- \quad \varphi=-0.12V$$

因此，可以用SO_3^{2-}作为氧化剂氧化单质硫制备 $Na_2S_2O_3$。具体制备方程式为：

$$Na_2SO_3 + S \Longrightarrow Na_2S_2O_3$$

对 $Na_2S_2O_3$ 中所含SO_3^{2-}和SO_4^{2-}的杂质的分析时，可先用 I_2 将SO_3^{2-}和$S_2O_3^{2-}$分别氧化为SO_4^{2-}和$S_4O_6^{2-}$，然后让微量的SO_4^{2-}与 $BaCl_2$ 溶液作用，生成难溶的 $BaSO_4$，使溶液变浑浊。显然溶液的浑浊度与试样中的SO_3^{2-}和SO_4^{2-}的含量成正比。因此可用比浊度的方法来半定量地分析样品中的SO_3^{2-}和SO_4^{2-}总量。

硫代硫酸钠是一种常用的化工原料和试剂，在分析化学中常被用来定量测定碘。在纺织和造纸工业中作为脱氯剂；在摄影业中作为定影剂；在医药中用作急救解毒剂。

【实验仪器与试剂】

1. 仪器　烧杯（100mL）、量筒（10mL）、量筒（100mL）、吸滤瓶、布氏漏斗、容量瓶（100mL）、吸量管（1mL）、吸量管（5mL）、比色管（25mL）。

2. 试剂　硫粉、Na_2SO_3、乙醇、碘溶液（$0.05mol \cdot L^{-1}$）、HCl（$0.1mol \cdot L^{-1}$）、25% $BaCl_2$ 溶液、Na_2SO_4 溶液（$100mg \cdot L^{-1}$）。

【实验步骤】

1. $Na_2S_2O_3$ 的制备

（1）称取 2g 硫粉，研磨后置于 100mL 烧杯中，加 1mL 乙醇使其润湿，再加入 6g Na_2SO_3 固体和 30mL 水。

（2）加热此混合物并不断搅拌，待溶液沸腾后改用小火加热并继续保持微沸状态不少于 40min，直至仅剩下少许硫粉悬浮在溶液中（此时溶液体积应大于 20mL，如溶液体积太少可在反应过程中适当补加些水，以保持溶液体积不少于 20mL）。

（3）趁热过滤。将滤液转移至蒸发皿中，水浴加热蒸发，将滤液蒸发至呈微黄色浑浊为止，冷却至室温（若用冰水浴冷却，则效果更好）即有大量晶体析出。如经较长时间冷却而无晶体析出，可搅拌或投入一粒 $Na_2S_2O_3$ 晶体作为晶种使晶体易于析出。

（4）将析出晶体减压过滤，并用少量乙醇洗涤晶体，抽干后，再用滤纸将水吸干后进行称重，计算产率。结果记录在表 3-10-1。

2. 硫酸盐和亚硫酸盐的半定量分析

（1）样品溶液的配制：称取 1g 产品，溶于 25mL 水中，先加 30mL 0.05mol · L^{-1} 碘溶液，继续滴加碘溶液至溶液呈浅黄色。然后转移至 100mL 容量瓶中，用水稀释至标线，从中吸取 10.00mL 至 25mL 比色管中，再加入 1mL 0.1mol · L^{-1} HCl 及 3mL 25%的 $BaCl_2$ 溶液，摇匀，放置 10min 后，加 1 滴 0.05mol · L^{-1} $Na_2S_2O_3$ 溶液，稀释至 25mL，摇匀，立即与 $Na_2S_2O_3$ 等级标准系列溶液进行比浊。根据浊度确定产品等级。结果记录在表 3-10-2。

（2）$Na_2S_2O_3$ 等级标准系列溶液的配制：用吸量管吸取 100mg · L^{-1} Na_2SO_4 的溶液 0.20mL、0.50mL、1.00mL 分别置于 3 支 25mL 的比色管中，再分别加入 1mL 0.1mol · L^{-1} HCl 和 25% $BaCl_2$ 溶液，稀释至 25.00mL，摇匀。这 3 支比色管中硫酸盐的含量分别相当于一级（优级纯）、二级（分析纯）、和三级（化学纯）试剂 $Na_2S_2O_3 \cdot 5H_2O$ 中的硫酸盐含量允许值。

【实验结果和数据处理】

表 3-10-1　$Na_2S_2O_3$ 的产率计算

理论产量（g）	实际产量（g）	产率（%）

表 3-10-2　产品等级

产品等级

【思考题】

1. 要提高产品 $Na_2S_2O_3$ 的纯度，实验中需注意哪些问题？
2. 所得产品 $Na_2S_2O_3 \cdot 5H_2O$ 晶体一般只能在 40～50℃烘干，温度高了会发生什么现象？
3. 产品为何不用水洗涤而用乙醇洗涤？
4. 对硫酸盐和亚硫酸盐的半定量分析的结果，你的产品达到了什么等级？实验成败的关键在何处？

（任秀丽）

实验十一　银溶胶的制备及性质测定

【实验目的】

1. 学习纳米银胶体材料的制备及其稳定性测试的原理和方法。
2. 学习使用紫外光谱及荧光光谱测定银胶体的光学性质。

【实验原理】

贵金属胶体在光学材料、催化、微电极、生物工程及医药试剂盒领域均有广泛的应用，如现在广泛采用的金溶胶法试剂条/卡，可快速、简便地进行医疗检测。银溶胶的制备：用柠檬酸钠还原 $AgNO_3$ 生成 Ag 溶胶；柠檬酸被氧化、脱羧生成 1,3-丙酮二羧酸以及 CO_2。

【实验仪器与试剂】

1. 仪器　纳米激光粒度仪、荧光分光光度计、紫外分光光度计、磁力加热搅拌器、三颈烧瓶、结晶皿、硅油、滴管、球形冷凝管、电子天平。

2. 试剂　柠檬酸钠、$AgNO_3$、去离子水。

【实验步骤】

1. 银溶胶的制备

（1）溶液的配制，准确称取 5mg $AgNO_3$，溶于 100mL 蒸馏水中；准确称取 6mg 柠檬酸钠溶于 5mL 蒸馏水中。

（2）将100mL $AgNO_3$装入三颈烧瓶中，置于结晶皿中，加入硅油，200℃加热，磁力搅拌，接好冷凝管，在溶液微沸时，迅速加入柠檬酸钠溶液，同时控温，将温度降至120℃，回流反应45min，使反应完全。

（3）待溶液自然冷却至室温，取样进行粒度分析及光学性质测定。

2. 吸光度曲线　用吸管分别取 10mL 所得银溶胶于小烧杯中，超声波分散 2min，取 1cm 的比色皿，分别测得银溶胶在 190～600nm 范围内的紫外吸收曲线及荧光吸收、发射峰的位置；分别用紫外可见分光光度计及荧光分光光度计测量所得银溶胶的吸光度曲线，放置 15min 后，再次测量吸光度曲线。

3. 粒径分散的测定　用吸管取 10mL 所得银溶胶于小烧杯中，超声波分散 2min，用纳米激光粒度仪测所得银溶胶的粒径分布，绘制粒径分布曲线；放置 15min 后，再次测粒径分布，绘制粒径分布曲线。

【实验结果和数据处理】

1. 粒径作图　以粒径为横坐标，动态光散射强度为纵坐标，纳米激光粒度仪自动绘制粒径分布曲线。

2. 吸收曲线作图　以波长为横坐标，以吸收/发射峰强度为纵坐标紫外分光光度计自动绘制光学性质曲线。

【注意事项】

1. 注意加热搅拌器温度探头的位置，一定要浸没在硅油浴中。
2. 比色皿应先用去离子水淋洗，然后用待测溶液冲洗 2～3 次。
3. 取放比色皿时，手拿毛玻璃面，使透光玻璃面通过光路。

【思考题】

哪些因素会影响银溶胶的稳定性及光学性质?

（陈震华）

实验十二　金溶胶的制备及稳定性与光学性质测定

【实验目的】

1. 学习金胶体材料的制备及其稳定性测试的原理和方法。
2. 学习使用紫外光谱及荧光光谱测定金胶体的光学性质。

【实验原理】

贵金属胶体具有与微观金属原子和宏观金属相所不同的性质，使其在光学材料、催化、微电极、生物工程及医药试剂盒领域均有广泛的应用，如现在广泛采用的金溶胶法试剂条/卡，可快速、简便地进行医疗检测。用 $Na_2C_2O_4$ 还原 $HAuCl_4$，采用 PVP（聚乙烯吡咯烷酮-K30）作为稳定剂制备 Au 溶胶。

【实验仪器与试剂】

1. 仪器 纳米激光粒度仪、荧光分光光度计、紫外可见分光光度计、磁力加热搅拌器、三颈烧瓶、结晶皿、硅油、滴管、球形冷凝管、电子天平。

2. 试剂 PVP（聚乙烯吡咯烷酮-K30）、$Na_2C_2O_4$、$HAuCl_4$、去离子水。

【实验步骤】

1. 金溶胶的制备

（1）溶液的配制，准确称取 0.1mg $HAuCl_4$，溶于 1000mL 蒸馏水中；准确称取 5mg 草酸钠溶于 500mL 蒸馏水中；准确称取 10mg PVP 溶于 500mL 蒸馏水中。

（2）将100mL $HAuCl_4$装入三颈烧瓶中，置于结晶皿中，置于硅油，200℃加热，磁力搅拌，接好冷凝管，在溶液微沸时，迅速加入10mL草酸钠溶液，10mL PVP溶液，同时控温，将温度降至120℃，回流反应25min，使反应完全。此时可观察到淡黄色的氯金酸水溶液在柠檬酸钠加入后很快变灰色，续而转成黑色，随后逐渐稳定成红色。全过程约2～3min。

（3）待溶液自然冷却至室温，制得金溶胶，取样进行粒度分析及光学性质测定。

2. 吸光度的测定 用吸管分别取10mL金溶胶于小烧杯中，超声波分散2min，取1cm的比色皿，分别测得金溶胶在190～600nm范围内的紫外吸收曲线及荧光吸收、发射峰的位置；分别用紫外可见分光光度计及荧光分光光度计测量所得金溶胶的吸光度曲线，放置15min后，再次测量吸光度曲线；

3. 粒径分散的测定 用吸管取10mL金溶胶于小烧杯中，超声波分散2min，用纳米激光粒度仪测所得金溶胶的粒径分布，绘制粒径分布曲线；放置15min后，再次测粒径分布，绘制粒径分布曲线。

【实验结果和数据处理】

1. 粒径作图 以粒径为横坐标，动态光散射强度为纵坐标绘制粒径分布曲线。

2. 吸收曲线作图 以波长为横坐标，以吸收/发射峰强度为纵坐标绘制光学性质曲线。

【注意事项】

1. 注意加热搅拌器温度探头的位置，一定要浸没在硅油浴中。
2. 比色皿应先用去离子水淋洗，然后用待测溶液冲洗 2～3 次。
3. 取放比色皿时，手拿毛玻璃面，使透光玻璃面通过光路。

【思考题】

1. 金溶胶的制备中为什么要加入PVP？
2. 哪些物质会影响金溶胶的稳定性？

（陈震华）

实验十三　水热法合成 4A 型微孔分子筛

【实验目的】

1. 了解分子筛的定义。
2. 学习合成分子筛的过程。
3. 分子筛晶体产物的基本表征。

【实验原理】

1756 年，瑞典科学家发现了自然界中存在的一种天然硅铝酸盐。它们具有筛分分子、吸附、离子交换和催化作用。这种天然物质称为沸石，人工合成的沸石也称为分子筛。分子筛骨架的最基本结构是 SiO_4 和 AlO_4 四面体，通过共有的氧原子结合而形成三维网状结构的结晶。这种结合形式，构成了具有分子级、孔径均匀的空洞及孔道。由于结构不同，形式不同，“笼”形的空间孔洞分为 α、β、γ、六方柱、八面沸石等 “笼”的结构。

4A 型微孔分子筛是一种重要的石油化工和精细化工催化剂。它的晶胞组成可以表示为 $Na_{12}[(AlO_2)_{12}(SiO_2)_{12}]\cdot nH_2O$。实验室合成 4A 型微孔分子筛通常以水玻璃、偏铝酸钠和氢氧化钠为原料，按一定比例混合，加入适量水，通过搅拌获得反应凝胶。凝胶经预处理后，转入带钢衬的聚四氟乙烯反应釜中，在一定温度下进行晶化。在晶化过程中，SiO_4 和 AlO_4 四面体围绕带正电荷的金属离子，逐渐形成分子筛次级结构单元，并继续生长为分子筛结构。晶化完成后，随温度降低，产物以晶体形式析出成为晶化产物。晶化产物经处理后，可以进行下一步的测试及表征。

【实验仪器与试剂】

1. 仪器　电子天平、磁力搅拌器（带搅拌子）、电热烘箱、真空干燥器、聚四氟乙烯带钢衬的反应釜、烧杯、量筒、玻璃搅拌棒、光学显微镜、表面皿。

2. 试剂　氢氧化钠固体、偏铝酸钠固体、硅酸钠固体、去离子水。

【实验步骤】

1. 配制溶液　称取 7.5g 氢氧化钠固体，加入 250mL 烧杯中，加入 90mL 去离子水。待固体溶解后，加入 6.0g 偏铝酸钠固体，获得溶液 A。

称取 6.0g 硅酸钠固体，加入另一个 250mL 烧杯中，加入 90mL 水，溶解后得到溶液 B。

2. 制备反应凝胶　微热搅拌 B 溶液，之后将 A 溶液分 3 次，边搅拌边缓慢加入 B 溶液中。加完后，继续加热搅拌。（最好水浴下加热，防止暴沸）待混合物成凝胶状后，静置一段时间。

3. 晶化过程　将凝胶转移到聚四氟乙烯带钢衬的反应釜中，（保持釜衬干燥）装填度控制在 50%～70%之间。记录加入的凝胶质量。拧紧，并封闭反应釜，置于电热烘箱中，在 100℃下，加热约 5h。待反应釜自然冷却后，打开反应釜。产物分为两层，上层为无色透明溶液，下层为白色晶体。

4. 产物处理　去除产物上层的溶液，用水洗晶化产物至滤液接近中性。晶化产物过夜干燥，得到 4A 分子筛晶体，称重，计算产率及原子利用率。

5. 晶体观察　4A 型微孔分子筛产物在光下，出现闪闪发光现象。在光学显微镜下，可以看到晶体形状为立方体或长方体，晶体尺寸通常为几十微米。

【实验结果和数据处理】

计算分子筛固体的产率以及钠、铝、硅三种元素的原子利用率。

【思考题】

1. 反应凝胶和反应后液体的 pH 和元素组成发生了什么变化？
2. 如何提高反应速率？
3. 如何获得尺寸更大的晶体？

（钱 昆）

实验十四 微介孔材料的部分性能测定

【实验目的】

1. 了解微介孔材料的分类。
2. 学习微介孔材料的特殊性能并进行测定。

【实验原理】

按照国际纯粹与应用化学联合会的定义，多孔材料可以根据口径尺寸的大小分为三类：

第一类：微孔材料，小于 2nm。

第二类：介孔材料，介于 2～50nm。

第三类：大孔材料，大于 50nm。

由于特殊的孔道性质，微孔分子筛广泛应用于石油化工和精细化工领域。介孔分子筛更是由于具有更大口径的性质，可以将更大的分子引入反应体系。

【实验仪器与试剂】

1. 仪器 电子天平、显微镜、载玻片、电热烘箱、马弗炉、真空干燥器、坩埚（配坩埚钳）、研钵、小烧杯、量筒、秒表或计时器、小药匙。

2. 试剂 微孔分子筛固体、介孔分子筛固体、无水乙醇、氯化钴固体、变色硅胶、去离子水。

【实验步骤】

（1）用小药匙或玻璃棒，取少量微孔分子筛固体置于载玻片上，用显微镜观察固体的外观。之后，换介孔分子筛固体观察。对比微孔分子筛和介孔分子筛固体在晶体形状，尺寸方面的差异。

（2）在马弗炉（Muffle furnace）或电热烘箱中活化微孔分子筛固体和介孔分子筛固体。分别称取 1.0g 的固体放入已经称重好并标号的两个坩埚内，将坩埚放于干燥器中。称取 5～10mL 无水乙醇，倒入小烧杯中，之后将小烧杯也放入干燥器。静置一段时间，称量标号坩埚的重量，并计算吸附乙醇量。

（3）配制氯化钴溶液：0.1g 氯化钴加入 100mL 去离子水，充分溶解后形成溶液。取 20mL 配制好的溶液，加入 0.5g 微孔分子筛，观察溶液颜色变化。之后，取另外 20mL 溶液，加入 0.5g 介孔分子筛，对比 2 瓶溶液的褪色时间。

（4）取不同温度下，（室温、110℃、200℃、500℃）活化 10h 以上的固体微孔、介孔分子筛。研磨后，压片进行 X 射线粉末多晶衍射实验。对比各个条件下，产物的晶化程度变化。以室温为标准，做归一化曲线。

【实验结果和数据处理】

1. 对比吸附时间及吸附量。
2. 产物的热稳定性半定量分析。

【思考题】

1. 微介孔分子筛的吸附性质差异基于它们哪部分的结构不同？
2. 微介孔分子筛具有的吸附性，离子交换性质和热稳定性可以应用于哪些工业领域？

（钱　昆）

实验十五　化学反应速率和化学平衡

【实验目的】

1. 学会化学反应速率测定方法。
2. 熟悉浓度、温度、催化剂对化学反应速率的影响。
3. 加深浓度、温度对化学平衡影响的理解。

【实验原理】

化学反应速率用单位时间内反应物或生成物浓度的改变来表示。化学反应速率的快慢，首先决定于反应物的本性，其次受外界条件——浓度、温度、催化剂等影响。温度主要影响反应速率常数的大小，其关系可用阿伦尼乌斯方程来表示，即 $k = Ae^{-\frac{E_a}{RT}}$，可见温度对反应速率有显著影响。催化剂的存在也可以改变反应速率。

在水溶液中，过二硫酸铵$(NH_4)_2S_2O_8$和碘化钾 KI 发生反应的离子方程式：

$$S_2O_8^{2-} + 3I^- \longrightarrow 2SO_4^{2-} + I_3^- \qquad (1)$$

该反应的反应速率以$S_2O_8^{2-}$浓度的变化来表示

$$v = -\frac{\Delta c_{S_2O_8^{2-}}}{\Delta t} = kc_{S_2O_8^{2-}}^m c_{I^-}^n$$

式中，m 表示$S_2O_8^{2-}$的反应级数，n 表示I^-的反应级数，$m+n$ 表示反应的总级数。

为测出反应（1）在 Δt 时间内的 $\Delta c_{S_2O_8^{2-}}$，可在混合$(NH_4)_2S_2O_8$、KI 溶液之前，加入已知浓度、一定体积的 $Na_2S_2O_3$ 和淀粉溶液。在反应（1）进行的同时，溶液中也发生了下列反应：

$$2S_2O_3^{2-} + I_3^- \longrightarrow S_4O_6^{2-} + 3I^- \qquad (2)$$

由于反应（2）比反应（1）速率快得多，几乎瞬间完成，因此反应生成的I_3^-立即与$S_2O_3^{2-}$反应，生成无色的$S_4O_6^{2-}$和I^-，因而反应开始时看不到蓝色。一旦耗尽 $Na_2S_2O_3$，反应生成的微量I_3^-就会立即与淀粉作用，溶液立即由无色变为深蓝色。

从反应（1）和反应（2）中有关物质反应系数可知，在上述反应过程中，相同的时间内，$S_2O_8^{2-}$浓度减少量应为$S_2O_3^{2-}$浓度减少量的一半，即

$$\Delta c_{S_2O_8^{2-}} = \frac{1}{2}\Delta c_{S_2O_3^{2-}}$$

其中$\Delta c_{S_2O_3^{2-}}$等于$Na_2S_2O_3$的起始浓度，因为溶液出现蓝色，就表明$S_2O_3^{2-}$几乎耗尽。因此，不需要测出浓度变化，就可直接以下式计算该反应的反应速率。

$$v = -\frac{\Delta c_{S_2O_8^{2-}}}{\Delta t} = -\frac{\Delta c_{S_2O_3^{2-}}}{2\Delta t}$$

由于该反应的速率常数 k 在一定温度下为定值，我们在同一温度下分别测定不同浓度的反应速率$-\frac{\Delta c_{S_2O_8^{2-}}}{\Delta t}$，根据公式$v = kc^m_{S_2O_8^{2-}}c^n_{I^-}$，即可计算出 m，n 和 k。

m 和 n 是不随温度改变的数值，我们根据公式$v = kc^m_{S_2O_8^{2-}}c^n_{I^-}$测定不同温度下的速率常数 k，可根据如下关系式计算反应的活化能 E_a。

$$2.303 \cdot \lg\frac{k_2}{k_1} = \frac{E_a}{R} \times \frac{T_2 - T_1}{T_1 \times T_2}$$

【实验仪器与试剂】

1. 仪器　大试管、烧杯（100mL）、量筒（10mL）、温度计、热水浴、秒表。

2. 试剂　$(NH_4)_2S_2O_8$（0.2mol · L^{-1}）、KI（0.2mol · L^{-1}）、$Na_2S_2O_3$（0.01mol · L^{-1}）、0.2%淀粉溶液、KNO_3（0.2mol ·L^{-1}）、$Cu(NO_3)_2$（0.02mol ·L^{-1}）、$(NH_4)_2SO_4$（0.20mol ·L^{-1}）、冰块。

【实验步骤】

1. 浓度对化学反应速率的影响　室温下，按表3-15-1的实验序号“1”用量，用三个不同的量筒分别量取KI、$Na_2S_2O_3$和淀粉溶液于100mL洁净干燥的烧杯中，用玻璃棒搅拌均匀。量取$(NH_4)_2S_2O_8$溶液后，迅速倒入烧杯中，同时按动秒表计时。其间不断搅拌，仔细观察。当溶液刚开始出现蓝色时，立即按停秒表，记录反应时间，计算出该反应的反应速率，填入表3-15-2。室温下，用同样的方法进行实验序号2～5。

表 3-15-1　化学反应速率的测定和浓度对化学反应速率的影响

实验序号		反应温度（℃）				
		1	2	3	4	5
试剂及用量（mL）	0.20mol · L^{-1}的 KI	10.0	10.0	10.0	5.0	2.5
	0.01mol · L^{-1} $Na_2S_2O_3$	4.0	4.0	4.0	4.0	4.0
	0.2%淀粉	2.0	2.0	2.0	2.0	2.0
	0.20mol · L^{-1} KNO_3	0.0	0.0	0.0	5.0	7.5
	0.20mol · L^{-1}$(NH_4)_2SO_4$	0.0	5.0	7.5	0.0	0.0
	0.20mol · L^{-1}$(NH_4)_2S_2O_8$	10.0	5.0	2.5	10.0	10.0
记录反应时间 Δt（s）						

2. 温度对化学反应速率的影响　按表3-15-1实验序号4中的用量，在烧杯中加入KI、$Na_2S_2O_3$、淀粉溶液和KNO_3溶液并混合均匀，在另1支大试管中加入$(NH_4)_2S_2O_8$溶液，然后将烧杯和试管同时置于冰水浴放置5min，然后迅速将$(NH_4)_2S_2O_8$溶液倒入烧杯中，立即用秒表计时并不断搅动，当溶液刚出现蓝色时，按停秒表，记录反应的时间和温度。

在高于室温 10℃和 20℃左右的水浴下，重复实验序号 4。这样可得到 4 个不同温度下的反应速率和速率常数 k。可知温度对化学反应速率的影响，结果填在表 3-15-3 中，并计算活化能 E_a。

3. 催化剂对化学反应速率的影响　Cu^{2+}可催化（NH_4）$_2S_2O_8$和KI的反应。按表3-15-1实验序号4中的用量，分别量取KI、$Na_2S_2O_3$、淀粉溶液和KNO_3溶液加入到100mL烧杯中，另加入2滴0.02mol · L^{-1}的$Cu(NO_3)_2$溶液，搅匀后，迅速加入$(NH_4)_2S_2O_8$溶液，立即按下秒表计时并不断搅动，当溶液刚出现蓝色时，按停秒表，记录反应的时间。计算出此时的反应速率并与实验序号4的反应速率比较，可知催化剂对化学反应速率的影响，结果填在表3-15-4中。

【实验结果和数据处理】

表 3-15-2　浓度对化学反应速率的影响

实验编号	1	2	3	4	5
反应时间 t（s）					
反应速率 v					
反应级数 m=　，n=　，$m+n$=					
速率常数 k					
平均速率常数					
结论					

表 3-15-3　温度对化学反应速率的影响

实验序号	4	6	7	8
反应温度（℃）				
反应时间 t（s）				
反应速率 v				
速率常数 k				
反应的活化能 E_a				
结论				

表 3-15-4　催化剂对化学反应速率的影响

实验序号	4	9
反应时间 t（s）		
结论		

【思考题】

1. 在实验中，加入 KNO_3 溶液或$(NH_4)_2SO_4$ 溶液的主要作用是什么？能否用蒸馏水代替？

2. 实验中用反应溶液出现蓝色的时间长短来计算反应速率，说明原因；反应溶液出现蓝色后，反应是否就中止了？

3. 根据实验说明浓度、温度和催化剂对化学反应速率的影响。

（庄鹏飞）

实验十六　滴定分析操作练习

【实验目的】

1. 掌握滴定分析仪器的正常洗涤方法，使用方法和滴定操作技术。
2. 学会正确地判断滴定终点及准确的读数方法。

【实验仪器与试剂】

1. 仪器　碱式滴定管（25mL）、酸式滴定管（25mL）、量筒（10mL）、烧杯（200mL）、锥形瓶（250mL）、托盘天平。

2. 试剂　固体 NaOH、浓 HCl、甲基橙指示剂、酚酞指示剂。

【实验步骤】

1. 玻璃仪器的准备　洗净碱式滴定管和酸式滴定管各一支，并检查是否漏水（碱式滴定管漏水需更换玻璃球或胶管，酸式滴定管漏水应重新涂凡士林）。

2. 0.1mol · L^{-1} NaOH 的配制　称取 4.0g 固体 NaOH，溶于 1000mL 新煮沸过的冷蒸馏水中，摇匀，冷却后备用。

3. 0.1mol · L^{-1} HCl的配制　用量筒量取9mL浓盐酸，倾入预先盛有200mL水的试剂瓶中，加水稀释至1000mL，摇匀备用。

4. 酸式滴定管滴定练习　将碱式滴定管用0.1mol · L^{-1} 的NaOH溶液润洗三次后，装满NaOH溶液，排净气泡并调节至0.00刻度。以每分钟10mL的速度放出20.00mL的NaOH溶液于250mL的锥形瓶中，加入两滴甲基橙指示剂。

将酸式滴定管用 0.1mol · L^{-1}的 HCl 溶液润洗三次后，装满 HCl 溶液，排净气泡并调节至 0.00 刻度。用此滴定管对锥形瓶中的 NaOH 溶液进行滴定，滴定至溶液呈橘红色，记下消耗的 HCl 溶液的体积。再从碱式滴定管中放出 2.00mL 的 NaOH 溶液加入此锥形瓶中，溶液重新呈黄色，继续用 HCl 溶液滴定至橘红色，记下消耗的 HCl 溶液的体积。如此反复进行，每次均加入 2.00mL 的 NaOH 溶液于此锥形瓶中，用 HCl 溶液滴定至橘红色，得到一系列 HCl 的滴定数据（累积体积），至少滴定六组，结果填在表 3-16-1 中，计算每次滴定的体积比 $V_{\mathrm{HCl}}/V_{\mathrm{NaOH}}$。

5. 碱式滴定管滴定练习　从酸式滴定管中放出20.00mL的HCl溶液于250mL锥形瓶中，加入两滴酚酞指示剂。用NaOH溶液进行滴定，滴定至溶液呈浅红色，记下消耗的NaOH溶液的体积。再从酸式滴定管中放出2.00mL的HCl溶液加入此锥形瓶中，溶液重新变为无色，继续用NaOH溶液滴定至浅红色，记下消耗的NaOH溶液的体积。如此反复进行，至少滴定六组。结果填在表3-16-2中，计算每次滴定的体积比$V_{\mathrm{NaOH}}/V_{\mathrm{HCl}}$。

【实验结果和数据处理】

表 3-16-1 HCl 滴定 NaOH

V_{NaOH}（mL）	V_{HCl}（mL）	V_{HCl}/V_{NaOH}
20.00		
22.00		
24.00		
26.00		
28.00		
30.00		

表 3-16-2 NaOH 滴定 HCl

V_{HCl}（mL）	V_{NaOH}（mL）	V_{NaOH}/V_{HCl}
20.00		
22.00		
24.00		
26.00		
28.00		
30.00		

【思考题】

滴定分析中使用的锥形瓶是否需要干燥？是否需要用被滴定溶液润洗？

（庄鹏飞）

实验十七 氢氧化钠标准溶液的配制与标定

【实验目的】

1. 掌握氢氧化钠溶液的配制和标定方法。
2. 继续练习减量法称量固体物质。
3. 掌握滴定操作和滴定终点的判断。

【实验原理】

酸碱滴定中使用的碱标准溶液常用 NaOH 来配制。由于 NaOH 不够稳定，易吸收空气中 CO_2 和水分，也不易获得纯品，所以只能先配制成近似浓度然后再标定。

用于标定碱溶液的基准物质很多，如草酸（$H_2C_2O_4$），苯甲酸（$C_7H_6O_2$），邻苯二甲酸氢钾（$C_8H_5O_4K$）等。最常用的是邻苯二甲酸氢钾，滴定反应如下：

达到化学计量点时，溶液呈弱碱性，通常选酚酞为指示剂，滴定终点时溶液由无色变成微红色。由于空气中的 CO_2 可使酚酞的红色褪去，故滴定至溶液显微红色，在半分钟内不褪色为止。

【实验仪器与试剂】

1. 仪器　碱式滴定管（25mL）、锥形瓶（250mL）、量筒（100mL）、烧杯（100mL）、烧杯（500mL）、试剂瓶（500mL）、橡皮塞。

2. 试剂　氢氧化钠（分析纯）、邻苯二甲酸氢钾（分析纯）、酚酞指示剂。

【实验步骤】

1. 0.1mol · L^{-1} NaOH标准溶液的配制　用托盘天平称取NaOH约2.0g，倒入装有50mL蒸馏水的烧杯中，搅拌均匀使之溶解后转入500mL试剂瓶中，向其中加蒸馏水至总体积约为500mL，盖上胶塞，混合均匀即可。

2. 氢氧化钠溶液（0.1mol · L^{-1}）的标定　用减量法精密称取 105～110℃干燥至恒重的基准物邻苯二甲酸氢钾 3.6～4.2g 于 100mL 烧杯中，加约 50mL 蒸馏水，加热搅拌使邻苯二甲酸氢钾溶解，冷却到室温后将溶液转移到 200mL 容量瓶中，把玻璃棒和烧杯再洗涤三次，洗涤液也合并到容量瓶中，最后将容量瓶中的溶液稀释至刻度，摇匀。用移液管移取 20.00mL 邻苯二甲酸氢钾溶液于 250mL 锥形瓶中，加酚酞指示剂 2 滴，用待标定的氢氧化钠溶液滴定至溶液呈浅红色，且半分钟不褪色为止，记录所消耗的氢氧化钠溶液的体积。平行滴定三次，要求每两次滴定消耗 NaOH 溶液的体积之差不超过 0.10mL。结果填在表 3-17-1 中，根据所消耗的氢氧化钠溶液体积及邻苯二甲酸氢钾的质量计算氢氧化钠溶液的浓度。

【实验结果和数据处理】

表 3-17-1　氢氧化钠溶液的标定

记录项目	1	2	3
邻苯二甲酸氢钾质量（g）			
消耗氢氧化钠溶液的体积（mL）			
消耗氢氧化钠溶液的平均体积（mL）			
氢氧化钠溶液浓度（mol · L^{-1}）			

计算公式：

$$c_{\text{NaOH}} = \frac{m_{\text{KHC}_8\text{H}_4\text{O}_4} \times \dfrac{20.00}{200.00}}{\dfrac{V_{\text{NaOH}}}{1000} \times M_{\text{KHC}_8\text{H}_4\text{O}_4}}$$

$$M_{\text{KHC}_8\text{H}_4\text{O}_4} = 204.2\ \text{g} \cdot \text{mol}^{-1}$$

【注意事项】

1. 固体氢氧化钠应在表面皿上或在小烧杯中称量，不能在称量纸上称量。
2. 滴定之前，应检查橡皮管内和滴定管管尖处是否有气泡，如有气泡应予排除。

【思考题】

1. 配制标准碱溶液时，用台秤称取固体氢氧化钠是否会影响浓度的准确度？能否用纸称取固体氢氧化钠？为什么？

2. 用邻苯二甲酸氢钾为基准物质标定氢氧化钠溶液的浓度，若希望消耗氢氧化钠溶液（0.1mol · L^{-1}）约20mL，问应称取邻苯二甲酸氢钾多少克？

（李　丹）

实验十八 食醋中总酸度的测定

【实验目的】

1. 学习并掌握强碱滴定弱酸时指示剂的选择。
2. 熟悉移液管的使用方法和滴定操作技术。

【实验原理】

食醋中主要成分是乙酸，还含有少量其他有机酸。食醋的总酸度用其含量最多的乙酸（HAc）的质量浓度来表示。乙酸的解离常数 $K_a=1.75\times10^{-5}$，可以用标准氢氧化钠溶液直接滴定，反应式为：

$$NaOH+HAc = NaAc+H_2O$$

用 NaOH 溶液（$0.1mol\cdot L^{-1}$）滴定 HAc 溶液，其化学计量点时的 pH 为 8.7，滴定突跃范围为 7.7～9.7，通常选用酚酞为指示剂，滴定终点时溶液由无色变为微红色。由于空气中的 CO_2 可使酚酞的红色褪去，故滴定至溶液显微红色，在半分钟内不褪色为止。

【实验仪器与试剂】

1. 仪器 碱式滴定管(25mL)，移液管(20mL、10mL)，锥形瓶(250mL)，量筒(100mL)，容量瓶（100mL）。

2. 试剂 NaOH 标准溶液（$0.1mol\cdot L^{-1}$），食醋，酚酞指示剂（0.1%）。

【实验步骤】

用 10mL 移液管精密移取 10.00mL 食醋于 100mL 容量瓶中，加蒸馏水稀释至刻度线，摇匀。用 20mL 移液管精密移取三份 20.00mL 稀释后的食醋分别置于 3 个 250mL 锥形瓶中，分别加入酚酞指示剂 2 滴，用 NaOH 标准溶液（$0.1mol\cdot L^{-1}$）滴至显微红色，且在半分钟内不褪色为止，要求每两次滴定所用 NaOH 溶液的体积之差不得超过 0.10mL。结果填在表 3-18-1 中，计算食醋中总酸度。

【实验结果和数据处理】

表 3-18-1 食醋中总酸度的测定

记录项目	1	2	3
NaOH 溶液的浓度（$mol\cdot L^{-1}$）			
消耗 NaOH 溶液的体积（mL）			
消耗 NaOH 溶液的平均体积（mL）			
ρ_{HAc}（$g\cdot L^{-1}$）			

计算公式：

$$\rho=\frac{c_{NaOH}\times V_{NaOH}\times M_{HAc}}{20.00\times\frac{10.00}{100.00}}$$

$$M_{HAc}=60.06\,g\cdot mol^{-1}$$

【注意事项】

食醋可用乙酸样品液代替或取 59mL 浓乙酸（$17mol\cdot L^{-1}$）加蒸馏水至 100mL 配制而成。

【思考题】

1. 用 NaOH 滴定乙酸属于哪种类型的滴定?计量点 pH 如何计算?怎样选指示剂?

2. 取食醋的移液管要先用待移取的食醋溶液润洗 3 遍后才能准确移取，为什么?250mL 锥形瓶是否需要用食醋润洗 3 遍?

（王　朋）

实验十九　盐酸标准溶液的配制与标定

【实验目的】

1. 掌握盐酸溶液配制与标定的原理和方法。
2. 熟悉用甲基橙指示剂指示滴定终点。
3. 练习使用容量分析仪器。

【实验原理】

市售盐酸为无色透明溶液，相对密度约为1.19g · mL^{-1}，含HCl约37%。由于浓HCl是挥发性酸，浓度不恒定，所以只能用间接方法配制其标准溶液，即先配成近似浓度的溶液，再用基准物质标定。标定盐酸的基准物质常用无水碳酸钠和硼砂等，本实验采用无水碳酸钠为基准物质。

用Na_2CO_3标定盐酸的反应为:

$$2HCl + Na_2CO_3 = 2NaCl + H_2O + CO_2\uparrow$$

计量点时，溶液的 pH 为 3.87，其滴定突跃范围 pH 为 3.5～5.0，可用甲基橙（变色点 pH 为 3.7）做指示剂，当溶液颜色由黄色变为橙色时，即达到滴定终点。

根据称量的无水碳酸钠的质量和滴定时消耗盐酸的体积，可以计算出盐酸溶液的准确浓度。

【实验仪器与试剂】

1. 仪器　酸式滴定管（25mL）、锥形瓶（250mL）、量筒（10mL）、试剂瓶（500mL）、容量瓶（200mL）、烧杯（100mL）、移液管（20mL）、分析天平、托盘天平、滴定台、称量瓶、洗瓶、洗耳球。

2. 试剂　浓盐酸（分析纯）、无水碳酸钠（分析纯）、甲基橙指示剂。

【实验步骤】

1. 0.1mol · L^{-1}盐酸标准溶液的配制　用量筒量取约 4.5mL 浓盐酸溶液，倾入 500mL 试剂瓶中，加蒸馏水稀释至 500mL，盖上塞子，摇匀，贴上标签，备用。

2. 碳酸钠标准溶液的配制　准确称取在 270～330℃干燥直至恒重的基准无水碳酸钠约 1.0～1.1g（结果填在表 3-19-1 中），置于小烧杯中，加少量水搅拌，使之溶解。然后转移到 200mL 容量瓶中，再用少量蒸馏水洗涤小烧杯及玻璃棒三次，将洗涤液一并转移到容量瓶中，加水稀释至刻度，充分摇匀。

3. 0.1mol · L^{-1}盐酸溶液的标定　用移液管准确吸取上述溶液 20.00mL 于锥形瓶中，加甲基橙指示剂 1～2 滴，用 HCl 标准溶液滴定至黄色刚刚转变为橙色，即达到滴定终点。记下所消耗盐酸标准溶液的体积。平行测定三次，每两次所用 HCl 溶液的体积之差不得超过 0.10mL。结果填在表 3-19-2 中，并计算盐酸溶液的浓度。

【实验结果和数据处理】

表 3-19-1　无水碳酸钠的称量　（单位：g）

（称量瓶+Na_2CO_3）的质量	（称量瓶+剩余 Na_2CO_3）的质量	Na_2CO_3 的质量

表 3-19-2　HCl 溶液的标定

记录项目	1	2	3
无水碳酸钠的质量（g）			
消耗 HCl 溶液的体积（mL）			
消耗 HCl 溶液体积的平均值（mL）			
HCl 溶液浓度（$mol \cdot L^{-1}$）			

计算公式：

$$c_{HCl} = \frac{m_{Na_2CO_3} \times \frac{20.00}{200.00}}{V_{HCl} \times \frac{M_{Na_2CO_3}}{2 \times 1000}}$$

$$M_{Na_2CO_3} = 105.99\ g \cdot mol^{-1}$$

【思考题】

1. 滴定管在装标准溶液前为什么要用标准溶液润洗三次？
2. 如果基准物未烘干，将使标准溶液浓度的标定结果偏高还是偏低？
3. 如何降低二氧化碳对滴定终点的影响？
4. 标定盐酸的两种基准物质 Na_2CO_3 和 $Na_2B_4O_7 \cdot 10H_2O$ 各有哪些优缺点？
5. 为什么不用直接法配制盐酸标准溶液？

（刘佳川）

实验二十　小苏打片中碳酸氢钠含量的测定

【实验目的】

1. 学会一种测定小苏打片中碳酸氢钠含量的方法。
2. 进一步巩固滴定分析操作。

【实验原理】

小苏打片为碳酸氢钠加淀粉等辅料压制而成，碳酸氢钠是其药用的主要成分，一般用于治疗胃酸过多。碳酸氢钠为弱碱性物质，测定 $NaHCO_3$ 的含量时，用盐酸标准溶液滴定，反应式为：

$$NaHCO_3 + HCl = NaCl + H_2O + CO_2\uparrow$$

计量点时，溶液的 pH 为 3.87，其滴定突跃范围的 pH 为 3.5～5.0，可用甲基橙（变色点 pH 为 3.7）做指示剂，当溶液的颜色由黄色变为橙色时，即达到滴定终点。

用称量的小苏打片的质量和滴定消耗盐酸的体积即可算出碳酸氢钠的含量。

【实验仪器与试剂】

1. 仪器　托盘天平、分析天平、称量瓶、研钵、烧杯（100mL）、容量瓶（200mL）、酸式滴定管（25mL）、锥形瓶（250mL）、移液管（20mL）、洗耳球。

2. 试剂　盐酸（约 0.1mol · L^{-1}）、0.2%甲基橙指示剂、小苏打片。

【实验步骤】

1. 样品溶液的配制　精密称取小苏打片 1.5～1.6g（约 3～4 片）置于小烧杯中，加少量蒸馏水并小火加热，使之溶解。冷却后转移到 200mL 容量瓶中，用少量蒸馏水洗涤小烧杯及玻璃棒 3 次，将洗液一并转移到容量瓶中，加水至刻度，充分摇匀。

2. 样品含量的测定　用移液管准确吸取上述样品溶液 20.00mL 置于干净的锥形瓶中，加甲基橙指示剂 1～2 滴，用 HCl 标准溶液滴定至黄色刚刚转变为橙色，即达到终点。记下所消耗盐酸标准溶液的体积。平行滴定三次，要求每两次滴定所用 HCl 溶液的体积之差不得超过 0.10mL。结果填在表 3-20-1 中，并计算小苏打片中碳酸氢钠的百分含量。

【实验结果和数据处理】

表 3-20-1　小苏打片中碳酸氢钠含量的测定

记录项目	1	2	3
消耗 HCl 溶液的体积（mL）			
消耗 HCl 溶液的平均体积（mL）			
小苏打片的质量（g）			
碳酸氢钠含量（%）			

计算公式：

$$\omega_{NaHCO_3} = \frac{c_{HCl} \times V_{HCl} \times M_{NaHCO_3}}{m_{NaHCO_3} \times 1000 \times \dfrac{20.00}{200.00}} \times 100\%$$

$$M_{NaHCO_3} = 84.01\ g \cdot mol^{-1}$$

【思考题】

1. 强酸滴定弱碱的滴定突跃范围大小取决于碱的强度及其浓度，那么在什么情况下，才能用强酸直接滴定弱碱？
2. 在滴定过程中，往锥形瓶壁上淋洗少量水，对测定结果有无影响？
3. 在滴定接近终点时，产生的二氧化碳对滴定有无影响？
4. 滴定用的锥形瓶，是否需要用待装溶液润洗，为什么？
5. 滴定碳酸氢钠时，能否用甲基红做指示剂？

（赵　杰）

实验二十一 EDTA 标准溶液的配制和标定

【实验目的】

1. 学习 EDTA 标准溶液的配制和标定方法。
2. 掌握配位滴定的原理，了解配位滴定的特点。

【实验原理】

乙二胺四乙酸（ethylenediamine tetraacetic acid），常缩写为 EDTA，是一种很好的氨羧配位剂，它能和许多种金属离子以 1∶1 生成很稳定的螯合物，且生成的螯合物易溶于水。利用这一性质，如果选择合适的金属指示剂，控制溶液的 pH 就能用 EDTA 标准溶液测定金属离子的含量。

EDTA 是四元酸，在反应式中可写成 H_4Y，Y 为此酸的酸根，由于乙二胺四乙酸难溶于水，故通常使用其二钠盐，可简写为 Na_2H_2Y。乙二胺四乙酸二钠盐是白色的粉末，可以制成基准物质，但一般不直接用它配制标准溶液，而是先配成大致浓度的溶液，再用 Zn、ZnO、$CaCO_3$、$MgSO_4 \cdot 7H_2O$ 等基准物质来标定。本实验选用 $CaCO_3$ 作为基准物质，以铬黑 T 为指示剂，在 NH_3-NH_4Cl 缓冲溶液（pH≈10）中进行标定，溶液由紫红色变为纯蓝色即为滴定终点。滴定过程中的反应为：

滴定前：$Ca^{2+} + HIn^{2-} \rightleftharpoons CaIn^- + H^+$

终点前：$Ca^{2+} + H_2Y^{2-} \rightleftharpoons CaY^{2-} + 2H^+$

终点时：$CaIn^- + H_2Y^{2-} \rightleftharpoons CaY^{2-} + HIn^{2-} + H^+$

紫红色　　　　　　　　　　纯蓝色

铬黑 T（HIn^{2-}）在水溶液中不稳定，常与固体 NaCl 按质量比 1∶100 混合后使用。

【实验仪器与试剂】

1. 仪器 酸式滴定管（25mL），锥形瓶（250mL），移液管（20mL），容量瓶（200mL），量筒（10mL、100mL），烧杯（50mL、100mL），滴定台，分析天平，托盘天平，称量瓶，试剂瓶（250mL），洗耳球，玻璃棒。

2. 试剂 EDTA 标准溶液（$Na_2H_2Y \cdot 2H_2O$）、$CaCO_3$（分析纯）、HCl（6mol·L^{-1}）、铬黑 T 指示剂、NH_3-NH_4Cl 缓冲溶液（pH≈10）。

【实验步骤】

1. EDTA 标准溶液的配制 用托盘天平称取 2.0g（乙二胺四乙酸二钠）溶解于 100mL 温水中，溶解后转移到 250mL 试剂瓶中，冷却后加水至 250mL，摇匀，备用。

2. $CaCO_3$ 标准溶液（0.02mol·L^{-1}）的配制 准确称取 120°C 干燥过的 $CaCO_3$ 0.36～0.42g（精确到 0.1mg），置于 100mL 烧杯中，加少量水（约 10mL）润湿，盖上表面皿，用滴管从烧杯嘴处缓慢滴加 6mol·L^{-1} HCl 溶液至 $CaCO_3$ 完全溶解，加入少量水稀释，将溶液转入 200mL 容量瓶中，洗涤烧杯 2～3 次，一同并入容量瓶中，用蒸馏水稀释至刻度，摇匀。

3. EDTA 标准溶液的标定 用移液管移取 20.00mL $CaCO_3$ 标准溶液于 250mL 锥形瓶中，加入 10mL pH=10 的 NH_3-NH_4Cl 缓冲溶液，再加入一玻勺铬黑 T 指示剂，摇匀，用 EDTA 溶液滴定至溶液由紫红色变为纯蓝色即为终点，记录所消耗的 EDTA 溶液体积。平行测定三次，要求每两次滴定体积之差不超过 0.10mL。结果填在表 3-21-1 中，并根据消耗 EDTA 标准溶液的体积，计算其浓度。

【实验结果和数据处理】

表 3-21-1　EDTA 标准溶液的标定

记录项目	1	2	3
消耗 EDTA 的体积（mL）			
消耗 EDTA 的平均体积（mL）			
碳酸钙的质量（g）			
EDTA 的浓度（$mol\cdot L^{-1}$）			

计算公式：

$$c_{EDTA}=\frac{\frac{m_{CaCO_3}}{M_{CaCO_3}}\times\frac{20.00}{200.00}}{V_{EDTA}}\times 1000$$

$$M_{CaCO_3}=100.09g\cdot mol^{-1}$$

【注意事项】

1. 碳酸钙基准物质加入 HCl 溶解时要缓慢，以防剧烈反应产生 CO_2 气泡，而使 $CaCO_3$ 溶液飞溅损失。

2. 配位滴定反应进行较慢，因此滴定速度不宜太快，尤其临近终点时，更应缓慢滴定，并充分摇动，保证其充分反应。

【思考题】

1. EDTA 与金属离子反应有何特点？
2. 为什么滴定时要加入 NH_3-NH_4Cl 缓冲溶液？
3. 为什么实验中选用乙二胺四乙酸二钠盐配制 EDTA 标准溶液，而不用乙二胺四乙酸？
4. 用 HCl 溶解 $CaCO_3$ 时，为什么要用表面皿盖上烧杯口？
5. 什么是金属指示剂？有哪些特点？铬黑 T 指示剂适用的 pH 范围是多少？

（冯　宇）

实验二十二　水中 Ca^{2+}、Mg^{2+}含量的测定

【实验目的】

1. 掌握 EDTA 法测定水中 Ca^{2+}、Mg^{2+}含量的原理及方法。
2. 掌握铬黑 T 及钙指示剂的应用。

【实验原理】

测定水中钙、镁的总量就是测定水的总硬度。天然水中会含有较多的 Ca^{2+}和 Mg^{2+}，可用 EDTA 标准溶液测定水中钙、镁离子的含量。

测定水中的 Ca^{2+}含量时，先用 NaOH 溶液调节溶液 pH=12～13，此时 Mg^{2+}转化为 $Mg(OH)_2$沉淀。再加入适量钙指示剂，钙指示剂与 Ca^{2+}生成酒红色配合物。用 EDTA 滴定时，EDTA 先与 Ca^{2+}结合，滴定至终点时，EDTA 夺取已与指示剂配位的 Ca^{2+}，钙指示剂游离出来，使溶液由酒红色变为纯蓝色。

测定水中 Ca^{2+}、Mg^{2+} 总含量时，用 NH_3-NH_4Cl 缓冲溶液调节溶液的 pH≈10，以铬黑 T 作指示剂，用 EDTA 标准溶液滴定，溶液由酒红色变为纯蓝色，即为终点。由于溶液中生成的配合物稳定顺序为：

$$CaY^{2-} > MgY^{2-} > MgIn^{-} > CaIn^{-}$$

所以，滴定过程中溶液发生的反应如下：

滴定前：$Mg^{2+} + HIn^{2-} \rightleftharpoons MgIn^{-} + H^{+}$

终点前：$Ca^{2+} + H_2Y^{2-} \rightleftharpoons CaY^{2-} + 2H^{+}$

$Mg^{2+} + H_2Y^{2-} \rightleftharpoons MgY^{2-} + 2H^{+}$

终点时：$MgIn^{-} + H_2Y^{2-} \rightleftharpoons MgY^{2-} + HIn^{2-} + H^{+}$

酒红色　　　　　　　纯蓝色

【实验仪器与试剂】

1. 仪器　酸式滴定管（25mL）、锥形瓶（250mL）、移液管（50mL）、量筒（10mL）、烧杯（100mL）、滴定台、洗耳球、洗瓶。

2. 试剂　EDTA（$Na_2H_2Y \cdot 2H_2O$）标准溶液、NH_3-NH_4Cl 缓冲溶液（pH≈10）、NaOH（$6mol \cdot L^{-1}$）、铬黑 T 指示剂、钙指示剂。

【实验步骤】

1. Ca^{2+}含量的测定　用移液管移取 50.00mL 水样，置于 250mL 锥形瓶中，加入 2mL $6mol \cdot L^{-1}$ NaOH 溶液（使溶液的 pH=12～13），再加一玻勺钙指示剂，摇匀。此时溶液呈酒红色，用 EDTA 标准溶液滴定至溶液由酒红色变为纯蓝色，即为终点。记下所消耗 EDTA 的体积 V_1，平行测定三次，要求每两次滴定体积之差不超过 0.10mL，结果填在表 3-22-1 中。计算水中 Ca^{2+}的含量。

2. 水中 Ca^{2+}、Mg^{2+}总量的测定　用移液管移取 50.00mL 水样，置于 250mL 锥形瓶中，加入 5mL NH_3-NH_4Cl 缓冲溶液（pH≈10），再加入一玻勺铬黑 T 指示剂，摇匀。用 EDTA 标准溶液滴定至溶液由酒红色变为纯蓝色，即为终点，记下所消耗 EDTA 的体积 V_2。平行测定三次，要求每两次滴定体积之差不超过 0.10mL。结果填在表 3-22-1 中，并根据消耗 EDTA 标准溶液的体积，计算出水中 Ca^{2+}、Mg^{2+}的含量。

【实验结果和数据处理】

表 3-22-1　水中 Ca^{2+}、Mg^{2+}含量的测定

记录项目	1	2	3
V_{1EDTA}(mL)			
$\bar{V}_{1EDTA}$(mL)			
V_{2EDTA}(mL)			
$\bar{V}_{2EDTA}$(mL)			
$c_{Ca^{2+}}$（$mmol \cdot L^{-1}$）			
$c_{Ca^{2+},Mg^{2+}}$（$mmol \cdot L^{-1}$）			

若用钙指示剂时消耗 EDTA 的体积为 V_1，用铬黑 T 指示剂时消耗 EDTA 的体积为 V_2，则水中 Ca^{2+}，Mg^{2+}含量的计算公式为：

$$c_{Ca^{2+}}=\frac{c_{EDTA}\cdot V_{1EDTA}}{V_{水样}}\times 1000$$

$$c_{Ca^{2+},\ Mg^{2+}}=\frac{c_{EDTA}\cdot V_{2EDTA}}{V_{水样}}\times 1000$$

【思考题】

1. 什么是水的总硬度？
2. 为什么滴定 Ca^{2+}时要控制溶液 pH=12～13？
3. 滴定为什么要在缓冲溶液中进行？
4. 如果只有铬黑 T 指示剂，能否测定 Ca^{2+}的含量？如何测定？
5. EDTA、铬黑 T 分别与 Ca^{2+}、Mg^{2+}形成的配合物稳定性顺序如何？

（刘佳川）

实验二十三 高锰酸钾标准溶液的标定

【实验目的】

1. 掌握高锰酸钾法的基本原理。
2. 练习用自身指示剂指示终点的方法。
3. 掌握用草酸钠做基准物质标定 $KMnO_4$ 溶液浓度的原理、方法和操作条件。

【实验原理】

用高锰酸钾作为标准溶液进行氧化还原滴定的分析方法称为高锰酸钾法。

普通高锰酸钾试剂常含有少量杂质，不能用直接法配制标准溶液，必须经过标定。标定高锰酸钾溶液的基准物质有 $H_2C_2O_4\cdot 2H_2O$、$Na_2C_2O_4$、As_2O_3 等。其中草酸钠不含结晶水，容易提纯，没有吸湿性，因此是常用的基准物质。在热的酸性溶液中，高锰酸钾和草酸钠的反应方程式如下：

$$2MnO_4^- + 5C_2O_4^{2-} + 16H^+ \xlongequal{} 2Mn^{2+} + 10CO_2\uparrow + 8H_2O$$

开始反应较慢，待溶液中产生 Mn^{2+}后，由于 Mn^{2+}的催化作用，反应愈来愈快。另外，为了加快反应速度，滴定温度不能低于 60℃，但也不能太高，若高于 90℃容易引起 $H_2C_2O_4$ 分解：

$$H_2C_2O_4 \xlongequal{} H_2O + CO_2\uparrow + CO\uparrow$$

高锰酸钾溶液本身有色，当溶液中 MnO_4^- 的浓度约为2×10^{-6} mol · L^{-1}时，人眼即可观察到粉红色。用高锰酸钾作滴定剂时，一般不加指示剂，而是利用稍过量的 MnO_4^- 的粉红色指示滴定终点。在这里高锰酸钾称作自身指示剂。

【实验仪器与试剂】

1. 仪器 托盘天平、分析天平、称量瓶、烧杯（100mL）、洗瓶、玻璃棒、容量瓶（200 mL）、滴定台、酸式滴定管（25mL）、移液管（20mL）、洗耳球、锥形瓶（250mL）、量筒（10mL）、煤气灯、石棉网。

2. 试剂 $KMnO_4$（约 0.02mol · L^{-1}）、$Na_2C_2O_4$（分析纯）、H_2SO_4（3mol · L^{-1}）。

【实验步骤】

1. 草酸钠溶液的配制 在分析天平上准确称取1.3～1.4g于105～110℃烘至恒重的草酸钠（结果填在表3-23-1中），置于100mL烧杯中，加约50mL蒸馏水，搅拌使草酸钠溶解，将溶液转移到200 mL容量瓶中，把玻璃棒和烧杯再洗涤三次，洗涤液也合并到容量瓶中，最后将容量瓶中的溶液稀释至刻度，摇匀。

2. 高锰酸钾标准溶液的标定 用移液管移取20.00mL草酸钠溶液于250mL锥形瓶中，用量筒加3mol·L^{-1} H_2SO_4溶液10mL，小火加热至70～80℃（瓶颈略烫手），用高锰酸钾溶液趁热滴定到溶液呈粉红色，保持30秒不褪色即为滴定终点，记录消耗高锰酸钾溶液的体积。平行滴定三次，要求每两次滴定体积之差不超过0.10mL。结果填在表3-23-2中，并计算高锰酸钾（$KMnO_4$）溶液的浓度。

【实验结果和数据处理】

表3-23-1 草酸钠的称量 （单位：g）

（称量瓶+ $Na_2C_2O_4$）的质量	（称量瓶+剩余 $Na_2C_2O_4$）的质量	$Na_2C_2O_4$的质量

表3-23-2 高锰酸钾标准溶液的标定

记录项目	1	2	3
草酸钠质量（g）			
消耗高锰酸钾溶液的体积（mL）			
消耗高锰酸钾溶液的平均体积（mL）			
高锰酸钾溶液浓度（mol·L^{-1}）			

计算公式：

$$c_{KMnO_4}=\frac{2}{5}\times\frac{m_{Na_2C_2O_4}\times\dfrac{20.00}{200.00}}{V_{KMnO_4}\times M_{Na_2C_2O_4}}\times 1000$$

$$M_{Na_2C_2O_4}=134.00\text{g}\cdot\text{mol}^{-1}$$

【思考题】

1. 用 $Na_2C_2O_4$ 标定高锰酸钾溶液，有哪些因素影响反应速率？如何控制反应速率？

2. 高锰酸钾溶液应放在哪种滴定管中？应怎样读数？

（李华侃）

实验二十四 双氧水中过氧化氢含量的测定

【实验目的】

1. 掌握高锰酸钾法测定过氧化氢含量的原理。
2. 练习用自身指示剂指示终点的方法。

【实验原理】

过氧化氢由于其氧化还原性，广泛应用于漂白、消毒、杀菌、医药等工业，因此常需要测定它的含量。H_2O_2在反应时既可作为氧化剂又可作为还原剂，在酸性介质中H_2O_2作为还原剂和$KMnO_4$反应。

在稀硫酸溶液中，过氧化氢在室温条件下，能被$KMnO_4$氧化，且定量地生成氧气和水，因此可用高锰酸钾法测定过氧化氢的含量，其反应式为：

$$5H_2O_2 + 2MnO_4^- + 6H^+ \xlongequal{} 2Mn^{2+} + 5O_2\uparrow + 8H_2O$$

该反应室温时速率较慢，由于 H_2O_2 不稳定，不能通过加热来加快反应速率。但生成的 Mn^{2+}对反应有催化作用，所以反应一旦开始，生成的 Mn^{2+}就可以使反应速率加快。

【实验仪器与试剂】

1. 仪器　容量瓶（200mL）、酸式滴定管（25mL）、移液管（10mL和20mL）、洗耳球、锥形瓶（250mL）、量筒（10mL）、洗瓶、滴定台。

2. 试剂　H_2O_2 试样、$KMnO_4$（约 0.02mol · L^{-1}）、H_2SO_4（3mol · L^{-1}）。

【实验步骤】

1. 过氧化氢试样溶液的稀释　用移液管移取过氧化氢试样溶液 10.00mL，置于 200mL 容量瓶中，加水稀释至刻度，充分摇匀备用。

2. 过氧化氢含量的测定　用移液管移取稀释过的过氧化氢试样溶液 20.00mL 于 250mL 锥形瓶中，加入 3mol · L^{-1} H_2SO_4溶液 10mL，用 $KMnO_4$ 标准溶液滴定到溶液呈淡粉色，保持 30 秒不褪色即为滴定终点。平行测定三次，要求每两次滴定体积之差不超过 0.10mL。结果填在表 3-24-1 中，并计算试样中过氧化氢的质量浓度（g · L^{-1}）。

【实验结果和数据处理】

表 3-24-1　过氧化氢含量的测定

记录项目	1	2	3
高锰酸钾溶液浓度（mol · L^{-1}）			
消耗高锰酸钾溶液体积（mL）			
消耗高锰酸钾溶液平均体积（mL）			
过氧化氢含量（g · L^{-1}）			

计算公式：

$$\rho_{H_2O_2} = \frac{5}{2} \times \frac{c_{KMnO_4} \times V_{KMnO_4} \times M_{H_2O_2}}{10.00 \times \dfrac{20.00}{200.00}}$$

$$M_{H_2O_2} = 34.02 g \cdot mol^{-1}$$

【思考题】

1. 能否用加热的方法提高高锰酸钾与过氧化氢的反应速率？

2. 装过 $KMnO_4$ 溶液的滴定管或容器，常带有不易洗去的棕色物质，这是为什么？怎样除去？

3. 用 $KMnO_4$ 法测定 H_2O_2 时，能否用 HNO_3、HCl、HAc 控制溶液酸度？为什么？

（李华侃）

实验二十五　醋酸解离度和解离平衡常数的测定

【实验目的】

1. 了解用 pH 法测定醋酸解离度和解离平衡常数的原理和方法。
2. 学习 pH 计的使用方法。

【实验原理】

醋酸是弱电解质，在水溶液中存在下列解离平衡：

$$HAc \rightleftharpoons H^+ + Ac^-$$

所以：解离度 $\alpha = \frac{[Ac^-]}{c}$，解离平衡常数 $K_a = \frac{[H^+][Ac^-]}{[HAc]}$。

设醋酸溶液的浓度为 c，如果醋酸溶液的 pH＜5，则此时溶液中的 $[H^+] > 10^{-5}$，其中由水解离产生的 $[H^+]=[OH^-] < 10^{-9}$，可忽略水的解离，则平衡时 $[H^+]=[Ac^-]$，可以得到：

$$\alpha = \frac{[Ac^-]}{c} = \frac{[H^+]}{c} \text{ 和 } K_a = \frac{[H^+]^2}{c-[H^+]}$$

解离度 α 随溶液的浓度增大而减小，K_a 不随溶液浓度的改变而改变，但随温度略有变化。在一定温度下，若配制一系列已知浓度的醋酸溶液，并用酸度计准确测定其 pH，根据 $pH = -\lg[H^+]$，换算成 $[H^+]=10^{-pH}$，则可计算出一系列不同浓度溶液对应的 α 和 K_a 值。

【实验仪器与试剂】

1. 仪器　烧杯（50mL）、容量瓶（100mL）、pHs-25 型数显酸度计、复合电极。

2. 试剂　NaOH 标准溶液（约 $0.1mol \cdot L^{-1}$，已由实验室老师事先测定出准确浓度）、HAc 标准溶液（约 $0.1mol \cdot L^{-1}$）。

【实验步骤】

1. 用 NaOH 标准溶液标定 HAc 的浓度（精确到 4 位有效数字）　用酸式滴定管分别精密量取 20.00mL HAc 溶液于 3 个 250mL 锥形瓶中，加入酚酞指示剂 2 滴，分别用 NaOH 标准溶液（约 $0.1mol \cdot L^{-1}$）滴至显淡红色，且在半分钟内不褪色为止，平行滴定三次，要求每两次滴定所用 NaOH 溶液的体积之差不得超过 0.10mL。结果填在表 3-25-1 中，并计算 HAc 溶液的准确浓度。

2. 配制不同浓度的醋酸溶液　用酸式滴定管量取 50.00mL、10.00mL、5.00mL HAc 溶液，分别置于三个 100mL 容量瓶中，用蒸馏水稀释至刻度，混合均匀，即可制得不同浓度的 HAc 溶液。

3. 测定醋酸溶液的 pH，并计算 α 和 K_a　将上面配制的三种不同浓度的 HAc 溶液和未经稀释的 HAc 溶液分别置于 4 个 50mL 烧杯（用所装溶液润洗三次）中，按由稀到浓的顺序在酸度计上分别测定它们的 pH，记录数据和室温，计算 α 和 K_a 值。将实验数据和计算结果填入表 3-25-2 中。

【实验记录和结果处理】

表 3-25-1 HAc 浓度的标定

记录项目	1	2	3
NaOH 溶液的浓度（$mol \cdot L^{-1}$）			
HAc 溶液的体积（mL）	20.00	20.00	20.00
消耗 NaOH 溶液的体积（mL）			
消耗 NaOH 溶液的平均体积（mL）			
HAc 溶液的浓度（$mol \cdot L^{-1}$）			

表 3-25-2 醋酸解离度和解离平衡常数的测定

烧杯编号	醋酸的浓度（$mol \cdot L^{-1}$）	pH	$[H^+]$	α（%）	K_a	$\overline{K_a}$
1						
2						
3						
4						

【思考题】

1. “解离度越大，酸度就越大。”这句话正确吗，为什么？
2. 改变所测 HAc 溶液的浓度或温度，则解离度和解离常数有无变化？若有变化，会有怎样的变化？
3. 什么条件下能用 $K_a = \dfrac{[H^+]^2}{c}$ 来求算解离常数 K_a？本实验中是否可以采用，为什么？
4. 根据文献所给的 HAc 的 $K_a = 1.75 \times 10^{-5}$，分析误差产生的原因。

（刘佳川）

实验二十六 邻二氮菲分光光度法测定铁

【实验目的】

1. 了解邻二氮菲分光光度法测定铁的原理和方法。
2. 掌握利用标准曲线进行定量分析的操作与数据处理方法。
3. 掌握721型分光光度计的使用方法，并了解其主要构造。

【实验原理】

用分光光度法测定试样中的微量铁，目前一般采用邻二氮菲法。邻二氮菲（又称邻菲罗啉）是测定微量铁的高灵敏性、高选择性试剂。在 pH=2～9 的溶液中，邻二氮菲与 Fe^{2+} 生成稳定的橘红色配合物，其显色反应如下：

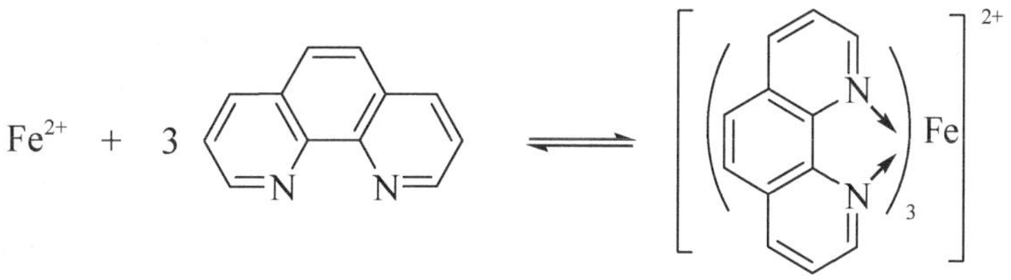

此配合物 $\lg K_s$=21.3，摩尔吸光系数 $\varepsilon=1.1\times10^4$，适用于微量铁的测定。由于邻二氮菲与 Fe^{3+}也能生成 3∶1 的配合物，呈淡蓝色，$\lg K_s$=14.1，所以在加入显色剂之前，需用盐酸羟胺将 Fe^{3+}还原为 Fe^{2+}，其反应式如下：

$$2Fe^{3+} + 2NH_2OH \cdot HCl = 2Fe^{2+} + N_2\uparrow + 2H_2O + 4H^+ + 2Cl^-$$

分光光度法测定物质的含量，一般采用标准曲线法（亦称工作曲线法），即配制一系列浓度由小到大的标准溶液，在实验条件下依次测出各标准溶液的吸光度。以溶液的浓度为横坐标，相应的吸光度为纵坐标，在坐标纸上绘制标准曲线。根据朗伯-比耳定律：$A=\varepsilon bc$，当入射光波长λ及光程b一定时，在一定浓度范围内，有色物质的吸光度A与该物质的浓度c成正比。在同样实验条件下，测定待测溶液的吸光度，根据测得吸光度值从标准曲线上查出相应的浓度值，即可计算试样中被测物质的质量浓度。

测绘标准曲线一般最少应配制3～5个浓度递增的标准溶液，作图时，坐标选择要适当，使直线的斜率约等于1。

【实验仪器与试剂】

1. 仪器　721型分光光度计，容量瓶（50mL），吸量管（1mL、2mL、5mL），洗耳球。

2. 试剂　铁标准溶液（100mg · L^{-1}），邻二氮菲（1.5g · L^{-1}水溶液，用时配制），盐酸羟胺（100g · L^{-1} 水溶液，用时配制），NaAc溶液（1.0mol · L^{-1}），待测含铁溶液。

【实验步骤】

1. 吸收曲线的绘制　用吸量管吸取 1mL 标准铁溶液（100mg · L^{-1}），移入 50mL 容量瓶中，加入 1mL 盐酸羟胺溶液，混匀，放置 2min，再加入 2mL 邻二氮菲溶液、5mL NaAc 溶液，用水稀释至刻度，摇匀。以试剂溶液（不加标准铁溶液）为参比溶液，在波长 470～530nm 之间，每隔 10nm 测定一次吸光度，其中在 490～510nm 之间每隔 5nm 测定一次，数据记录于表 3-26-1 中。然后在坐标纸上以吸光度 A 为纵坐标，以波长 λ 为横坐标，绘制 A-λ 吸收曲线（图 3-26-1）。从吸收曲线上选择最大吸收波长 λ_{max} 作为测定波长。

2. 标准曲线的绘制　分别用吸量管吸取 0.00mL、0.40mL、0.80mL、1.20mL、1.60mL、2.00mL 标准铁溶液（100mg · L^{-1}）于 6 个 50mL 容量瓶中，然后再分别加入 1 mL 盐酸羟胺溶液，2mL 邻二氮菲溶液，5mL NaAc 溶液，加水稀释至刻度，摇匀。以试剂溶液（不加标准铁溶液）为参比溶液，在所选定的波长下，测量各溶液的吸光度，数据记录于表 3-26-2 中。在坐标纸上，以吸光度 A 为纵坐标，以铁的浓度为横坐标，绘制 A-c 标准曲线（图 3-26-2）。

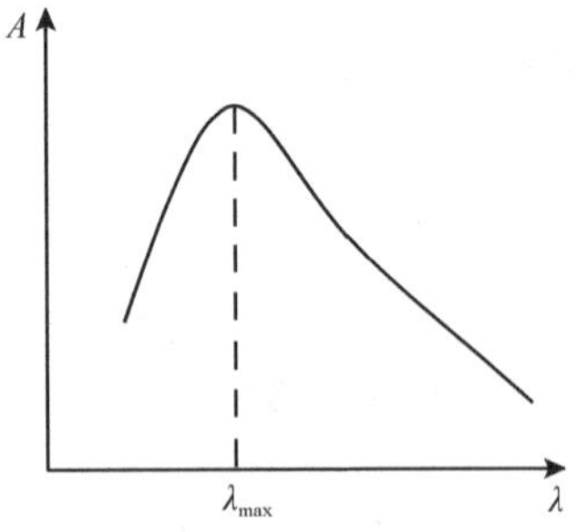

图 3-26-1　A-λ 吸收曲线

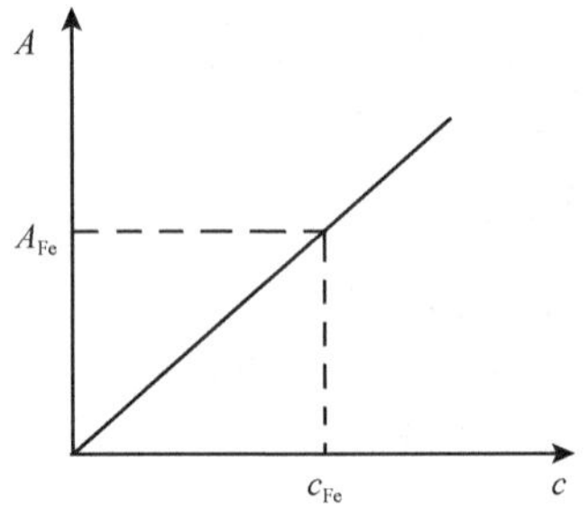

图 3-26-2　A-c 标准曲线

3. 样品中铁含量的测定　用吸量管吸取1mL待测液，置于50mL容量瓶中，分别加入1mL盐酸羟胺溶液，2mL邻二氮菲溶液，5mL NaAc溶液，加水稀释至刻度，摇匀。以试剂溶液为参比溶液，在所选定的波长下，测其吸光度，数据记录于表3-26-2中。在标准曲线上查出吸光度对应的样品溶液的浓度，然后计算样品中微量铁的含量（mg · L^{-1}）。

【实验结果和数据处理】

表 3-26-1 标准铁溶液在不同波长的吸光度

λ（nm）	470	480	490	495	500	505	510	520	530
A									

表 3-26-2 标准系列溶液和样品溶液的吸光度

编号	1	2	3	4	5	6	7
标准铁溶液（mL）	0.00	0.40	0.80	1.20	1.60	2.00	样品（稀释后）
吸光度 *A*							
溶液浓度（$mg \cdot L^{-1}$）							

1. 绘制吸收曲线和标准曲线。
2. 计算样品中铁的含量（$mg \cdot L^{-1}$）。

$$c_{\text{样品}}=\frac{c_{\text{稀释后样品}}\times 50\text{mL}}{1\text{mL}}$$

【注意事项】

1. 盛标准系列溶液及样品的容量瓶应编号，以免混淆。
2. 试剂的加入必须按顺序进行；定容后必须充分摇匀。
3. 绘制图表时，间隔要适当，使直线的斜率约等于 1。

【思考题】

1. 用邻二氮菲测定铁时，为什么要加入盐酸羟胺？试写出有关反应方程式。
2. 吸收曲线与标准曲线有何区别？
3. 透光率与吸光度两者关系如何？
4. 邻二氮菲与铁的显色反应，其主要条件有哪些？
5. 本次实验量取各种试剂时，应采用何种量器量取较为合适？为什么？

（赵 杰）

实验二十七 磺基水杨酸合铁（Ⅲ）的组成及稳定常数的测定

【实验目的】

1. 了解等摩尔连续变换法测定配合物组成及稳定常数的原理和方法。
2. 进一步学习分光光度计的使用及有关实验数据的处理方法。

【实验原理】

磺基水杨酸（简式为H_3R）可以与Fe^{3+}形成稳定的有色配合物。配合物的组成随溶液pH的不同而改变，在pH=2～3时，生成1∶1的红色螯合物（简记为ML），反应式如下；

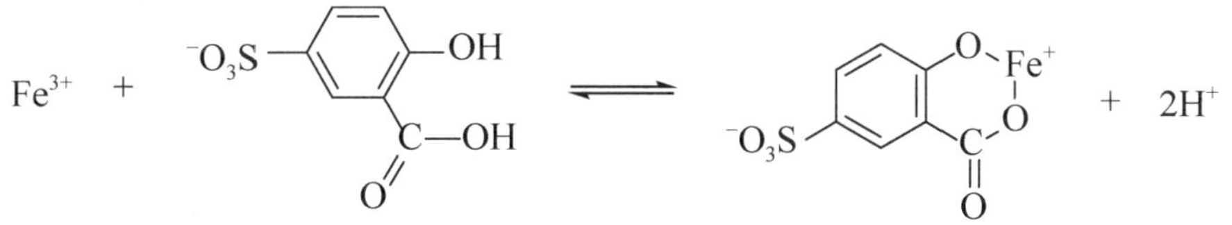

pH=4～9 时，生成 1∶2 的红色螯合物（ML_2）；pH＝9～11 时，生成 1∶3 的黄色螯合物（ML_3）；pH＞12 时，有色螯合物被破坏生成 $Fe(OH)_3$ 沉淀。本实验在 pH＜2.5 的条件下进行测定，溶液的 pH 通过加入 $HClO_4$ 来控制。

根据朗伯-比尔定律：$A=\varepsilon bc$，当入射光波长及光程一定时，溶液的吸光度只与有色配合物的浓度成正比。据此，本实验采用等摩尔连续变换法（或称等摩尔系列法），通过分光光度计测定溶液的吸光度，然后求出配合物的组成和稳定常数。

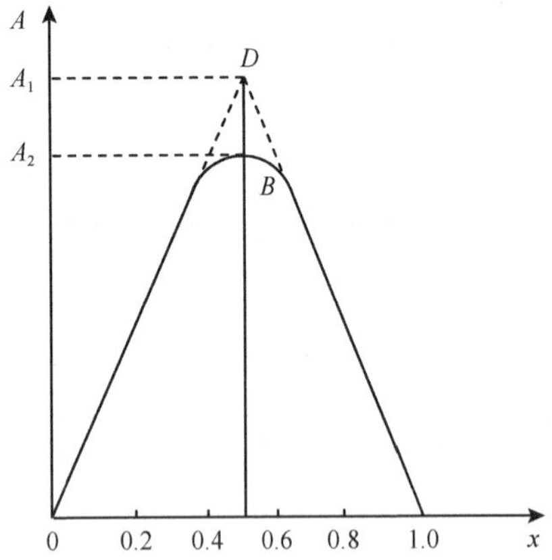

图 3-27-1　吸光度-配位体摩尔分数图

等摩尔连续变换法就是将金属离子（M）和配位体（L）按不同物质的量（摩尔）比混合，配制一系列等体积溶液，这一系列溶液中金属离子和配位体二者的总物质的量（摩尔数）不变，但金属离子和配位体各自的摩尔分数连续改变。在一定波长的单色光下分别测定这一系列溶液的吸光度。当溶液中金属离子与配位体浓度之比与配合物的组成一致时，配合物（ML_n）浓度最大，吸光度也就最大。若以吸光度为纵坐标，以配体的摩尔分数为横坐标作图，所得的“吸光度-配位体摩尔分数”曲线，一定会出现极大值，如图 3-27-1 所示。将曲线两边的直线部分延长相交于 D 点，D 点对应的吸光度值 A_1 最大。由 D 点对应的摩尔分数值可计算配合物中金属离子与配位体的摩尔数之比，即可求得配合物 ML_n 中配位体的数目 n。例如：

$$n=\frac{\text{配体摩尔数}}{\text{中心离子摩尔数}}=\frac{\text{配体摩尔分数}}{\text{中心离子摩尔分数}}=\frac{0.5}{1-0.5}=1$$

则配合物组成为 ML 型，即该配合物为 1∶1 配合。

配合物的稳定常数亦可根据图 3-27-1 求得，对于配合物 ML，若它全部以 ML 形式存在，则其最大吸光度应在 D 点，即吸光度为 A_1。但由于配离子有一部分解离，其浓度要稍小一些，所以实验测得的最大吸光度在 B 点，其值为 A_2，因此配离子的解离度 α 可表示为：

$$\alpha=\frac{A_1-A_2}{A_1}\times 100\%$$

配合物的稳定常数 K_s 可由下列平衡式导出：

$$ML \rightleftharpoons M + L\text{（电荷省去）}$$

起始浓度：	c	0	0
平衡浓度：	$c-c\alpha$	$c\alpha$	$c\alpha$

$$K_s=\frac{[ML]}{[M][L]}=\frac{c(1-\alpha)}{c^2\alpha^2}=\frac{1-\alpha}{c\alpha^2}$$

式中，c 为 D 点所对应的金属离子的物质的量浓度。

【实验仪器与试剂】

1. 仪器　721型分光光度计、容量瓶（100mL）、烧杯（50mL）、吸量管（10mL）、移液管（10mL）。

2. 试剂　Fe^{3+} 溶液[0.0100mol · L^{-1}，用分析纯 $NH_4Fe(SO_4)_2 \cdot 12H_2O$ 晶体溶于 0.01mo1 · L^{-1} $HClO_4$ 中配成]，磺基水杨酸[0.0100mol · L^{-1}，用分析纯磺基水杨酸溶于 0.01mo1 · L^{-1} $HClO_4$ 中配成]，$HClO_4$（0.01mol · L^{-1}）。

【实验步骤】

1. 溶液的配制

（1）配制 0.00100mol · L^{-1} Fe^{3+}溶液：用 10mL 移液管吸取 10.00mL 0.0100mol · L^{-1} 的 Fe^{3+}溶液，移入 100mL 容量瓶中，用 0.01mol · L^{-1} $HClO_4$ 溶液稀释至刻度，摇匀，备用。

（2）配制0.00100mol · L^{-1}磺基水杨酸（H_3R）溶液：用10mL移液管吸取10.00mL 0.0100mol · L^{-1}的磺基水杨酸溶液，移入100mL容量瓶中，用0.01mol · L^{-1} $HClO_4$溶液稀释至刻度，摇匀，备用。

2. 吸光度的测定

（1）用10mL吸量管按表3-27-1列出的用量吸取各溶液，分别移入已编号的干燥的50mL小烧杯中，混匀各溶液。

（2）接通分光光度计电源，选定波长为500nm，调整好仪器。

（3）取4只2cm的比色皿，以1#（或11#）为参比溶液，测定2#～11#（或1#～10#）溶液的吸光度，数据记录于表3-27-1中。

表 3-27-1　磺基水杨酸合铁（Ⅲ）的组成及稳定常数的测定

溶液编号	$HClO_4$（mL）	Fe^{3+}（mL）	H_3R（mL）	H_3R 摩尔分数	吸光度 *A*
1	10.0	10.0	0.0		
2	10.0	9.0	1.0		
3	10.0	8.0	2.0		
4	10.0	7.0	3.0		
5	10.0	6.0	4.0		
6	10.0	5.0	5.0		
7	10.0	4.0	6.0		
8	10.0	3.0	7.0		
9	10.0	2.0	8.0		
10	10.0	1.0	9.0		
11	10.0	0.0	10.0		

【实验结果和数据处理】

1. 作图　以磺基水杨酸的摩尔分数为横坐标，吸光度*A*为纵坐标作图，并将曲线两边的直线部分延长，从图中找出最大吸光度。

2. 计算磺基水杨酸合铁（Ⅲ）的组成及其稳定常数。

【注意事项】

1. 装有标准系列溶液的烧杯应编号，以免混淆。
2. 比色皿应先用去离子水淋洗，然后用待测溶液冲洗 2～3 次。
3. 取放比色皿时，手拿毛玻璃面，使透光玻璃面通过光路。

【思考题】

1. 酸度对测定配合物的组成有什么影响？
2. 实验中加入一定量的$HClO_4$溶液，其目的是什么？
3. 等摩尔系列法测定配合物的稳定常数的适用范围是什么？
4. 若入射光不是单色光，能否准确测出配合物的组成与稳定常数？

5. 为什么说溶液中金属离子与配位体摩尔数之比正好与配合物组成相同时，配合物的浓度最大？

（赵 杰）

实验二十八 分子荧光法测定奎宁的含量

【实验目的】

1. 熟悉分子荧光分光光度计的使用原理，掌握仪器的基本操作。
2. 了解溶液的荧光线性。
3. 了解荧光发射光谱的扫描与参数设置。
4. 测定未知样品中奎宁的含量。

【实验原理】

奎宁（quinine），俗称金鸡纳霜，茜草科植物金鸡纳树及其同属植物的树皮中的主要生物碱。化学名称为金鸡纳碱，分子式 $C_{20}H_{24}N_2O_2$。1820 年 P.J.佩尔蒂埃和 J.B.卡芳杜首先制得纯品，它是一种可可碱和 4-甲氧基喹啉类抗疟药，是血液中裂殖体的快速杀灭剂。它在稀酸溶液中是荧光强度较高的物质，通常有两个激发波长 250nm 和 350nm，荧光最大强度发射波长峰在 450nm。本次实验，以 350nm 为激发波长，测定发射光谱，记录发射峰的强度。在一定的浓度范围内，荧光强度与奎宁物质量的浓度呈线性关系：$I_f = k\times c$，根据这个公式绘制的标准曲线，测定并计算出未知样品中的奎宁含量。

【实验仪器与试剂】

1. 仪器 上海棱光荧光分光光度计、5 个 5mL 小烧杯、5 个 50mL 容量瓶、1 个废液缸、1 个紫外灯、10mL 带刻度移液管、四通光荧光比色皿。

2. 试剂 10.0μg · mL^{-1}奎宁储备液、0.05mol · L^{-1} H_2SO_4 溶液、去离子水。

【实验步骤】

1. 标准溶液的配制 取 5 个 50mL 的容量瓶，分别加入 4.00、6.00、8.00、10.00、12.00mL 的 10.0 μg · mL^{-1}奎宁标准溶液，用 0.05mol · L^{-1} H_2SO_4 溶液稀释至刻度，摇匀。

2. 观察样品的荧光 将标准溶液的浓度从低到高排列，放在紫外灯下。将紫外灯的开关调到 254 nm 处，观察并拍摄样品的荧光照片。

3. 荧光发射光谱的确定 首先，取 3mL 溶液，放入样品槽。将激发波长固定在 350nm，激发狭缝和发射狭缝均设定为 5nm，扫描速度为 1000nm · min^{-1}，在 353～590nm 范围内扫描即得荧光发射光谱。从谱图中找出最大发射波长值与相应的强度，用笔准确记录。从中读出发射峰处对应的荧光发射强度，每个样品扫描三次，所得结果填在表 3-28-1 中。

表 3-28-1 奎宁标准溶液的配制

样品浓度（μg · mL^{-1}）	荧光强度			荧光强度平均值
	（1）	（2）	（3）	
0.8				
1.2				
1.6				
2.0				
2.4				

4. 标准曲线的确立 以荧光强度平均值为纵坐标，系列标准溶液的浓度为横坐标作图，得到标准溶液的荧光强度标准曲线，同时将数据绘制于实验报告中。其对应线性关系为：$I_f=k\times c$（μg · mL^{-1}），其中 k =________。

5. 未知样品的测定 取约 3mL 待测样品，按照与标准溶液同样的条件测定荧光强度。重复实验三次，求出强度的平均值。以此平均值为纵坐标 I_f，从标准曲线上，解出对应的浓度 c，其中 k 已于实验步骤 4 中求得，将所得数值记录于表 3-28-2 中。

【实验结果和数据处理】

表 3-28-2 未知样品浓度测定结果

编号	荧光强度	平均值	标准偏差	浓度（μg · mL^{-1}）
①				
②				
③				

【注意事项】

1. 注意不要触摸荧光分光光度计上的开关，以免破坏氙灯。
2. 开机顺序为，先开氙灯，再开总开关，而关机时却刚好相反。
3. 荧光比色皿易碎，使用时注意轻拿轻放。
4. 使用比色皿后，注意清洗干净，方便他人使用。
5. 奎宁储备液避光保存。

【思考题】

1. 可以用 1mL 的溶液来测量发射光谱吗？
2. 如何绘制荧光发射光谱？
3. 哪些因素可能会对奎宁荧光产生影响？

（李 丹）

实验二十九 离子选择电极法测定饮用水中含氟量

【实验目的】

1. 掌握电位法的基本原理。
2. 学会使用离子选择性电极测定饮用水中含氟量。

【实验原理】

氟离子选择性电极是以氟化镧单晶片为敏感膜的电位法指示电极，对溶液中的氟离子具有良好的选择性。

用氟离子选择性电极测定水样时，以氟离子选择电极作指示电极，以饱和甘汞电极作参比电极，组成的测量电池为

（−）Ag |AgCl（s）| NaF，NaCl（0.1mol/L）| LaF_3膜| 待测液| | 饱和 KCl | Hg_2Cl_2 | Hg（+）

$$E（电池）=\varphi（SEC）-\varphi（F）$$
$$=\varphi（SCE）-k+RT/F\ln\alpha_{（F，外）}$$
$$=K+RT/F\ln\alpha_{（F，外）}$$
$$=K+0.059\ln\alpha_{（F，外）}$$

式中，0.0592 为常温下电极的理论响应斜率，K 与内外参比电极、内参比溶液中 F^- 活度有关，当实验条件一定时为常数。

用离子选择电极测量的是溶液中离子活度，而通常定量分析需要测量的是离子的浓度，不是活度。所以必须控制试液的离子的强度。如果测量试液的离子强度维持一定，则用氟离子选择性电极测量 F^-时，最适宜 pH 范围为 5.5～6.5。pH 过低，易形成 HF，影响 F^-离子的活度；pH 过高，易引起单晶膜中 La^{3+}的水解，形成 $La(OH)_3$，影响电极的响应。故通常用 pH 为 6 的柠檬酸盐缓冲溶液来控制溶液的 pH。柠檬酸盐还可以消除 Al^{3+}、Fe^{3+}的干扰。

【实验仪器与试剂】

1. 仪器 离子计或 pH/mV 计、磁力搅拌器、氟离子选择电极、饱和甘汞电极、容量瓶（50mL）、移液管（5mL、25mL）、量筒（5mL）、塑料烧杯、滤纸。

2. 试剂 氟离子标准溶液（$0.1000mol\cdot L^{-1}$）、L-柠檬酸盐缓冲溶液（$0.5mol\cdot L^{-1}$）（用 1∶1 盐酸中和至 pH 约为 6）、去离子水。

【实验步骤】

1. 预热及电极安装 将氟电极和饱和甘汞电极分别与离子计或 pH/mV 计相接，开启仪器开关。

2. 清洗电极 取去离子水 50～60mL 至 100mL 的烧杯中，放入搅拌磁子，插入氟电极和饱和甘汞电极，开启搅拌器，2～3min 后，若读数大于−200mV，则更换去离子水，继续清洗，直至读数小于−200mV。

3. 工作曲线法

（1）标准溶液的配制及测定：准确移取 5.00mL $0.1000mol\cdot L^{-1}$的氟离子标准溶液于 50mL 容量瓶中，加入 $0.5mol\cdot L^{-1}$的柠檬酸盐缓冲溶液 5.00mL，用去离子水稀释至刻度，摇匀。用逐级稀释法配成浓度为 $10^{-2}mol\cdot L^{-1}$、$10^{-3}mol\cdot L^{-1}$、$10^{-4}mol\cdot L^{-1}$、$10^{-5}mol\cdot L^{-1}$、$10^{-6}mol\cdot L^{-1}$的一组标准溶液，逐级稀释时，需要添加 5.00 mL 的柠檬酸盐缓冲溶液。

将稀释的标准溶液倒出部分于塑料烧杯中，放入搅拌磁子，插入经洗净的电极，搅拌 1min，停止搅拌后，读取稳定的电位值（或一直搅拌，待读数稳定后，读取电位值）。按顺序从低至高的浓度依次测量，每测量一份溶液，无需清洗电极，只需用滤纸沾去电极上的水珠。测量结果记录在表 3-29-1。

（2）水样的测定：取水样 25.00mL，置于 50mL 的容量瓶中，加 $0.5mol\cdot L^{-1}$柠檬酸钠缓冲溶液 5.00mL，用去离子水稀释至刻度并摇匀。倒出部分于塑料烧杯中，放入搅拌磁子，插入干净的电极，按上述操作方法进行测定，读取稳定电位值 E。

【实验结果和数据处理】

表 3-29-1 标准溶液和水样的测定结果

c_{F^-}（$mol\cdot L^{-1}$）	10^{-2}	10^{-3}	10^{-4}	10^{-5}	10^{-6}	水样
E_i（mV）						

1. 用系列标准溶液的数据，在坐标纸上绘制 $E-\lg c_{F^-}$ 曲线。

2. 根据水样测得的电位值 E，从标准曲线上查到其氟离子浓度，计算水样中氟离子的含量（以 $mol\cdot L^{-1}$计）。

【注意事项】

1. 实验中要使用去离子水。
2. 安装电极时，先安装甘汞电极，后安装氟离子电极。

【思考题】

1. 在使用氟离子选择电极时应注意哪些问题?
2. 柠檬酸盐在测量溶液中起哪些作用？
3. 氟离子选择电极在测定试样与标准溶液时，为什么用磁力搅拌器，并使试样与标准溶液搅拌速度相等?
4. 使用氟离子选择电极时在去离子水中与饱和甘汞电极组成电池，电动势达±200mV后才能正常使用，为什么？
5. 在测量时，电极用蒸馏水清洗后，为什么用滤纸擦干才能进行测试?

（冯　宇）

第四部分　有机化学实验

实验一　常 压 蒸 馏

【实验目的】

1. 了解常压蒸馏的原理和用途。
2. 掌握常压蒸馏的基本操作。

【实验原理】

将液体加热至沸腾，使液体气化，然后使蒸出的蒸气冷凝为液体，这两个过程的联合操作称为蒸馏。蒸馏广泛应用于分离、提纯液体有机化合物，以及将易挥发性液体与不易挥发性物质分开，也用于测定纯净液体有机物的沸点。

一般说来，当液体混合物沸腾时，液体上面的蒸气组成与液体混合物的组成不同，蒸气组成富集的是易挥发组分，即低沸点组分。假如把沸腾时液体上面的蒸气进行收集并冷却成液体，这时冷却收集到的液体组成与蒸气的组成相同。随着易挥发组分的蒸出，混合物的沸点稍有升高，这时由于混合物中的易挥发组分将变少，其组成发生了变化。当温度相对稳定时，收集到的蒸出液将是混合物的一个纯组分。如果两个组分的沸点相差小于30℃，用蒸馏的方法分离混合物中的两个组分将是不适用的。

将盛有液体的烧瓶放在石棉网上，用煤气灯加热，在液体底部和玻璃受热的接触面上会有蒸气的气泡形成。溶解在液体内部的空气或以薄膜形式吸附在瓶壁上的空气有助于这种气泡的形成，玻璃的粗糙面也起到促进作用。这样的小气泡（称为气化中心）可以作为大的蒸气气泡的核心，在沸点时，液体释放出大量蒸气至小气泡中。待气泡中的压力增加到超过大气压，蒸气的气泡就上升溢出液面。因此，假如液体中有许多小气泡时，液体就可以平稳地沸腾。如果液体中几乎不存在空气，瓶壁又非常洁净光滑，形成气泡就非常困难，这样加热时，液体的温度可能高于沸点温度而没有沸腾，这种现象称为“过热”。

液体过热后，一旦有一个气泡生成，由于液体在此温度时的蒸气压已远远超过大气压和液柱压力之和，因此上升的气泡数量增加非常快，甚至将液体冲溢出瓶外，这种不正常沸腾，称为“暴沸”。因而在加热前应加入沸石等方法引入气化中心，保证沸腾平稳。沸石一般为表面疏松多孔、吸附有空气的物体；也可以用一端封闭、开口向下的几根毛细管代替沸石。

蒸馏的过程可分为以下三个阶段：

第一阶段，随着温度的升高，蒸馏瓶内的混合液不断气化，当混合液的饱和蒸气压与大气压相等时，液体沸腾。在蒸气未达到温度计水银球部位时，温度计内水银柱上升速度较慢。

一旦水银球部位有液滴出现，温度计内水银柱急剧上升，直至接近易挥发组分沸点，然后水银柱上升变缓慢，开始有蒸气被冷凝而流出。这部分馏出液称为前馏分（或馏头）。一般这部分组分的沸点低于要收集组分的沸点，因此，常作为杂质弃掉。有时被蒸馏的液体几乎没有馏头，但也应该将蒸馏出来的前 1～2 滴液体作为冲洗仪器的馏头去掉，不要收集到馏分中去，以免影响产品的质量。

第二阶段，馏头蒸出后，温度稳定在沸程范围内，沸程范围越小，组分纯度越高。此时，蒸馏出来的液体称为馏分，是所要的产品。随着馏分的蒸出，蒸馏瓶内混合液体的体积不断减少，直至温度超过沸程，即可停止接收。液体的沸程常可代表它的纯度，纯粹的液体沸程一般不超过 1～2℃。

第三阶段，如果混合物中只有一种组分需要收集，此时，蒸馏瓶内剩余的液体应作为残留物弃掉。如果是多组分蒸馏，第一组分蒸馏完后温度上升至第二组分沸程前馏出的液体，则是第一组分的馏尾又是第二组分的馏头，当温度稳定在第二组分沸程时，即可接收第二组分。

电导率为电阻率的倒数，是表示物质导电性能的物理指标。电导率越大则物质导电性能越强，电阻就越小，反之导电性能越差，电阻越大。电导率可以间接表征水中溶解盐的含量。

【实验仪器与试剂】

1. 仪器　铁架台（铁夹）、圆底烧瓶（250mL）、温度计套管、温度计、蒸馏头、直形冷凝管、尾接管、锥形瓶、电导率仪。

2. 试剂　自来水。

【实验步骤】

1. 蒸馏装置及安装　常用的常压蒸馏装置如图 4-1-1 所示，主要由蒸馏圆底烧瓶、蒸馏头、温度计套管、温度计、直形冷凝管、尾接管和接收瓶组成。

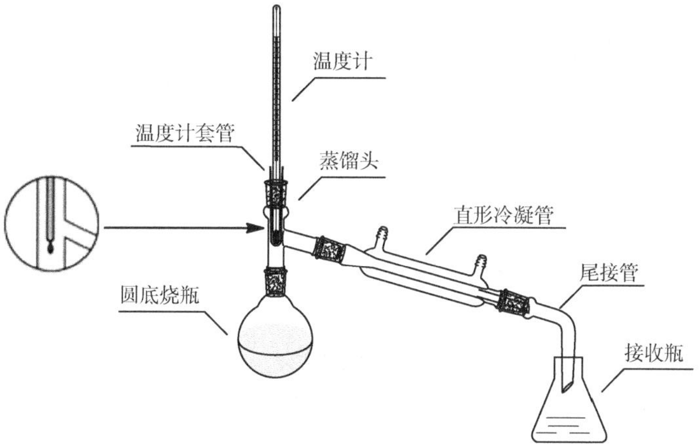

图 4-1-1　常压蒸馏装置

安装仪器过程中应注意以下几点：

（1）安装仪器的顺序：首先根据热源选定圆底烧瓶的高低位置，然后以它为基准，自下而上，依次连接其他仪器。安装好的仪器，其竖直部分应垂直于实验台，各仪器的中轴线都要在同一平面上，且该平面与实验台的边缘平行。所有的铁夹和铁架台都尽可能整齐地放置于仪器背后。

（2）铁夹不宜夹得太紧或太松，以夹住后稍用力尚能转动为宜。铁夹内要垫以橡胶等软性物质，以免夹破仪器。S 形夹的缺口应朝上，铁夹的螺旋钮应朝上或朝右。

（3）温度计的选择：应使其量程高于被蒸馏物沸点至少 20℃。为了保证所测温度的准确性，应使温度计水银球的上限和蒸馏头支管的下限处在同一高度。

（4）用水冷却时，冷凝管外套中通水（冷凝管下端的进水口用橡胶管接至自来水龙头，上端的出水口以橡胶管导入水槽），上端的出水口应朝上，以保证冷凝管的套管中始终充满水。

（5）在同一实验台上安装几套蒸馏装置且相互间距离较近时，各套装置的相对位置必须是蒸馏瓶对蒸馏瓶，或是接收瓶对接收瓶。避免使一套装置的蒸馏瓶与另一套装置的接收瓶相邻，否则有着火的危险。

2. 蒸馏操作

（1）加料：仪器安装完毕，取下温度计套管和温度计，在蒸馏头上放置一个长颈漏斗，小心将待蒸馏液体倒入蒸馏瓶中，注意不要使液体从支管流出。再加入 2～3 粒沸石。

（2）加热：加热前，应检查仪器的气密性，原料、沸石等是否加好，冷凝水是否通入，一切无误后方可加热。当液体沸腾，温度计水银球部位出现液滴时，控制加热温度，蒸馏速度控制在以每秒 1～2 滴为宜。整个蒸馏过程中，始终保持温度计水银球上有液滴滴下。此时的温度即为液体和蒸气平衡时的温度，温度计的读数就是液体（馏出液）的沸点。

（3）收集馏分：蒸馏前，至少要准备两个接收瓶，分别用来收集馏头和馏分。当温度稳定后，记下液体开始馏出时和最后一滴时温度计的读数，即是该馏分的沸程（沸点范围）。在所需要的馏分蒸出后，若再继续升高加热温度，温度计的读数会显著升高，继续蒸馏所得馏分为高沸点杂质，若维持原来的加热温度，就不会再有馏分蒸出，温度会突然下降。这时就应停止蒸馏。即使杂质含量极少，也不要蒸干，以免蒸馏瓶破裂或发生其他意外事故。

（4）蒸馏完毕：先停止加热，稍冷后停止通水，拆下仪器。拆除仪器的顺序和安装仪器的顺序相反，先取下接收瓶，然后拆下尾接管、冷凝管、温度计及套管、蒸馏头和圆底烧瓶等，并将仪器清洗干净。

【实验结果和数据处理】

测量自来水及蒸馏水的电导率、数据记录于表 4-1-1。

表 4-1-1　常压蒸馏

自来水的电导率（$\mu S\cdot cm^{-1}$）	
蒸馏水的电导率（$\mu S\cdot cm^{-1}$）	

【注意事项】

1. 选用蒸馏瓶的大小应由所蒸馏的液体体积来决定。一般使蒸馏的液体体积不超过蒸馏瓶体积的 2/3，也不少于 1/3。因为液体过多，加热到沸腾时，液体可能冲入蒸馏头支管，而使馏分不纯，若装入的液体量太少时，则蒸馏瓶内的蒸气不易蒸出，而使馏分收集量减少。

2. 若采用浴液加热，浴温一般超过被蒸物沸点 20～30℃为宜。液体沸点低于 80℃的液体可用水浴加热，液体沸点高于 80℃以上者，可用油浴、沙浴等加热。若浴温太低，蒸馏速度就会太慢，甚至蒸不出来；若浴温太高，蒸馏速度就会过快，蒸馏瓶和冷凝器上部的气压过大，使大量蒸气来不及冷凝而逸出，导致产品损失、分离效果不好，或造成被蒸馏物过热分解，突发着火爆炸等事故。

3. 一般来说，蒸馏液体沸点在 130～150℃以下用直形冷凝管，直形冷凝管的长短粗细，取决于被蒸馏物的沸点。沸点越低，蒸气越不易冷凝，则需选择长一些、内径相应粗的冷凝管；反之，沸点越高，蒸气越易冷凝，可用较短、内径也相应细的冷凝管。需注意的是，球形冷凝管不可斜装，以免使冷凝液停留在其中，阻塞了通道而发生事故或污染了馏分。通入冷凝水的速度也很重要，液体沸点在 70℃以下时，水速要快，100～120℃时，水速要缓慢，120～150℃时，水速要极缓慢；130～150℃时，则可以考虑改用空气冷凝管；超过 150℃时，则必须用空气冷凝管。

4. 在加热开始后，若发现没加沸石，应停止加热，待稍冷却后再加入沸石。千万不可在沸腾或接近沸腾的溶液中加入沸石，以免在加入沸石的过程中发生暴沸。如果加热中断，再加热时应重新加入新沸石，因原来沸石上的小孔已被液体充满，不能再起气化中心的作用。

5. 无论进行何种蒸馏操作，蒸馏瓶内的液体都不能蒸干，以防止蒸馏瓶过热破裂或有过氧化物存在而发生爆炸。

6. 常压下的蒸馏装置必须与大气相通，否则会引起爆炸。在蒸馏易燃或有毒液体时，应在尾接管的支管上连接橡胶管，将产生的尾气导入水槽。

7. 对被蒸馏物的性质应作尽可能多地了解。

8. 在一定压力下，凡纯净的化合物，都有一个固定的沸点，但是具有固定沸点的液体不一定都是纯净化合物。因为当两种以上的物质形成共沸物时，它们的液相组成和气相组成相同。这样的混合物用一般的蒸馏方法无法分离。

【思考题】

1. 为什么常压蒸馏装置不能密闭？

2. 蒸馏时加入沸石的作用是什么？如果蒸馏加热前忘加沸石，能否立即将沸石加至将近沸腾的液体中？进行蒸馏时若中途停止加热，原先加入的沸石能否继续使用？

3. 在安装蒸馏装置时，温度计水银球插在液面上或者安放在蒸馏支管的上面是否正确？为什么？

4. 在蒸馏过程中，为什么加热了一段时间后，温度计的读数会突然下降？这意味着什么？

5. 如果液体具有恒定的沸点，那么能否认为该液体是纯的物质？

（蔡　东）

实验二　熔点的测定

【实验目的】

1. 了解熔点测定的原理和意义。
2. 掌握熔点测定的操作方法。

【实验原理】

熔点是晶体物质在大气压力下将其物态由固态转变（熔化）为液态的过程中固液共存状态时的温度。在一定的压力下，固液两态之间的变化是非常敏锐的，从初熔至终熔（称为熔距），温度变化不超过 0.5～1℃。若该物质含有杂质，则其熔点往往较纯物质低，且熔距也比较大。这对于鉴定纯固体有机化合物具有很大应用价值。熔点测定常用来鉴定有机化合物或者判断该化合物纯度。

有机物质的熔点常用毛细管法来测定。

如果两种有机物质相同，以任何比例混合时熔点不变；相反，不同的两种物质混合，熔点都将降低，所以将未知有机物质与已知有机物质混合后，进行熔点测定，若熔点不改变，则可视二者为同一物质；反之，为不同物质。因此，熔点测定的实际意义不仅可根据熔距的长短定性检验有机物质的纯度，而且利用物质混有杂质而熔点下降的现象，还可作为鉴定未知有机物质的一种简便方法，称为混合熔点法。

温度低于初熔温度时化合物以固相存在，加热使温度上升，达到初熔温度时，开始有少量液体出现，此后，固液两相平衡。继续加热，温度不再变化，此时加热所提供的热量使固相不断转变为液相，两相间为固液平衡状态，最后全部固体熔化后，继续加热则温度线性上升。因此在接近初熔温度时，加热速度一定要慢，每分钟温度升高不能超过 1～2℃，只有这样，才能使整个熔化过程尽可能接近固液平衡状态的条件，测得的熔距也越精确。

【实验仪器与试剂】

1. 仪器　提勒管（又称 Thiele 管或 b 形管）、温度计（200℃）、毛细管（内径 1～

1.5mm）、长玻璃管、表面皿、橡皮圈、铁架台。

2. 试剂　液体石蜡、苯甲酸、尿素。

【实验步骤】

1. 样品的装填　取少许（约 0.1g）干燥待测的样品放在干燥清洁的表面皿上，将样品研成细末后聚成小堆，将毛细管开口一端垂直插入样品堆中，即有少许样品装入毛细管中。然后将毛细管开口向上轻轻在桌面上敲击，使样品落入管底；另取一根长约 40cm 干净的玻璃管，垂直于表面皿上，将装有样品的毛细管由玻璃管上端自由落下，重复几次，使样品装填紧密，装填高度约为 2～3mm 为止。研磨和装填样品要迅速，防止样品吸潮，装入样品如有空隙则传热不均匀，影响测定结果。黏附于管外的样品应擦干净，以免污染液体石蜡。

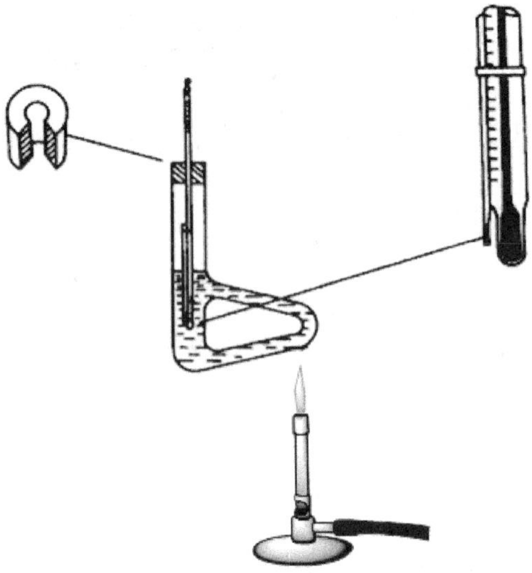

图 4-2-1　熔点测定装置

2. 仪器的安装　将提勒管夹在铁架台上，管内装入液体石蜡，其液面高度达到叉管处即可。提勒管口装有开口的塞子，温度计插入塞子中，刻度面向塞子开口，便于观察温度。使温度计的水银球位于上下两个叉管之间，把装入样品的毛细管上端用橡皮圈套在温度计上，使毛细管下端有样品部分紧靠在温度计水银球中部，橡皮圈不要触到液体石蜡，如图 4-2-1。

所用浴液为易导热液体，常用的有液体石蜡、浓硫酸、硅油等，根据所需温度而选用。如果在 220℃以下，可用液体石蜡，液体石蜡比较安全，但易变黄。浓硫酸可达 250℃，但热的浓硫酸具有强的腐蚀性，有机物与其接触，硫酸的颜色会变黑，妨碍观察。因此装填样品时，粘在管外的样品必须擦去。使用硫酸时应特别注意安全，以防灼伤皮肤。

3. 测定熔点　熔点测定的关键操作之一是要控制加热速度。加热速度要慢，这样可解决两方面的问题；①有充分的时间使热量由毛细管外传到毛细管内，使固体熔化，并使温度计准确指示毛细管中样品达到的温度；②观察者不能同时观察温度计所示度数和所测样品的熔化情况。如果实验测得的熔点误差过大，多数原因是由于加热太快造成的。

用煤气灯小火在提勒管弯曲支管的底部加热，可先快速加热，粗测化合物的熔点。粗测结束后，待浴液温度下降约 30℃后，换用另一根装样的毛细管进行精确测定。开始时升温速度可快些（每分钟上升 5～6℃），待离熔点约 10～15℃时，调整火焰使每分钟上升 1～2℃，愈接近熔点升温速度应愈慢，仔细观察温度上升和毛细管中样品的情况。当毛细管中的样品柱开始塌落和湿润，接着出现小液滴时，表示样品开始熔化（即初熔），记下初熔的温度，继续观察，待固体样品恰好完全消失，熔化成透明液体（即终熔）时，再记下终熔时的温度，从初熔到终熔的温度范围即为该样品的熔点范围（图 4-2-2）。例如，水杨酸的初熔温度是 158℃，终熔温度

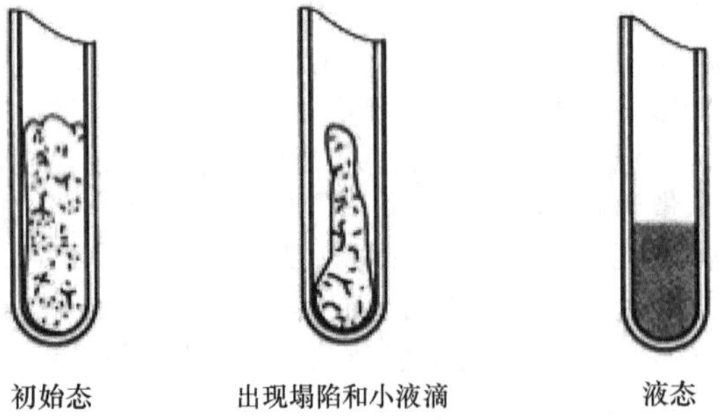

图 4-2-2　固体的熔化过程

是 161℃，则水杨酸的熔距记作 158～161℃。

【实验结果和数据处理】

数据记录于表 4-2-1。

表 4-2-1 熔点的测定

测量次数	物质熔距	
	苯甲酸	尿素
粗测		
精测 1		
精测 2		

【注意事项】

1. 样品的填装必须紧密结实，高度为 2～3mm。同一批样品填装高度应一致，以确保测量结果的一致性。

2. 熔点测定时，注意使温度计水银球位于提勒管上下两叉口之间。

3. 少数有机化合物，在加热尚未达到其熔点前，就局部分解，分解物的作用与可熔性的杂质相似，因此这一类化合物没有恒定的熔点。

4. 在加热过程中要注意观察是否有萎缩、变色、发泡、升华、碳化等现象，并如实记录。每一次测定必须用新的毛细管重新装样品，不得将已测过熔点的毛细管冷却，待其中样品固化后再作第二次测定用，因为某些化合物在加热过程中有时部分分解，有些经加热会转变为具有不同熔点的其他结晶形式。

5. 温度计不能在高温时突然冷却（如用水冲洗），否则水银柱迅速下降，往往会引起汞柱断成数段或温度计破裂。

【思考题】

1. 加热的快慢为什么会影响熔点的精确测定？

2. 是否可以使用第一次测定熔点时已经熔化了的有机化合物再做第二次测定呢？为什么？

3. 测定熔点时，若遇下列情况，将产生什么样结果？

（1）管壁太厚。

（2）熔点管底部未完全封闭，尚有一针孔。

（3）熔点管不洁净。

（4）样品未完全干燥或含有杂质。

（5）样品研得不细或装得不紧密。

4. 为什么在样品测定之前，要把样品研细，放在烘箱中烘干，否则熔点将降低。

5. 在什么情况下加热可以快一些，而在什么情况下加热则要慢一些？

（赵延清）

实验三 沸点的测定

【实验目的】

1. 了解沸点测定的意义。

2. 掌握微量法测定沸点的原理和方法。

【实验原理】

液体的蒸气压随温度升高而增大，当液体饱和蒸气压与其所受的外界压强相等时，液体呈沸腾状态，这时的温度称为该液体的沸点。沸点是液体有机化合物的重要物理常数之一，液体在未达到沸点温度时也会通过挥发变成气体。然而，挥发是一种液体表面的现象，也就是说只有液体表面的分子才会挥发。沸腾则是液体整体的变化，处于沸点时液体的所有分子都会蒸发，不断地产生气泡。

纯液体有机化合物在一定压力下具有一定的沸点。但也应注意，具有固定沸点的液体，有时不一定是纯化合物，因为某些有机化合物可以与其他物质形成二元或三元共沸混合物。

沸点和气压有关。通常情况下我们所说的沸点都是在标准大气压下测量得到的。在海拔较高的地区，由于气压较低，沸点也相对低得多。在记录一个化合物的沸点时，需要注明测定沸点时外界的大气压力，以便与文献值相比较。由于地区不同，地势高低有差异，实际大气压与标准大气压（101.325 kPa）有一定偏差，故所测得的沸点和标准状态沸点不同，可按经验公式将实测沸点转换成标准状态的沸点。

【实验仪器与试剂】

1. 仪器　提勒管（又称Thiele管或b形管）、温度计（200℃）、毛细管（内径1～1.5mm）、沸点管、橡皮圈、铁架台。

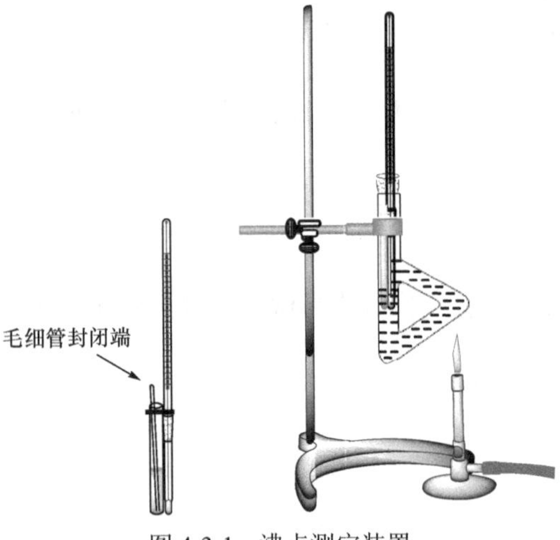

图 4-3-1　沸点测定装置

2. 试剂　液体石蜡、无水乙醇。

【实验步骤】

微量法测定沸点可用图4-3-1所示的装置。取一根直径为3～4mm、长7～8cm的玻璃管作为沸点管，向其中加入10滴无水乙醇。再向该沸点管中放入一根长8～9cm，直径约1mm上端封闭的毛细管，然后将沸点管用橡皮圈固定于温度计水银球旁，将温度计连同沸点管一起放入装有液体石蜡的提勒管中，小火加热。由于气体膨胀，毛细管中会有断断续续的小气泡冒出，超过样品的沸点时，将出现一连串的小气泡，此时应停止加热，使浴液温度自行下降，气泡逸出的速度也渐渐减慢。在最后一个气泡刚欲缩回至毛细管内的瞬间，表示毛细管内的蒸气压与外界压力相等，此时的温度即为该液体的沸点。

【实验结果和数据处理】

数据记录于表4-3-1。

表 4-3-1　沸点的测定

次数	无水乙醇（℃）
1	
2	
3	

【注意事项】

1. 某些有机化合物与其他物质按一定比例组成混合物，它们的液体组分与饱和蒸气的成分一样，这种混合物称为共沸混合物或恒沸物，其沸腾温度称为共沸点。若共沸点低于组成此共沸混合物的两个纯组分的沸点，则称此共沸混合物具有最低共沸点。反之，则称此共沸混合物具有最高共沸点。例如，乙醇-水的共沸物组成为乙醇 95.6%（体积分数）、水 4.4%，共沸点为 78.17℃。

2. 在沸点管中倒插的毛细管起气化中心作用，防止产生过热现象，如果不插入一支上端封闭的毛细管，加热时沸点管中的液体可能会暴沸。插入毛细管，在加热时毛细管中的空气膨胀并冒出少量小气泡，当液体的温度达到或者超过沸点时即出现一连串的小气泡，此时毛细管中的蒸气压大于大气压。停止加热后，毛细管内的蒸气压随着温度下降而降低。当毛细管中的饱和蒸气压和外界大气压相等时，毛细管口的气泡处于欲出状态，此时的温度为液体的沸点。当液体温度小于沸点时，毛细管内的饱和蒸气压小于外界大气压，此时液体进入到毛细管中。

【思考题】

1. 如果液体具有恒定的沸点，那么能否认为它是纯物质？
2. 测沸点时毛细管空气未排除干净，对实验有什么影响？
3. 测沸点时毛细管未封好，对实验有什么影响？
4. 测沸点时加热太快，对实验有什么影响？
5. 测沸点时是否应该记录大气压？

（乔海霞）

实验四　液体化合物折射率的测定

【实验目的】

1. 掌握用阿贝折射仪测定有机化合物折射率的方法。
2. 了解阿贝折射仪的构造。
3. 了解折射率测定的基本原理及意义。

【实验原理】

光在不同介质中的传播速度是不相同的，所以光线从一种介质进入另一种介质，当它的传播方向与两种介质的界面不垂直时，则在界面处的传播方向发生改变，这种现象称光的折射。

折射率是化合物的特性常数，固体、液体和气体都有折射率，尤其是液体折射率的测定更为普遍。不仅可以检测化合物纯度，也可用来鉴定未知物。折射率也用于确定液体混合物的组成。在蒸馏两种或两种以上的液体混合物且各组分的沸点彼此接近时，那么就可利用折射率来确定馏分的组成。

物质的折射率不但与它的结构和光线波长有关，而且也受温度、压力等因素的影响。所以折射率的表示须注明所用的光线和测定时的温度，常以 20℃时用钠光谱 D 线测得的折射率 n_D^{20} 表示。

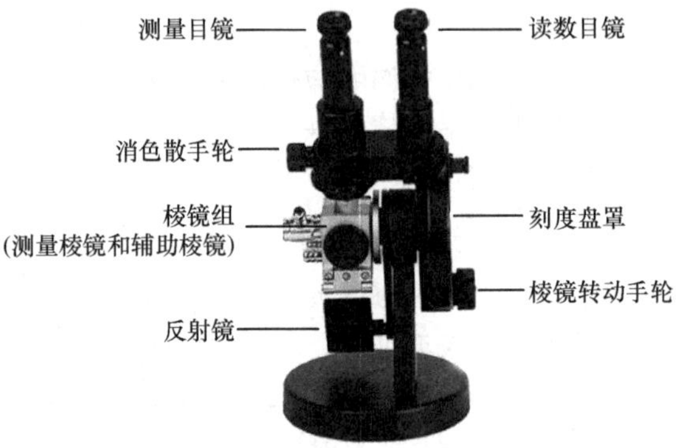

图 4-4-1 阿贝折射仪的构造

阿贝（Abbe）折射仪的构造见图 4-4-1，一侧为读数目镜，有一个镜筒和刻度盘，上面刻度在 1.3000～1.7000 范围内；另一侧为测量目镜，用来观察折光情况。另有两块棱镜组成的棱镜组，可以开启，上面一块是测量棱镜，为光学平面镜，下面为表面磨砂的辅助棱镜。

【实验仪器与试剂】

1. 仪器 阿贝折射仪、擦镜纸、滴管。

2. 试剂 丙酮、无水乙醇、蒸馏水。

【实验步骤】

（1）开启恒温水浴，通入恒温水（一般为20℃），若未连接恒温水浴，此项操作可略去。

（2）松开锁钮，打开棱镜组，使其辅助棱镜镜面（下侧镜面）处于水平位置，在其棱镜磨砂玻璃面上滴入 2～3 滴丙酮，合上棱镜组，待镜面全部被丙酮湿润后再打开，用擦镜纸轻轻擦拭镜面。

（3）校正：打开棱镜组，滴 2～3 滴蒸馏水于辅助棱镜镜面上，在保持辅助棱镜镜面水平情况下关闭棱镜，转动棱镜转动手轮，使刻度盘上的读数等于蒸馏水的折射率（$n_D^{20}=1.3330$，$n_D^{25}=1.3325$），然后调节反射镜使入射光进入棱镜组，并从测量目镜中观察，使视场最明亮，调节测量目镜组，使视场中十字交叉点最清晰。

转动消色散手轮，消除色散，得到清晰的明暗界线，然后用仪器附带的工具转动位于镜筒外壁中部的调节螺丝，使明暗线对准十字交叉点，校正即完毕。

（4）测定：在辅助棱镜镜面上滴加 2～3 滴无水乙醇，使无水乙醇布满整个镜面，关紧棱镜组，旋紧锁钮。如样品很易挥发，可用滴管从棱镜间加液槽中加入。

调节棱镜转动手轮使在测量目镜中观察到明暗分界线。若出现色散光带，可调节消色散手轮，使明暗清晰，然后再旋转棱镜转动手轮，使明暗分界线恰好通过目镜中十字交叉点，视野如图 4-4-2（a）所示，记录从读数目镜中读取的折射率[图 4-4-2（b）]，读至小数点后四位。

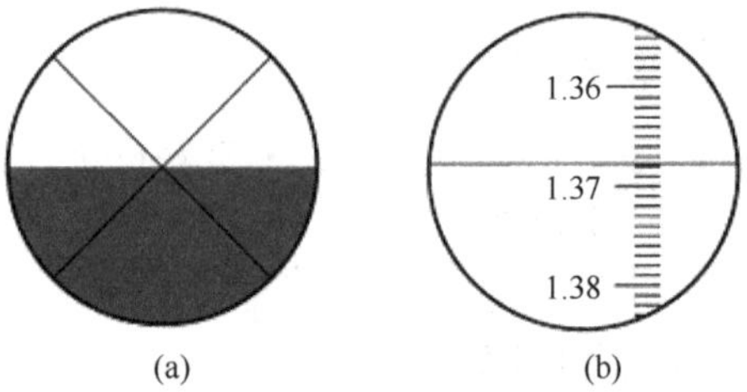

图 4-4-2 临界角时测量目镜（a）和读数目镜（b）视野图

分别测定三次，算出折射率的平均值。并记录测定时的温度，可换算成 n_D^{20}。

【实验结果和数据处理】

数据记录于表 4-4-1。

表 4-4-1 无水乙醇的折射率

次数	无水乙醇
1	
2	
3	

【注意事项】

1. 折射仪棱镜必须注意保护，不能在镜面上造成刻痕，滴加液体时防止滴管口划镜面。

2. 每次擦拭镜面时，只许用擦镜纸同一方向轻擦，测试完毕，也要用丙酮洗净镜面，待干燥后在两棱镜镜面间夹上一层擦镜纸再关上棱镜，以防镜面损坏。

3. 每次测定样品不能加太多，2～3 滴即可。

4. 不能测量带有酸性、碱性或腐蚀性的液体。

5. 测量完毕，拆下连接恒温槽的胶皮管，棱镜夹套内的水要排尽。

6. 待测样品折射率不在 1.3000～1.7000 范围内，不能使用阿贝折射仪测定。

7. 保持仪器清洁，严禁油手或汗手触及光学零件，若光学零件表面有灰尘可用高级鹿皮或长纤维的脱脂棉轻擦后吹干，如光学零件表面沾上了油垢应及时用酒精乙醚混合液擦干净。

8. 若无恒温槽，所得数据要加以修正，通常温度升高 1°C，液态化合物折射率降低 3.5×10^{-4}～5.5×10^{-4}。

【思考题】

1. 测定折射率有何意义？

2. 如何正确使用阿贝折射仪？

（于丽丽）

实验五　醇、酚的性质

【实验目的】

1. 验证醇、酚的化学反应，深入体会分子结构与化学性质的关系。

2. 掌握常见醇、酚的鉴别方法。

【实验原理】

1. 醇

（1）低级醇易溶于水，随着烃基的增大水溶性逐渐减小的。由于分子中羟基增多，多元醇水溶性增大。

（2）一元醇易与金属钠（或钾）反应生成醇钠（或醇钾），同时放出氢气，但反应比水慢。这个反应随着醇的 α-碳原子上烷基取代基的增多而反应速率降低，醇的反应活性为：甲醇＞伯醇＞仲醇＞叔醇。

$$RCH_2OH + Na \longrightarrow RCH_2ONa + H_2\uparrow$$

由于醇的酸性比水小，醇钠遇水分解成醇和氢氧化钠。

$$RCH_2ONa + H_2O \longrightarrow RCH_2OH + NaOH$$

（3）醇分子中由于羟基的影响，使得 α-H 较活泼，容易发生氧化反应。伯醇和仲醇由于存在 α-H，容易被氧化，而叔醇没有 α-H，难氧化。在强氧化剂如酸性高锰酸钾或重铬酸钾的作用下，伯醇被氧化成醛或在较高温度下进一步被氧化成羧酸；仲醇被氧化成酮；叔醇在相似的条件下则很难被氧化。高锰酸钾反应后溶液由紫红色变为浅色或无色，重铬酸钾溶液反应后由橙黄色变成黄绿色。

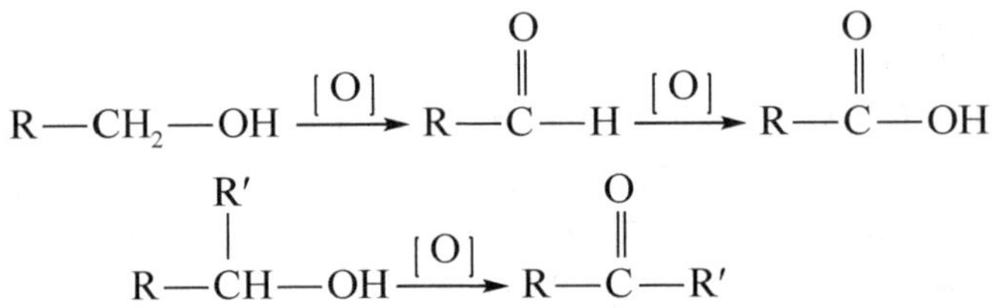

（4）醇中的羟基可被卤素取代而生成卤代烃，反应速度与醇的类型和氢卤酸的性质有关，醇的活泼性次序是叔醇＞仲醇＞伯醇。通常用卢卡斯试剂（无水氯化锌的浓盐酸溶液）来鉴别少于6个碳原子的伯醇、仲醇、叔醇。

$$R-CH_2-OH + HX \longrightarrow R-CH_2-X + H_2O$$

（5）邻二醇可与重金属的氢氧化物（如新制备的氢氧化铜）发生反应，生成绛蓝色的配合物。因此可用此反应鉴别邻二醇类化合物。

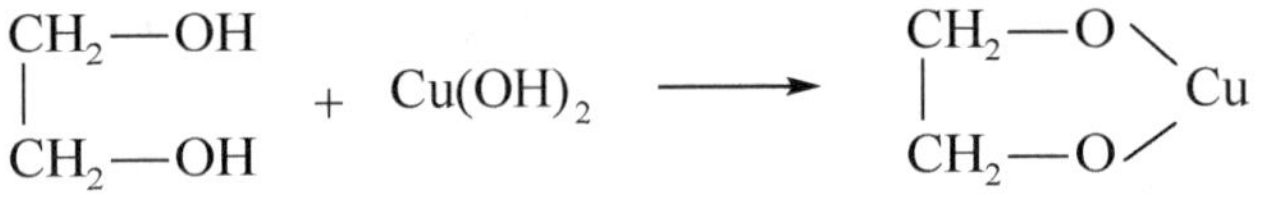

绛蓝色

2. 酚

（1）酚羟基上的氢能部分电离，故酚类具有弱酸性，能溶于碱溶液（如NaOH溶液）中，生成酚盐。

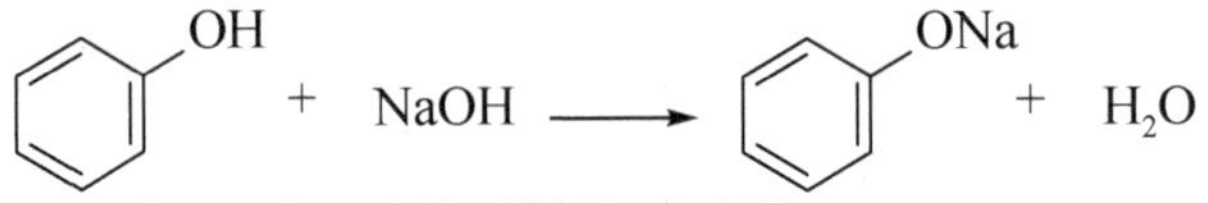

酚盐遇较强的酸后，又析出酚。酚的酸性比碳酸弱：

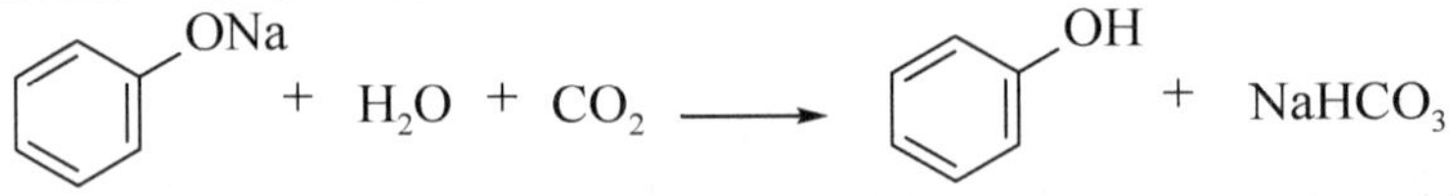

（2）酚类或含有酚羟基的化合物，大部分能与三氯化铁溶液发生特有的颜色反应，产生颜色的原因主要是生成有色的配合物。凡具有烯醇式结构（$-CH=\overset{\displaystyle OH}{\overset{|}{C}}-$）的化合物也能与三氯化铁溶液发生颜色反应。

（3）酚羟基是强的致活基团，增加了邻、对位氢原子的活泼性而容易发生亲电取代反应。苯酚与溴水作用立即生成白色2,4,6-三溴苯酚沉淀。

【实验仪器与试剂】

1. 仪器　试管、量筒。

2. 试剂　无水乙醇、甘油、正丁醇、异戊醇、仲丁醇、叔丁醇、金属钠、pH试纸、5% $K_2Cr_2O_7$溶液、硫酸溶液（3mol · L^{-1}）、卢卡斯试剂、5% $CuSO_4$溶液、5% NaOH 溶液、固体苯酚、1%苯酚溶液、饱和碳酸氢钠溶液、盐酸（6mol · L^{-1}）、饱和溴水、1% $FeCl_3$溶液。

【实验步骤】

1. 醇的性质

（1）溶解度实验：取无水乙醇、甘油、正丁醇、异戊醇各4滴分别放入4支小试管中，各滴加约2mL 蒸馏水，观察是否溶解。

（2）与金属钠反应：向1支干燥的小试管加入1mL无水乙醇，再加入1粒绿豆大小的用滤纸擦干的金属钠（取金属钠一定要用镊子，不能用手直接拿取，以免灼伤）。待金属钠消失后，加数滴水，用 pH 试纸检查溶液的碱性，观察现象并写出反应方程式。

（3）醇的氧化：取 3 支小试管，分别加入无水乙醇、仲丁醇、叔丁醇各 4 滴，然后在每支试管中加入 5%的 $K_2Cr_2O_7$ 溶液 3 滴和 $3mol \cdot L^{-1}$ 硫酸溶液 2 滴，振摇后，观察现象并写出反应方程式。

（4）与卢卡斯试剂反应：取 4 支干燥的试管，分别加入无水乙醇、丁醇、仲丁醇和叔丁醇各 5 滴，然后同时向 4 支试管加入 15 滴卢卡斯试剂，塞好管口，振荡后静置，观察试管内反应液是否变浑浊？有无分层现象？记录开始变浑浊的时间，写出化学反应方程式。

（5）与氢氧化铜的反应：在试管中加入 1mL 5%的 $CuSO_4$ 溶液，滴入稍过量的 5% NaOH 溶液，立刻有 $Cu(OH)_2$ 絮状沉淀析出，静置后倾去上层清液，再加 2～3mL 水做成悬浊液，把此悬浊液分为两份，分别加入甘油和乙醇各 2～3 滴，摇匀后观察结果，并加以比较反应现象，写出反应方程式。

2. 酚的性质

（1）酚的弱酸性：将 pH 试纸放在表面皿上，用蒸馏水润湿，在试纸上滴加 1 滴 1%苯酚溶液，记录并解释发生的现象。

取 2 支试管编号，各加 1 小粒固体苯酚和 4 滴水，振荡，观察现象。往试管 1 中加入饱和碳酸氢钠溶液 1mL，振荡，观察现象。往试管 2 中滴加 5%NaOH 溶液，振荡直到溶解，再加入 $6mol \cdot L^{-1}$ 盐酸使溶液呈酸性，观察现象并写出反应方程式。

（2）酚与溴水的反应：在试管中加入 1%苯酚溶液 4 滴，慢慢滴加饱和溴水溶液并振荡，直到有白色沉淀生成，观察并解释现象，写出反应方程式。

（3）与 $FeCl_3$ 的显色反应：在一支干净试管中加入 5 滴 1%苯酚溶液，再加入 2 滴 1% $FeCl_3$ 溶液，振荡。观察并解释发生的现象。

【实验结果和数据处理】

数据记录于表 4-5-1。

表 4-5-1 醇、酚性质

实验项目	反应现象	方程式或解释

【注意事项】

1. 卢卡斯实验所用的试管必须干燥，否则影响鉴别结果。
2. 卢卡斯试剂的配制方法：将 34g 无水氯化锌溶于 25mL 浓盐酸中，边加边搅拌，并放冰浴中冷却以防氯化氢逸出，最后体积约为 35mL。
3. 酚的腐蚀性很强，应细心操作，一旦洒落在皮肤或衣物上，应及时用自来水冲洗并用稀的碳酸钠溶液擦拭皮肤。
4. 溴水是溴化剂，也是氧化剂。当苯酚的水溶液发生溴代作用时，很快产生白色的 2,4,6-三溴苯酚沉淀，如果继续与过量的溴水反应，可变为淡黄色难溶于水的四溴化合物。
5. 溴水毒性很强且易挥发，使用时应谨慎、快速操作，防止吸入体内。

【思考题】

1. 在醇与金属钠的反应中为什么要用干燥试管？

2. 有两瓶液体药品，不知哪一瓶是醇，哪一瓶是酚，如何用简单的化学方法加以区别？
3. 为什么苯酚能溶于氢氧化钠溶液而不能溶于碳酸氢钠溶液？
4. 与新制备的氢氧化铜的反应还可用于鉴定哪些物质？

（岳京立）

实验六　醛、酮的性质

【实验目的】

1. 验证醛、酮的化学性质，进一步加深理解分子结构与其化学性质的关系。
2. 掌握醛、酮的鉴别方法。

【实验原理】

1. 醛、酮的亲核加成反应　由于氧原子的电负性比碳原子大，羰基中 π 电子云偏向于电负性较大的氧原子，使得氧原子带部分负电荷，碳原子带部分正电荷，易发生亲核加成反应，如与氢氰酸加成、与氨的衍生物加成，特别是 2,4-二硝基苯肼几乎与大多数的醛、酮迅速反应，生成橙黄色或橙红色结晶，常用来鉴别醛、酮的存在。

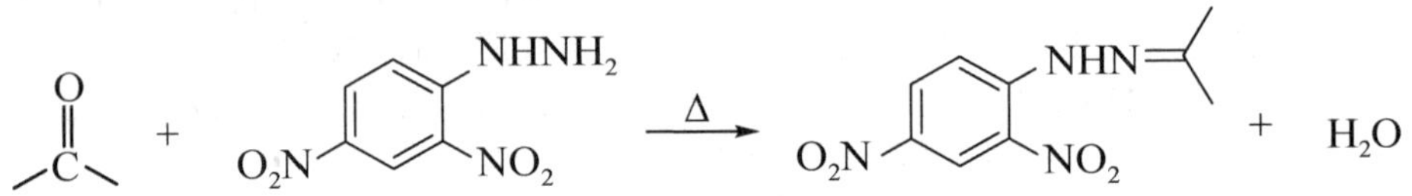

由于电子效应和空间位阻的影响，只有醛和脂肪族甲基酮、8 个碳以下的环酮才能与饱和亚硫酸氢钠溶液作用生成白色沉淀。醛、酮与亚硫酸氢钠的反应是可逆的，生成的 α-羟基磺酸钠遇稀酸或碱即可分解而得到原来的醛或酮。因而，这一反应常被用来分离、提纯某些醛或酮。醛、酮也可用作亚硫酸氢根离子的掩蔽剂。

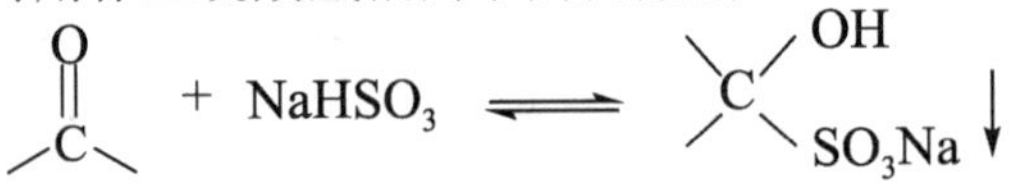

（白色）

2. 醛的还原性　由于醛的羰基碳上连有氢原子，故醛的化学性质较酮活泼，很容易被氧化，可被强氧化剂高锰酸钾等氧化，也可被碱性弱氧化剂如 Tollens 试剂和 Fehling 试剂氧化，生成含相同碳原子数的羧酸，而酮却不能被氧化；甲醛因还原性强，与 Fehling 试剂反应有时会形成铜镜；脂肪醛能被 Fehling 试剂氧化，芳香醛不能被氧化。

$$R-\overset{\overset{\displaystyle O}{\|}}{C}-H + Ag(NH_3)_2OH \xrightarrow[\Delta]{} R-\overset{\overset{\displaystyle O}{\|}}{C}-ONH_4 + Ag\downarrow + H_2O + NH_3$$

$$R-\overset{\overset{\displaystyle O}{\|}}{C}-H + Cu(OH)_2 + NaOH \xrightarrow[\Delta]{} R-\overset{\overset{\displaystyle O}{\|}}{C}-ONa + Cu_2O\downarrow + H_2O$$

3. 碘仿反应　α-碳原子上连有三个氢原子的醛、酮，即具有$CH_3-\overset{\overset{\displaystyle O}{\|}}{C}-$结构的醛、酮能与卤素的碱性溶液作用，生成三卤代物。三卤代物在碱性溶液中不稳定，立即分解成三卤甲烷和羧酸盐，这就是卤仿反应。常用的卤素是碘，反应产物为碘仿，上述反应就称为碘仿反应。碘仿是淡黄色结晶，具有臭味，容易识别，故碘仿反应常用来鉴别乙醛和甲基

酮。次碘酸钠也是氧化剂，可把乙醇及具有$CH_3—\underset{}{CH}(OH)—$结构的仲醇分别氧化成乙醛或甲基酮，故也可发生碘仿反应：

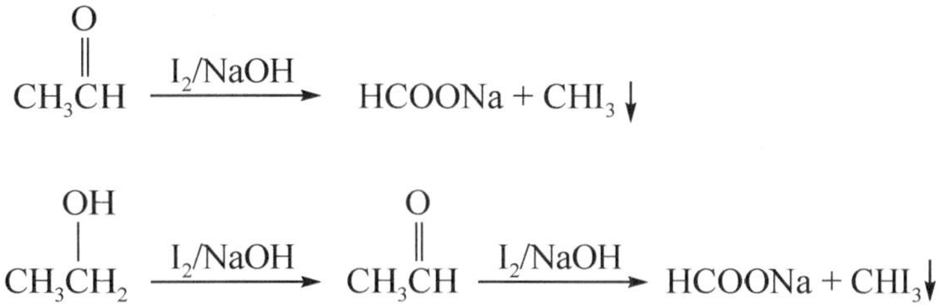

4. 丙酮的显色反应　在碱性溶液中，丙酮能与亚硝酰铁氰化钠作用显红色，此反应用作检验丙酮的存在。

5. 醛的特殊反应　醛能与品红亚硫酸试剂（Schiffs 试剂）反应，形成一种紫红色的醌型染料，向有颜色变化的试管中滴加稀硫酸，除甲醛外其他的醛都褪色，酮无此反应。

【实验仪器与试剂】

1. 仪器　试管、水槽、恒温水浴锅、量筒。

2. 试剂　甲醛、乙醛、苯甲醛、丙酮、无水乙醇、饱和亚硫酸氢钠溶液、盐酸（$2mol \cdot L^{-1}$）、2,4-二硝基苯肼、$AgNO_3$溶液（$0.1mol \cdot L^{-1}$）、氢氧化钠溶液（$1.0mol \cdot L^{-1}$）、氨水（$2mol \cdot L^{-1}$）、Fehling A溶液和Fehling B溶液、Schiffs 试剂、碘试剂、亚硝酰铁氰化钠溶液（$0.05mol \cdot L^{-1}$）。

【实验步骤】

1. 醛与酮的亲核加成反应

（1）与饱和亚硫酸氢钠溶液反应：取 2 支干燥试管，各加入新配制的饱和亚硫酸氢钠溶液 2～3 滴，再分别加入苯甲醛、丙酮各 3～4 滴，振摇，摇匀，试管置于冰水浴中冷却。必要时可用玻璃棒摩擦管壁，以促使晶体析出。观察现象并写出反应式。

（2）与羰基试剂的反应：取 3 支试管分别加入 1～2 滴乙醛、丙酮、苯甲醛，然后向各试管中滴加 10 滴 2,4-二硝基苯肼试剂，边滴加边振荡，观察有无沉淀析出并写出反应式。

2. 醛的还原性

（1）与 Tollens 试剂反应：在一支洁净的大试管中（把试管先用热的碱液仔细洗净后再用蒸馏水冲洗），加入 2mL $0.1mol \cdot L^{-1}$ $AgNO_3$ 溶液，1 滴 $1.0mol \cdot L^{-1}$氢氧化钠溶液，此时有褐色的氧化银生成，然后逐滴加入 $2mol \cdot L^{-1}$的氨水，边滴加边振荡，直至生成的氧化银沉淀恰好溶解为止（注意氨水不要过量）。所得的澄清液即为 Tollens 试剂。

将制得的 Tollens 试剂分别置于 2 支洁净的小试管中，分别加入 5 滴乙醛、5 滴丙酮，摇匀。把 2 支试管置于 50～60℃水浴中加热，数分钟后，观察现象并写出反应式。

（2）与 Fehling 试剂反应：取 3 支试管，分别加入 Fehling A（硫酸铜溶液）和 Fehling B（酒石酸钾钠的氢氧化钠溶液）各 10 滴，混合均匀后分别加入甲醛、乙醛、丙酮各 5 滴，振荡，置于沸水浴中加热 20min，观察颜色的变化及是否有砖红色沉淀生成。写出化学反应式。

3. 与品红亚硫酸试剂（Schiffs 试剂）反应　取 3 支试管，各加入 Schiffs 试剂 1～2 滴，再加入甲醛、乙醛、丙酮各 1 滴，振荡，观察有何现象发生，向有颜色变化的试管中滴加稀硫酸，观察颜色变化。

4. 碘仿反应　取 4 支试管，各加入 2～3 滴甲醛、乙醛、无水乙醇、丙酮，再各加入

10 滴碘试剂，摇匀，再分别滴加 10mol · L^{-1}氢氧化钠溶液至碘的颜色褪去为止，振荡，观察有无沉淀生成，若无沉淀，可在 50～60℃水浴中加热数分钟，冷却后，观察现象并写出反应式。

5. 丙酮的检验 在 1 支试管中加入 10 滴丙酮和 10 滴 0.05mol · L^{-1}亚硝酰铁氰化钠溶液，然后加入 2 滴 1.0mol · L^{-1}氢氧化钠溶液，观察现象。

【实验结果和数据处理】

数据记录于表 4-6-1。

表 4-6-1 醛、酮性质

实验项目	反应现象	方程式或解释

【注意事项】

1. 亚硫酸氢钠溶液不稳定，易被氧化和分解。因此，不宜保存过久，以实验前配制为宜。

2. 配制 Tollens 试剂时，可加 1 滴氢氧化钠溶液，因为过量 OH^-，能加速醛的氧化。另外，配制 Tollens 试剂时，应防止加入过量氨溶液，否则将生成雷酸银，受热后容易引起爆炸，试剂本身也将失去灵敏性。Tollens 试剂久置后将析出黑色的氮化银（Ag_3N）沉淀，受震动时分解并发生猛烈的爆炸。因此 Tollens 试剂必须在临用时配制，不宜储存备用。

3. 做乙醛与 Tollens 试剂反应的实验时，试管一定要洗干净，否则产生的银就会呈黑色细粒状沉淀析出，在试管壁上无银镜生成；反应时必须采用水浴加热，加热时间不宜过长，温度不宜过高，以免生成雷酸银。实验完毕，应加入少许硝酸，立即煮沸洗去银镜，以免反应液久置可能产生雷酸银而发生爆炸。

4. Fehling 试剂只与脂肪醛反应，生成砖红色的氧化亚铜（甲醛反应后生成金属铜）。Fehling 试剂不与芳香醛和酮作用，但 Fehling 试剂如果加热时间过长也会分解产生砖红色的氧化亚铜沉淀，不要误认为芳香醛及酮也与之发生了反应。

5. 配制品红亚硫酸试剂时先溶解品红盐酸盐，再加亚硫酸氢钠，静置至红色褪去。如果溶液最后仍呈黄色，则加入活性炭脱色，过滤后使用。

【思考题】

1. 为什么亚硫酸氢钠溶液要用饱和的？为什么要新配制？
2. 哪些醛、酮可以发生碘仿反应？乙醇和异丙醇为什么也能发生碘仿反应？

3. 银镜反应为什么要使用洁净的试管?实验结束后为什么要用稀硝酸分解反应液？

（杨殿深）

实验七　羧酸及其衍生物、取代羧酸的性质

【实验目的】

1. 验证羧酸及其衍生物、取代羧酸的化学性质。
2. 掌握羧酸及其衍生物、取代羧酸的鉴别方法。

【实验原理】

1. 一元羧酸的性质

（1）羧酸的酸性：羧酸分子中有羧基，显酸性；通常羧酸的酸性都较弱，能与 NaOH 反应生成羧酸盐，也能与 Na_2CO_3、$NaHCO_3$ 等反应生成 CO_2。

$$CH_3COOH + Na_2CO_3 \longrightarrow CH_3COONa + H_2O + CO_2\uparrow$$

（2）酸酐的水解反应：乙酸酐水解可以生成乙酸。

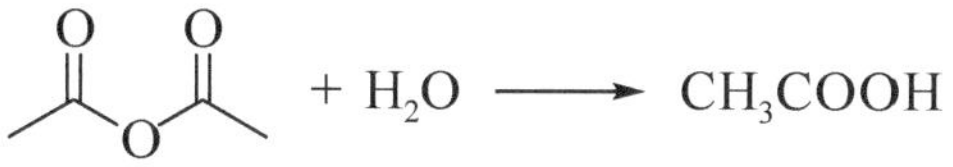

（3）酯化反应：羧酸可以与醇作用生成酯和水。乙酸和乙醇反应生成乙酸乙酯，该反应很慢，通常要用浓硫酸做催化剂，浓硫酸还能吸去反应中生成的水，使平衡向右移动生成较多的酯。酯类为油状液体，难溶于水。为降低酯类在水中的溶解度可以加入饱和氯化钠溶液，此作用称为盐析。

$$CH_3COOH + C_2H_5OH \underset{\triangle}{\overset{浓H_2SO_4}{\rightleftharpoons}} CH_3COOC_2H_5 + H_2O$$

2. 二元羧酸的性质

（1）饱和二元羧酸与不饱和二元羧酸性质的比较：饱和二元羧酸如丁二酸，分子中无双键，不能被 $KMnO_4$ 溶液氧化。而不饱和二元羧酸如丁烯二酸，分子中含双键，易被 $KMnO_4$ 溶液氧化，生成的草酸也易被 $KMnO_4$ 氧化生成水和二氧化碳。

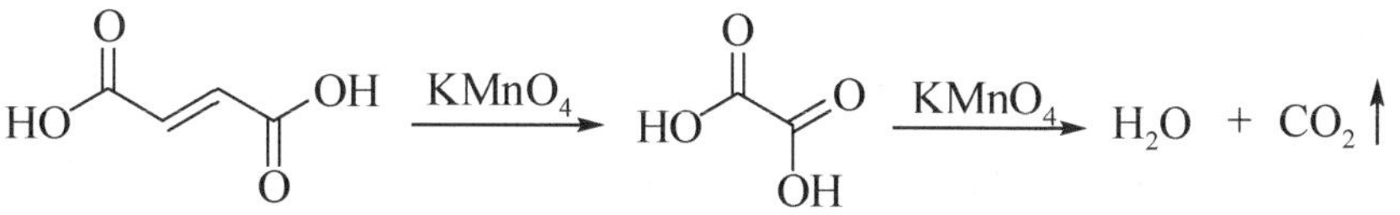

（2）二元羧酸的脱羧反应：一元脂肪族羧酸不易脱羧，二元羧酸中乙二酸（如草酸）受热脱羧生成二氧化碳和甲酸。

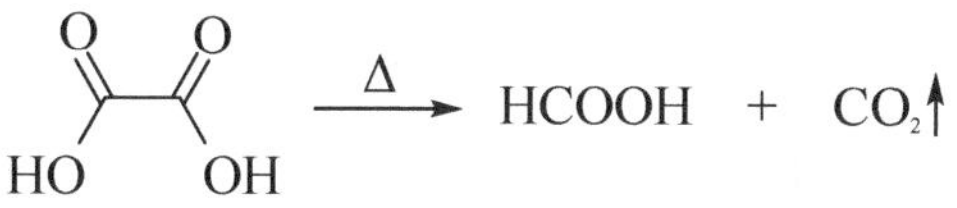

3. 取代羧酸的性质

（1）酒石酸盐的生成及其与 $Cu(OH)_2$ 的作用：酒石酸能和 KOH 反应，其中酒石酸氢钾难溶于水，而酒石酸二钾易溶于水，酒石酸盐中的两个羟基还具有邻二醇类化合物的性质，如能与 $Cu(OH)_2$ 作用生成绛蓝色的配合物。

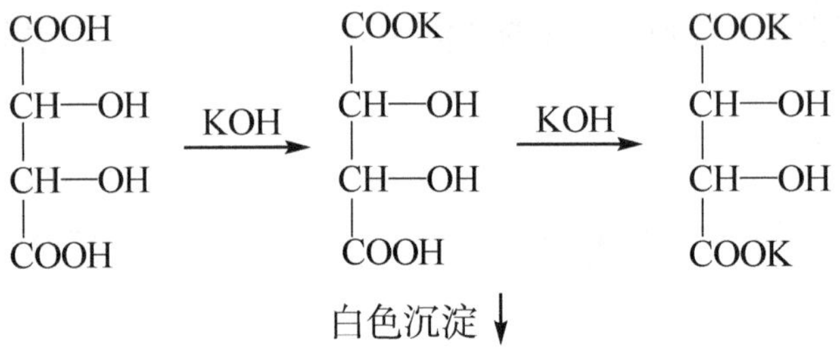

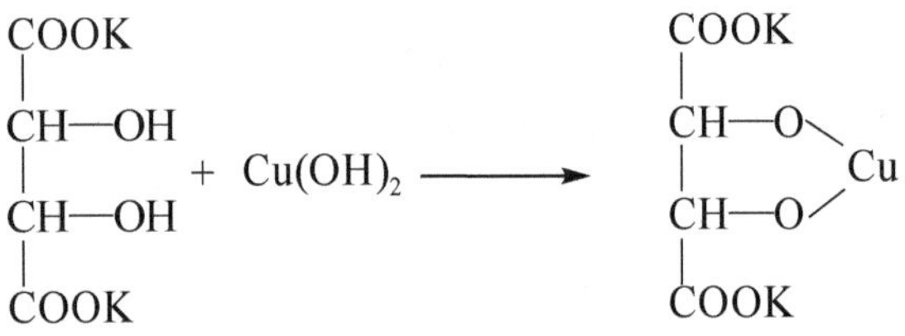

（2）酚羟基羧酸与 $FeCl_3$ 溶液显色：酚羟基羧酸具有酚羟基，可与 $FeCl_3$ 溶液生成蓝紫色配合物。而乙酰水杨酸（阿司匹林）分子中无酚羟基，与 $FeCl_3$ 溶液不显色，水解生成水杨酸后又可以与 $FeCl_3$ 溶液呈显色反应。

（3）乳酸的氧化与丙酮酸的脱羧：乳酸与酸性高锰酸钾溶液共热，可被氧化生成丙酮酸。由于丙酮酸中 α-碳原子上有强吸电子基团，使得丙酮酸继续发生脱羧反应，生成乙酸和 CO_2。

（4）乙酰乙酸乙酯的互变异构：乙酰乙酸乙酯是无色透明液体，在纯液态或水溶液中均存在酮型和烯醇型的互变异构体，二者可以互相转化建立动态平衡，此现象称为互变异构现象。例如，乙酰乙酸乙酯的水溶液中酮型占 99.6%，烯醇型占 0.4%，而在纯液态中，酮型占 93%，烯醇型占 7%。

酮型的存在可用 2,4-二硝基苯肼来验证，向乙酰乙酸乙酯水溶液中加入 2,4-二硝基苯肼会有橙黄色结晶生成。

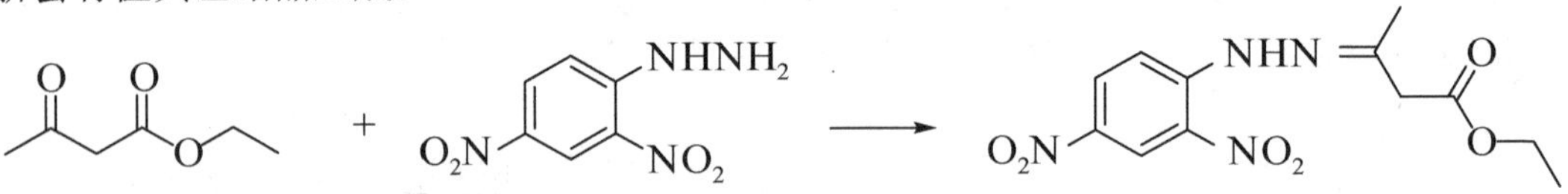

烯醇型的存在可用 $FeCl_3$ 溶液检查，因烯醇型结构也可与 $FeCl_3$ 溶液呈紫色反应。

酮型和烯醇型平衡的移动，可用下例实验证明：乙酰乙酸乙酯加入 $FeCl_3$ 溶液呈紫色，加入溴水后变成无色，这是因为烯醇型中的双键和溴水反应使溶液变为无色，但不久又出现紫色，这说明又有酮型转化成新的烯醇型，然后又与 $FeCl_3$ 溶液呈紫色反应：

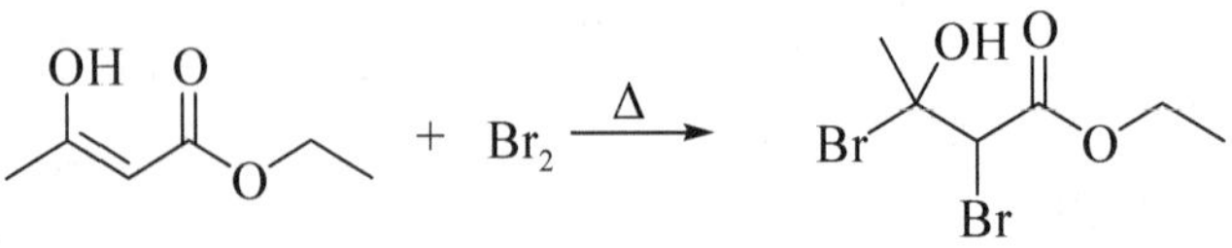

【实验仪器与试剂】

1. 仪器　恒温水浴锅、试管。

2. 试剂　pH试纸、乙酸溶液（$2mol \cdot L^{-1}$）、冰醋酸、草酸、5%丁二酸溶液、5%顺丁烯二酸溶液、5%氢氧化钠溶液、乙酸酐、无水乙醇、饱和氯化钠溶液、$NaHCO_3$溶液（$1mol \cdot L^{-1}$）、饱和石灰水、KOH溶液（$0.5mol \cdot L^{-1}$）、5%$CuSO_4$溶液、5%NaOH溶液、浓H_2SO_4、10%硫酸溶液、0.1%苯甲酸溶液、高锰酸钾、$FeCl_3$溶液（$0.1mol \cdot L^{-1}$）、乳酸、10%酒石酸溶液、0.1%水杨酸溶液、阿司匹林、1% 2,4-二硝基苯肼溶液、1%乙酰乙酸乙酯溶液。

【实验步骤】

1. 一元羧酸的性质

（1）羧酸的酸性：用镊子夹取一小块 pH 试纸，放在点滴板上，加 1 滴 $2mol \cdot L^{-1}$乙酸，根据 pH 试纸的颜色变化，确定溶液的 pH。另取一小试管加 10 滴 $1mol \cdot L^{-1}$ $NaHCO_3$溶液，再滴入 $2mol \cdot L^{-1}$乙酸数滴，观察现象，写出反应式。

（2）酸酐水解成羧酸：在小试管中加 1mL 蒸馏水，然后滴入 5 滴乙酸酐。注意乙酸酐呈珠状沉于管底。不断振摇下，乙酸酐逐渐溶解，可嗅到乙酸气味。观察现象，写出反应式。

（3）羧酸的酯化：取 2 支干燥长试管，各加入 10 滴冰醋酸及 10 滴无水乙醇，再向第 1 支试管中加入 2 滴浓硫酸，将 2 支试管同时放入 60～70℃水浴中加热 20min，取出试管，第 1 支试管是否有酯的香味？向 2 支试管各加入 20 滴饱和氯化钠溶液，摇匀。观察现象并写出反应式。

2. 二元羧酸的性质

（1）不饱和酸的不饱和性：取 2 支小试管，分别加入 5 滴 5%丁二酸溶液和 5 滴 5%顺丁烯二酸，再各加入 $0.03mol \cdot L^{-1}$ $KMnO_4$溶液 1～2 滴，摇匀，观察现象并写出反应式。

（2）草酸的脱羧：在 1 支干燥试管中放入半药匙（0.5～1.0g）草酸，试管口塞一带有导管的塞子，加热试管，将导管通入盛有石灰水的试管中，观察石灰水中有无 $CaCO_3$ 白色沉淀产生。观察现象并写出反应式。

3. 取代羧酸的性质

（1）酒石酸盐的生成及其与 $Cu(OH)_2$ 的作用：

1）取 5 滴 10%酒石酸溶液加入试管中，然后向试管中一滴滴地慢慢滴加 $0.5mol \cdot L^{-1}$ KOH 溶液，使溶液仍呈酸性（用 pH 试纸检查），观察有无沉淀析出（酒石酸氢钾难溶于水），然后再继续加入 $0.5mol \cdot L^{-1}$ KOH 溶液，待试管中溶液呈碱性时（用 pH 试纸检查），观察沉淀是否完全溶解（酒石酸二钾易溶于水），写出反应式。把此溶液留作下面实验用。

2）在 2 支试管中，分别加入 2～3 滴 5% $CuSO_4$溶液及 5%NaOH 溶液至沉淀完全（约 5～6 滴），然后向 1）步骤试管中加入上面制得的溶液，观察沉淀是否溶解，并向另一试管中滴入饱和的水杨酸溶液，观察沉淀能否溶解？写出反应式。

（2）酚羟基羧酸与 $FeCl_3$ 溶液呈色

1）水杨酸与 $FeCl_3$ 溶液的反应：取 2 支小试管，1 支试管加 0.1%苯甲酸 5 滴，另 1 支试管加 5 滴 0.1%水杨酸溶液，并用 pH 试纸检验其酸性，再加入 1%$FeCl_3$ 溶液，观察现象。

2）阿司匹林水解前后与 $FeCl_3$ 的反应：取阿司匹林固体少许，溶于 4～5mL 蒸馏水中。分成两份，取其中一份溶液加 1% $FeCl_3$ 溶液 1～2 滴，观察颜色变化。将另一份溶液在沸水液中加热 2～3min，冷却后，再加 1% $FeCl_3$ 溶液 1～2 滴，观察颜色变化。

（3）乳酸的氧化与丙酮酸的脱羧：向带有导管的大试管中滴入 30 滴乳酸，加入 2～3 玻璃匀的 $KMnO_4$ 晶体，紧塞管口，在沸水浴中加热，将生成的气体导入盛有石灰水的试管中，观察石灰水中有无 $CaCO_3$ 白色沉淀产生。观察现象并写出反应式。

（4）乙酰乙酸乙酯的互变异构现象

1）取 1 支小试管加 5 滴 1%乙酰乙酸乙酯溶液及 1～2 滴 2,4-二硝基苯肼溶液，振摇。观察现象，写出反应式。

2）另取 1 支试管加入 1mL 1%乙酰乙酸乙酯溶液及 1 滴 1% $FeCl_3$ 溶液，观察颜色变化。如果向这支试管中加入 2～3 滴饱和溴水溶液有何现象？为什么？放置后，又有何现象？写出反应式并解释。

【实验结果和数据处理】

数据记录于表 4-7-1。

表 4-7-1 羧酸及其衍生物、取代羧酸的性质

实验项目	反应现象	方程式或解释

【注意事项】

1. 本实验羧酸成酯反应的温度必须控制在 60～70℃。
2. NaCl 溶于水，而不溶于乙醇、乙酸或乙酸乙酯中，当饱和 NaCl 溶液滴入这些溶剂中往往析出 NaCl 固体结晶。

【思考题】

1. 本实验中羧酸成酯温度偏高或偏低会有什么影响？
2. 请说明盐析的原理。
3. 还有哪些方法可以提高羧酸成酯的产率？

（于丽丽）

实验八 含氮有机化合物的性质

【实验目的】

1. 了解胺类化合物的一般性质。
2. 掌握重氮化反应及重氮盐的性质。
3. 掌握偶氮染料的合成反应。
4. 掌握酰胺的化学性质。

【实验原理】

1. 胺类

（1）碱性：胺类化合物是有机碱，其化学性质与氨相似，在水溶液中易接受 H^+，呈碱性。

（2）苯胺的重氮化反应及重氮盐的性质：芳香族伯胺可与亚硝酸在低温条件下反应生成重氮盐，这个反应称重氮化反应。芳香族重氮盐的性质与铵盐相似，是一种离子型化合物，易溶于水，难溶于有机溶剂。芳香族重氮盐在低温和强酸性溶液中可以短时间保存。

干燥时极不稳定，受热或震荡易爆炸。

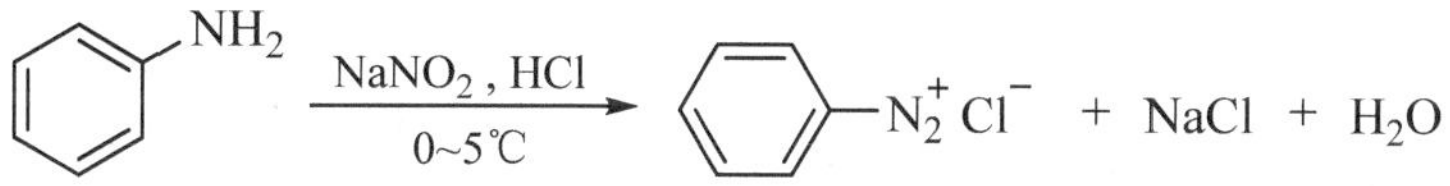

重氮盐是一种弱的亲电试剂，在一定 pH 条件下，能与酚或芳胺等发生亲电取代反应，形成颜色鲜艳的偶氮化合物，该类反应称为偶联反应。如氯化重氮苯与苯酚偶联生成橘黄色的对羟基偶氮苯。

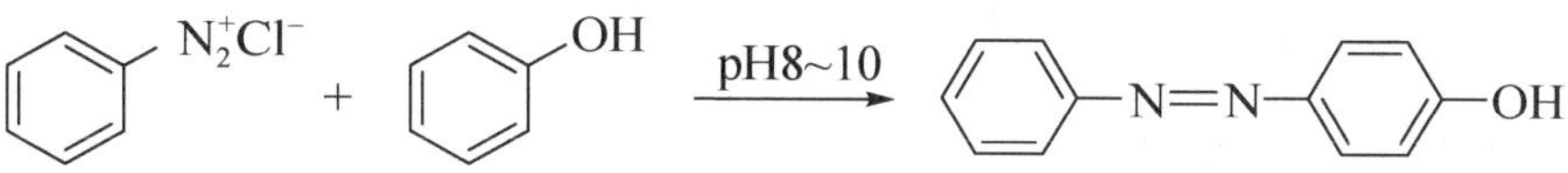

对羟基偶氮苯

氯化重氮苯与β-萘酚偶联反应生成红色的苏丹红染料。

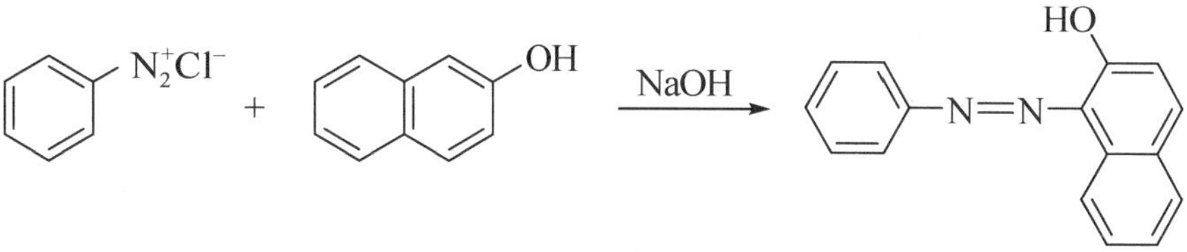

苏丹红1号

重氮盐溶液不稳定，加热分解放出氮气，并生成酚类化合物，加入几滴溴水可生成三溴苯酚沉淀。

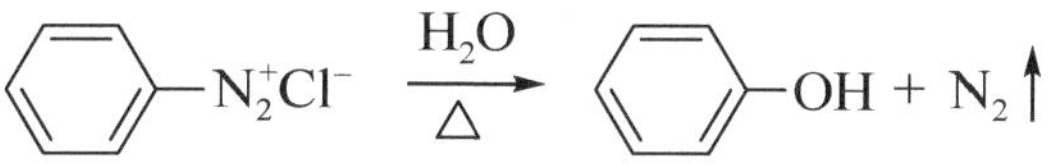

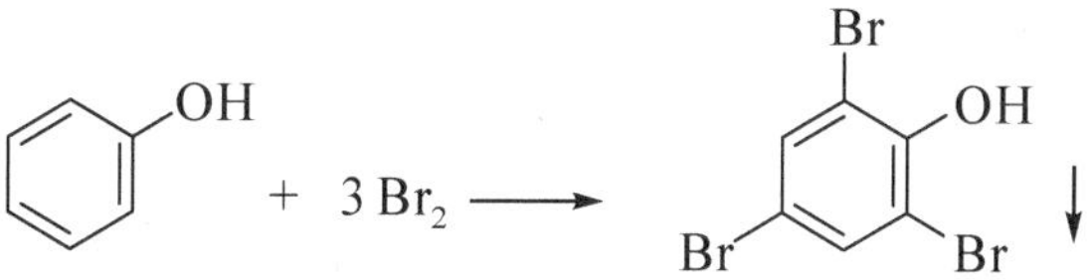

2. 酰胺类

酰胺无明显的碱性（pK_b=14～16），呈中性，酰胺分子具有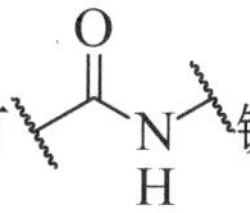键，因而能发生水解反应。脲又称为尿素，具有酰胺的结构，故它具有酰胺的一般化学性质。

（1）弱碱性：尿素具有弱碱性，能与强酸反应。尿素的溶液与浓硝酸反应析出白色的尿素硝酸盐沉淀：

$$NH_2-\overset{\overset{\displaystyle O}{\|}}{C}-NH_2 + HNO_3 \longrightarrow H_2N-\overset{\overset{\displaystyle O}{\|}}{C}-NH_2\cdot HNO_3\downarrow$$

（2）水解：尿素具有酰胺的性质，在酸、碱或酶的催化下都可以发生水解反应：

$$NH_2-\overset{\overset{\displaystyle O}{\|}}{C}-NH_2 + H_2O \begin{cases}\xrightarrow[\triangle]{H^+} NH_4^+ + CO_2\uparrow + H_2O \\ \xrightarrow[\triangle]{OH^-} NH_3\uparrow + CO_3^{2-} \\ \xrightarrow{酶} NH_3\uparrow + CO_2\uparrow + H_2O\end{cases}$$

（3）缩二脲的生成和缩二脲反应：将固体尿素缓缓加热到 150～160℃，两分子尿素脱去一分子氨后生成缩二脲。

$$2\,NH_2—\overset{\overset{\displaystyle O}{\|}}{C}—NH_2 \xrightarrow{\triangle} H_2N—\overset{\overset{\displaystyle O}{\|}}{C}—NH—\overset{\overset{\displaystyle O}{\|}}{C}—NH_2 + NH_3\uparrow$$

缩二脲难溶于水，易溶于碱溶液。在缩二脲的碱溶液中加入少量的硫酸铜稀溶液，溶液呈红色或紫红色，此反应称为缩二脲反应。凡分子中具有两个或两个以上酰胺键（又称肽键）的化合物都能发生缩二脲反应。由于多肽、蛋白质等化合物中含有多个肽键，所以可以用缩二脲反应来鉴别这类有机化合物。

【实验仪器与试剂】

1. 仪器　恒温水浴锅、试管。

2. 试剂　2%乙二胺溶液、盐酸（$6mol \cdot L^{-1}$）、苯胺、浓盐酸、3%亚硝酸钠、1%苯酚、1% β-萘酚、NaOH溶液（$2mol \cdot L^{-1}$）、固体尿素、淀粉碘化钾试纸、浓硝酸、20%和50%尿素溶液、0.2% $CuSO_4$溶液。

【实验步骤】

1. 胺类

（1）胺类的碱性

1）取 1 滴 2%乙二胺溶液于 pH 试纸上，试纸呈何颜色？写出乙二胺在水中的电离式。

2）取 1 支小试管加入 2 滴苯胺及数滴水，观察是否溶解？再滴加 $6mol \cdot L^{-1}$盐酸数滴，直至完全溶解，观察现象并写出反应式。

（2）苯胺的重氮化反应及重氮盐的性质

1）取 1 支试管加入 2 滴苯胺及 10 滴 $6mol \cdot L^{-1}$盐酸，将试管放在冰水浴中冷却，一边振摇一边滴加 3%$NaNO_2$ 至反应液刚好使淀粉碘化钾试纸变色为止。

将试管仍放在冰水浴中冷却。

2）取 2 支小试管，向第 1 支中加入 1% 苯酚 1～2 滴及 $2mol \cdot L^{-1}$ NaOH 溶液 1mL，摇匀，使苯酚溶解。向第 2 支试管加入 1%β-萘酚的 NaOH 溶液 1～2 滴。然后向 2 支试管中各加入 1mL 上面制得的重氮盐溶液，观察现象并写出反应式。

3）将剩余的重氮盐溶液放在 50～60℃水浴上加热，这时重氮盐分解放出氮气，生成苯酚。取几滴反应液于另一试管中，加入数滴饱和溴水溶液，观察现象并写出反应式。

2. 酰胺

（1）尿素的碱性：取 1 支小试管加入 50%尿素水溶液 5 滴，然后加入几滴浓硝酸，观察现象并写出反应式。

（2）尿素的水解：取 1 支小试管加入 10 滴 20%尿素水溶液，再加入等量的 $2mol \cdot L^{-1}$ NaOH 溶液，水浴加热，并用湿润的 pH 试纸放在试管口，观察现象并写出反应式。

（3）缩二脲反应：在 1 支干燥的试管中加入几玻璃勺固体尿素，隔石棉网小火加热，尿素首先熔化，随后放出氨气（可用湿润的 pH 试纸放在试管口检验），继续加热至出现白色固体。冷却后加入少量蒸馏水并用玻璃棒搅拌，使生成的缩二脲溶于水，静置后倾出上层清液于另一试管中，加入 1～2 滴 $2mol \cdot L^{-1}$ NaOH 溶液及 1 滴 0.2% $CuSO_4$ 溶液，观察现象并写出反应式。

【实验结果和数据处理】

数据记录于表 4-8-1。

表 4-8-1　胺类、酰胺化学性质记录

实验项目	反应现象	方程式或解释

【注意事项】

1. 苯胺在水中溶解度小，和盐酸反应生成盐后溶解度增大。
2. 过量的亚硝酸把碘化钾氧化成碘，碘遇淀粉试纸呈蓝色。

【思考题】

1. 制备氯化重氮苯时，为什么要用过量的盐酸？
2. 为什么要在 0～5℃进行重氮化反应？
3. 制备的重氮盐为什么保存在水溶液中？
4. 用淀粉碘化钾试纸指示重氮化反应的终点，依据的原理是什么？
5. 缩二脲反应还可用于鉴定哪些物质？

（岳京立）

实验九　糖类化合物的性质

【实验目的】

1. 掌握糖类化合物的主要化学性质及鉴别反应。
2. 学会还原糖鉴别反应的实验操作。

【实验原理】

1. 糖的鉴别——Molisch 反应　在浓 H_2SO_4 存在下，所有单糖、双糖及多糖均能与 α-萘酚反应，生成紫色化合物，此反应称为 Molisch 反应，是鉴别糖类化合物的一种方法。

2. 糖的还原性　能被碱性弱氧化剂如 Tollens 试剂、Fehling 试剂、Benedict 试剂氧化的糖称为还原糖。所有单糖（包括醛糖及酮糖）及具有半缩醛羟基的双糖（如乳糖、麦芽糖、纤维二糖等）和一部分低聚糖属于还原糖。这些糖能还原 Fehling 试剂或 Benedict 试剂中的 Cu^{2+}为 Cu^+，生成红棕色的 Cu_2O 沉淀，而本身被氧化成复杂产物。

$$\text{还原糖} + Cu(OH)_2 \xrightarrow{\triangle} Cu_2O\downarrow + H_2O + \text{糖的氧化产物}$$

Benedict 试剂是由枸橼酸钠、碳酸钠和硫酸铜配成的 Cu^{2+}的络合物溶液，为蓝色的碱性溶液，其特点是较 Fehling 试剂稳定，能长期保存，临床上常用来检查尿和血液中是否含有葡萄糖。

蔗糖分子中无半缩醛羟基，在水溶液中不能形成开链结构，不能生成游离的醛基，故无还原性。

3. 糖的水解反应

（1）双糖的水解：蔗糖可以在酸或酶催化下水解生成葡萄糖和果糖。蔗糖是否已经水解，可用 Benedict 试剂来检查，水解前无还原性，水解后有还原性。

（2）多糖的水解：淀粉为多糖，用稀无机酸（H_2SO_4 或 HCl）催化时，水解生成葡萄糖。淀粉的水解产物可用于碘的颜色反应和还原性检查。水解前淀粉与碘生成紫色络合物，而且无还原性；水解后生成的葡萄糖遇碘溶液不变色，且有还原性。

淀粉还可用唾液淀粉酶催化水解，主要生成麦芽糖和少量葡萄糖。酶催化的速度比用稀酸快很多，但不能加热，因为酶是一种特殊的蛋白质，加热时其结构即遭到破坏而失去催化作用。

4. 糖脎的生成 单糖和苯肼反应可以生成苯腙，在过量苯肼的存在下，它们则转化成不溶于水的结晶化合物，称为脎，又称为糖脎。糖脎生成的速度和结晶形状及熔点等均因糖的不同而异，因此利用糖脎的生成可鉴别各种糖。

D-葡萄糖、D-果糖、D-甘露糖与苯肼作用生成相同的糖脎，因为三者结构上只有 C_1、C_2 上有差别，而成脎反应主要发生在 C_1、C_2 上，所以可生成相同的糖脎。

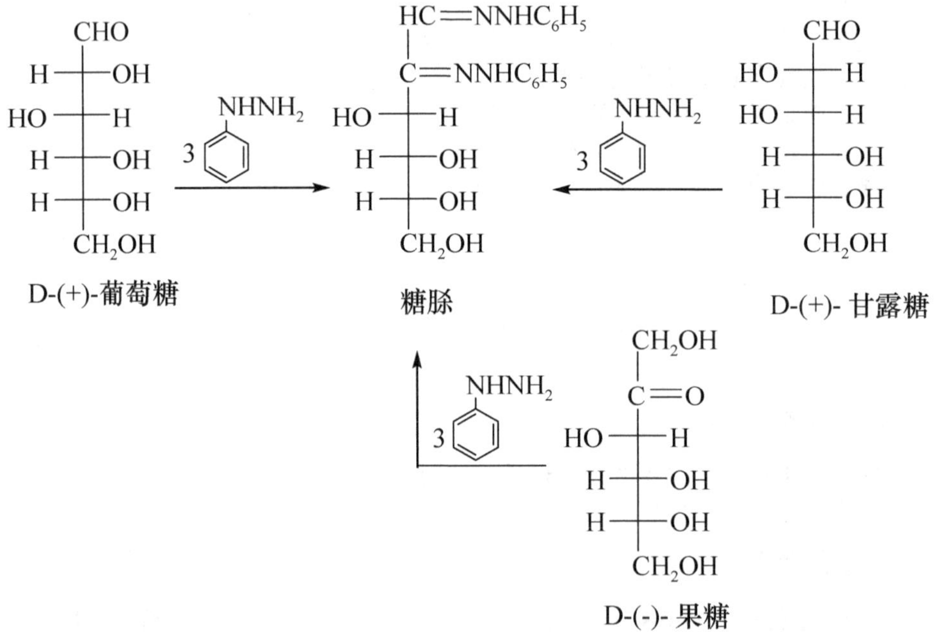

【实验仪器与试剂】

1. 仪器 试管、试管夹、恒温水浴锅、滴管、玻璃棒。

2. 试剂 FehlingA溶液和FehlingB溶液、葡萄糖溶液（$0.1mol \cdot L^{-1}$）、果糖溶液（$0.1mol \cdot L^{-1}$）、蔗糖溶液（$0.05mol \cdot L^{-1}$）、麦芽糖溶液（$0.05mol \cdot L^{-1}$）、2%淀粉溶液、碘试剂、浓HCl、Na_2CO_3溶液（$1mol \cdot L^{-1}$）、浓硫酸、Benedict试剂、10% α-萘酚。

【实验步骤】

1. 糖的还原性

（1）与 Fehling 试剂的反应：取 4 支长试管，各加入 Fehling A 和 Fehling B 各 10 滴，

混合均匀后分别加入 0.1mol · L^{-1}葡萄糖溶液、0.1mol · L^{-1}果糖溶液、0.05mol · L^{-1}蔗糖溶液、0.05mol · L^{-1}麦芽糖溶液各 5 滴，摇匀，置于沸水浴中加热 10min，观察颜色的变化及是否有砖红色沉淀生成。记录并解释发生的现象。

（2）与 Benedict 试剂的反应：取 4 支试管，各加 Benedict 试剂 1mL，再分别加入 0.1mol · L^{-1}葡萄糖溶液、0.1mol · L^{-1}果糖溶液、0.05mol · L^{-1}蔗糖溶液、0.05mol · L^{-1}麦芽糖溶液各 5 滴，摇匀，置于沸水浴中加热 2～3min。记录并解释发生的现象。

（3）与 Tollens 试剂的反应：10mL Tollens 试剂均分于 4 支干净的试管中，再分别加入 0.1mol ·L^{-1}葡萄糖溶液、0.1mol ·L^{-1}果糖溶液、0.05mol ·L^{-1}蔗糖溶液、0.05mol ·L^{-1}麦芽糖溶液各 5 滴，摇匀，将试管放在 60℃的热水浴中加热数分钟。记录并解释发生的现象。

2. 糖的颜色反应

（1）Molisch 反应：取 3 支试管，分别加入 0.1mol · L^{-1}葡萄糖溶液，0.05mol · L^{-1}蔗糖溶液、2%淀粉溶液各 10 滴，再各加 3～4 滴 10% α-萘酚试剂，摇匀。将试管倾斜成 45°，沿管壁慢慢加入 20 滴浓硫酸，使硫酸和糖液之间有明显的分层，观察两层之间的颜色变化。数分钟内若无紫色环出现，可在水浴中温热后再观察变化（切勿振荡）。记录并解释发生的现象。

（2）淀粉与碘的反应：取 1 支试管，加入 1 滴 2%淀粉溶液、4mL 蒸馏水和 1 滴碘溶液，试观察颜色的变化。

3. 蔗糖和淀粉的水解

（1）取 2 支试管，各加入 10 滴 0.05mol · L^{-1}蔗糖溶液，然后向 1 支试管中加入 3 滴浓 H_2SO_4，第 2 支试管中加入 3 滴蒸馏水，摇匀后将 2 支试管同时放入沸水浴中加热 5～10min，取出冷却后，分别向 2 支试管中滴加 1mol · L^{-1} Na_2CO_3 溶液，至溶液无气泡生成为止，将溶液中和至弱碱性（用 pH 试纸检查）。然后向 2 支试管中各加 10 滴 Benedict 试剂，摇匀，再放入沸水中加热 2～3min。记录并解释发生的现象。

（2）在试管中各加入 2mL 20g · L^{-1}淀粉溶液和 3 滴浓盐酸，摇匀后放入沸水浴中加热。加热过程中每间隔 5min 取出 2 滴，滴在点滴板上，用碘试剂检验是否变色，直至淀粉全部水解。用 1mol · L^{-1} Na_2CO_3 溶液调溶液 pH 至弱碱性（用 pH 试纸检查），然后加入 1mL Benedict 试剂，摇匀，再放入沸水中加热 2～3min。记录并解释发生的现象。

【实验结果和数据处理】

数据记录于表 4-9-1。

表 4-9-1 糖类化合物性质

实验项目	反应现象	方程式或解释

【注意事项】

1. Molisch 试剂的配制：将 2.0g α-萘酚溶于 20mL 乙醇中，再用乙醇稀释至 100mL，保存在棕色试剂瓶中。一般使用前配制。

2. 碘溶液的配制：把 23g 碘化钾溶于 100mL 蒸馏水中，再加入 125g 碘，搅拌使碘溶解。

【思考题】

1. 蔗糖水解后为什么要用 Na_2CO_3 溶液将溶液中和至弱碱性，再用 Benedict 试剂？
2. 如何用化学方法鉴别还原糖和非还原糖？
3. 如何用化学方法鉴别葡萄糖、蔗糖、淀粉？

（杨殿深）

实验十　溴乙烷的制备

【实验目的】

1. 学习以溴化钠、浓硫酸和乙醇制备溴乙烷的原理。
2. 掌握低沸点有机物蒸馏的基本操作和分液漏斗的使用方法。

【实验原理】

由醇与氢卤酸反应制备卤代烃，是卤代烃制备中的一个重要方法，溴乙烷就是通过用乙醇与氢溴酸反应制备的，反应方程式如下所示：

$$NaBr + H_2SO_4 \longrightarrow HBr + NaHSO_4$$

$$CH_3CH_2OH + HBr \longrightarrow CH_3CH_2Br + H_2O$$

可能存在的副反应：

$$2\,CH_3CH_2OH \xrightarrow[140℃]{H_2SO_4} CH_3CH_2OCH_2CH_3 + H_2O$$

$$CH_3CH_2OH \xrightarrow[170℃]{H_2SO_4} CH_2{=}CH_2 + H_2O$$

$$HBr + H_2SO_4 \longrightarrow Br_2 + SO_2 + H_2O$$

【实验仪器与试剂】

1. 仪器　铁架台（铁夹）、圆底烧瓶（250mL）、蒸馏头、温度计、直形冷凝管、尾接管、分液漏斗、锥形瓶、阿贝折射仪。

2. 试剂　溴化钠（无水）、95%乙醇、浓硫酸。

【实验步骤】

1. 合成　在 250 mL 圆底烧瓶中加入 15mL 95%乙醇及 10mL 水，在不断振荡和冷水冷却下，缓慢分批加入 10mL 浓硫酸，将混合物冷却到室温后，加入 10g 溴化钠，再加入 2～3 粒沸石，安装成常压蒸馏装置（图 4-10-1）。在接收瓶（小锥形瓶）中加入少许冷水并浸入冰水浴中，尾接管的末端刚好浸没在接收瓶的冷水中（液面以下）。

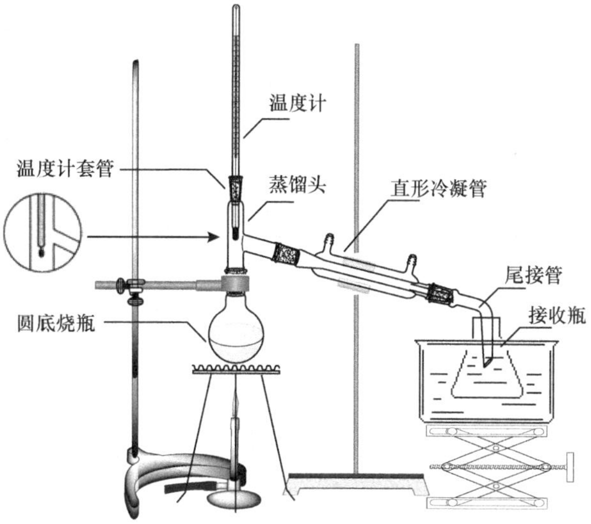

图 4-10-1　溴乙烷的制备装置

冷凝管中通水后，使用煤气灯等热源隔石棉网小火加热反应瓶，约半小时后慢慢加大火焰，直到无油状物馏出为止。

将馏出物倒入分液漏斗中，分出有机层（20℃溴乙烷相对密度 1.46），置于 50mL 干燥锥形瓶中。把锥形瓶放入冰水浴中，边振摇边用滴管慢慢滴加浓硫酸，直至锥形瓶分出硫酸层为止。用干燥的分液漏斗分去硫酸液（98%浓硫酸相对密度 1.84），将溴乙烷粗产品倒入蒸馏瓶中，用水浴加热蒸馏，接收瓶外用冰水浴冷却，收集 37～40℃的馏分。计算产率。

2. 产品鉴定　测定产品溴乙烷的折射率，与文献值比较。纯溴乙烷为无色液体，沸点 38.4℃，n_D^{20}=1.4239。

【实验结果和数据处理】

数据记录于 4-10-1。

表 4-10-1　溴乙烷的制备

产品	精制后（g）	产率（%）	折射率
溴乙烷			

【注意事项】

1. 加少量水可防止反应进行时产生大量气泡，减少副产物乙醚的生成，同时还可以避免氢溴酸的挥发。

2. 用相当量的 $NaBr \cdot H_2O$ 或 KBr 均可替代 NaBr。

3. 在加入溴化钠时应小心，尽量不要使溴化钠沾在圆底烧瓶瓶口上，否则会使装置气密性下降。

4. 在 20℃时，溴乙烷在水中的溶解度约为 9.10 $g \cdot L^{-1}$，在低温时又不与水作用，且沸点较低。为减少其挥发，在接收瓶内预先装满冷水，并使尾接管末端稍浸入冷水中。

在反应过程中应密切注意防止接收器中的液体发生倒吸而进入冷凝管。一旦发生此现象，应暂时把接收瓶放低，使尾接管的下端露出液面，然后再恢复原状。

5. 蒸馏速度不宜太快，否则蒸气来不及冷凝而逸出。在开始加热时常有很多气泡产生，若加热太快，会有反应物冲出。

6. 馏出液由浑浊变澄清时，表明产品已经蒸完。拆除热源前，应先将接收瓶与尾接管分开，防止倒吸。稍冷后，将蒸馏瓶内残余物趁热倒出，以免硫酸氢钠冷却后结块，不易倒出。

7. 第一次分层时，尽可能将水除净，否则加入浓硫酸时会放热使产品损失。

8. 加入浓硫酸可以除去乙醚、乙醇、水等杂质，为防止溴乙烷挥发，应在冷却条件下进行。

9. 当洗涤不充分时，馏分中可能含有少量水及乙醇，它们与溴乙烷形成共沸混合物（溴乙烷-水共沸混合物沸点 37℃，含水 1%；溴乙烷-乙醇共沸混合物沸点 37℃，含乙醇 3%）。

【思考题】

1. 蒸馏时为什么可以在接收瓶中加入冰水，加入冰水的目的是什么？
2. 粗产品中有哪些副产物，如何去除？
3. 浓 H_2SO_4 洗涤的目的何在？
4. 为了减少溴乙烷的挥发损失，本实验中采取了哪些措施？
5. 如果实验结果产率不高，试分析其原因。

（蔡　东）

实验十一　苯氧乙酸的制备

【实验目的】

1. 掌握威廉姆森（Williamson）合成醚方法的原理和实验方法。
2. 熟悉产品鉴定表征的常用方法。

【实验原理】

苯氧乙酸作为植物生长调节剂，能促进植物发芽生长、防止落花落果、提高产量、增加蛋白质含量。还可用作农用杀菌剂、除草剂和保鲜剂等。此外，苯氧乙酸是一类重要的医药中间体，可用于合成青霉素 V 等。

威廉姆森合成醚方法是利用醇（酚）钠和卤代烃反应生成醚，主要用于合成不对称醚，特别是用来制备芳基烷基醚时产率较高。

苯氧乙酸可用苯酚钠、氯乙酸钠在碱性溶液中进行威廉姆森反应、酸化而制得，反应方程式如下所示：

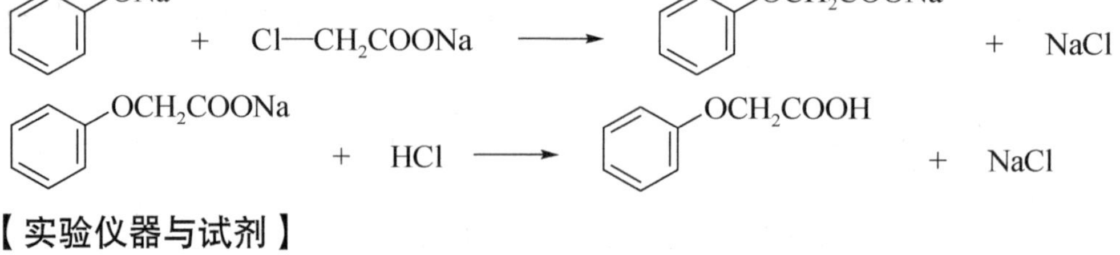

【实验仪器与试剂】

1. 仪器 圆底烧瓶（250mL）、球形冷凝管、分液漏斗、烧杯、量筒。

2. 试剂 苯酚钠、氯乙酸钠、饱和碳酸钠溶液、浓盐酸、乙酸乙酯、碘化钠。

【实验步骤】

1. 合成 将 6.0g 苯酚钠、6.5g 氯乙酸钠、催化量的碘化钠和 100mL 水依次加入圆底烧瓶中，再加入 2～3 粒沸石，然后装上球形冷凝管，如图 4-11-1。回流反应 1h。反应结束后，待反应混合物冷却至室温，用浓盐酸将混合物的 pH 调至 1～2（此时由澄清溶液变成乳白色悬浊液），冰水浴冷却至晶体完全析出，抽滤，少量冷水洗涤两次，得苯氧乙酸粗品。

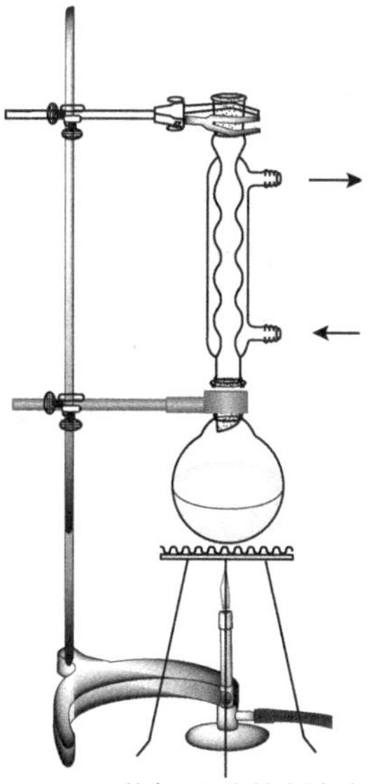

图 4-11-1 苯氧乙酸的制备装置

2. 精制 将所得苯氧乙酸粗品放入烧杯中，边搅拌边滴加饱和碳酸钠水溶液，使粗品完全溶解，然后将溶液转入分液漏斗中。用 10mL 水淋洗烧杯内壁，洗涤液并入分液漏斗中。向分液漏斗中加入 20mL 乙酸乙酯，萃取。水层放入烧杯中，用浓盐酸将水溶液的 pH 调至 1～2，冰水浴冷却，析出结晶，抽滤，少量冷水洗涤产品，经干燥即得精制苯氧乙酸。

3. 产品鉴定

（1）测定纯品苯氧乙酸的熔点，与文献值 98～99℃比较。

（2）使用薄层色谱法检测产物，与标准品对照，展开剂可选择二氯甲烷∶甲醇=6∶1。

（3）用 KBr 压片法测定纯品苯氧乙酸的红外光谱，与文献的标准图谱进行比较，并对主要特征吸收峰进行归属和指认。

苯氧乙酸标准红外光谱如图 4-11-2 所示：

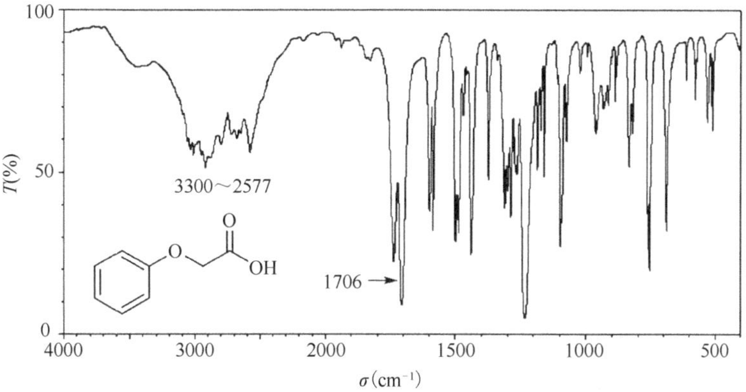

图 4-11-2 苯氧乙酸标准红外光谱

【实验结果和数据处理】

数据记录于表 4-11-1。

表 4-11-1 苯氧乙酸的制备

产品	精制后（g）	产率（%）	熔点（℃）	展开剂/比移值
苯氧乙酸				

【注意事项】

1. 苯氧乙酸粗品成盐溶于水，让未反应而游离出来的少量苯酚溶于乙酸乙酯，然后加以分离。

2. 17℃时，100mL 水中可以溶解 0.1～0.5g 苯氧乙酸。

【思考题】

1. 以苯酚钠和氯乙酸钠作为原料来制备苯氧乙酸，可否使用苯酚和氯乙酸直接反应来制备苯氧乙酸？

2. 实验中如何创造条件提高终产物的产率？

（蔡　东）

实验十二　硼氢化钠还原法制备 1-苯乙醇

【实验目的】

1. 掌握硼氢化钠还原苯乙酮合成外消旋体 1-苯乙醇的反应原理和实验方法。

2. 熟悉采用 TLC（薄层色谱）监测反应过程的方法。

【实验原理】

硼氢化钠是一种无机化合物，在常温常压下稳定，对空气中的水汽和氧较稳定，操作处理容易，适用于工业规模。因为溶解性的问题，通常使用甲醇、乙醇作为溶剂。在无机合成和有机合成中硼氢化钠常用做还原剂。硼氢化钠可以在非常温和的条件下实现醛酮羰基的还原，生成伯醇、仲醇。还原步骤是先把底物溶于溶剂，一般是甲醇或者乙醇，然后用冰浴冷却，将硼氢化钠粉末加入混合物搅拌至反应完全即可。硼氢化钠是一种中等强度的还原剂，所以在反应中表现出良好的化学选择性，只还原活泼的醛酮羰基，而不与酯、酰胺作用，也不与碳碳双键、叁键发生反应。少量硼氢化钠可以将腈还原成醛，过量则还原成胺。硼氢化钠还原苯乙酮合成外消旋体 1-苯乙醇的反应方程式如下所示：

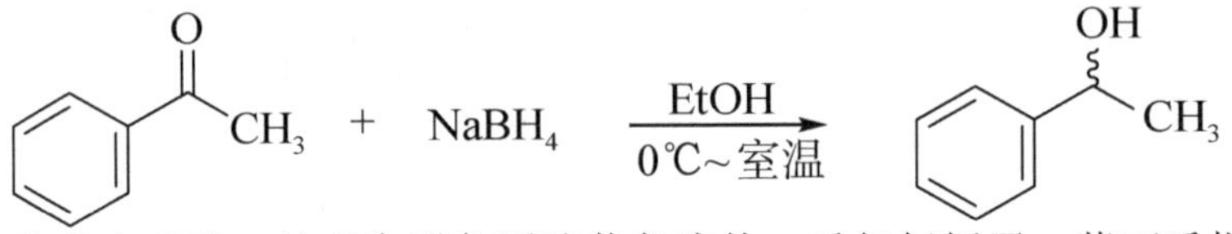

1-苯乙醇也称苏合香醇，外观为无色至淡黄色液体，香气似栀子、紫丁香样香气，带少许玫瑰香韵。可用于调配日化香精，也可用于作为制取乙酸苏合香酯和丙酸苏合香酯的原料。

【实验仪器与试剂】

1. 仪器　铁架台（铁夹）、圆底烧瓶（100mL）、茄形瓶（100mL）、温度计、烧杯、层析柱、薄层板、毛细管、层析缸、普通漏斗、磁力加热搅拌装置、旋转蒸发仪、紫外灯、红外光谱仪。

2. 试剂　硼氢化钠、苯乙酮、无水乙醇、饱和氯化钠溶液、乙酸乙酯、石油醚。

【实验步骤】

1. 合成　在 100mL 烧瓶中加入 30mL 无水乙醇和 1.0g 硼氢化钠。在冰浴条件下搅拌，再缓慢加入 5mL 苯乙酮的乙醇溶液（$4mol \cdot L^{-1}$）（控制冰浴温度低于 10℃）。再用 5mL 无水乙醇淋洗量筒并加入反应体系，移除冰浴，室温搅拌反应。

室温反应0.5h后，采用薄层色谱板（TLC）监测反应体系中原料的反应程度（展开剂为$V_{石油醚}/V_{乙酸乙酯}=8/1$）。当原料消失后，将大部分乙醇蒸干，然后加入乙酸乙酯（40mL）和水溶液（30mL）萃取。有机层用20mL饱和氯化钠溶液洗涤后放入100mL锥形瓶中，并加入4.0g无水硫酸钠干燥5min。

将干燥后的乙酸乙酯溶液经漏斗常压过滤后引入100mL茄形瓶中，利用旋转蒸发仪减压蒸馏（或常压蒸馏）回收乙酸乙酯后，得到（±）-1-苯乙醇粗产物，称重，计算产率。如需进一步纯化可用柱层析方法。

2. 产品鉴定

（1）测定纯品1-苯乙醇的折射率，与文献值$n_D^{20}=1.5275$比较。

（2）使用薄层色谱法检测产物，与标准品对照。

（3）用KBr涂片法测定纯品1-苯乙醇的红外光谱，与文献的标准图谱进行比较，并对主要特征吸收峰进行归属和指认。

1-苯乙醇的标准红外光谱如图4-12-1所示：

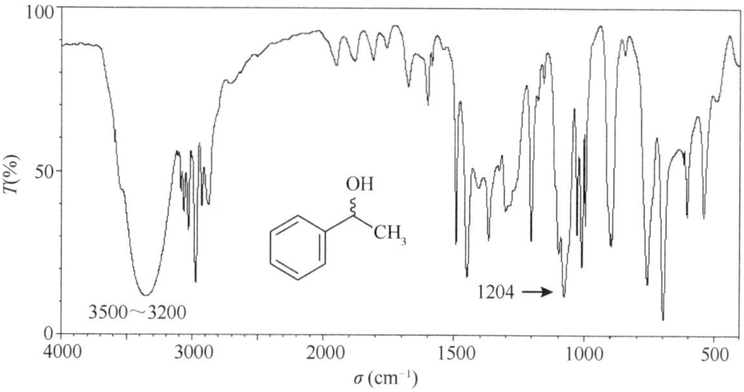

图4-12-1 1-苯乙醇的标准红外光谱

【实验结果和数据处理】

数据记录于表4-12-1。

表4-12-1 1-苯乙醇的制备

产品	精制后（g）	产率（%）	折射率	展开剂/比移值
1-苯乙醇				

【注意事项】

1. 苯乙酮有特殊且令人不愉快的气味，所以事先将其配成苯乙酮的乙醇溶液使用。取用过程中尽量不要将溶液洒到实验台及衣物上。取用后的量筒尽快用少量乙醇溶液清洗。

2. 在进行红外测试前，要将乙酸乙酯尽量除净；用毛细管在溴化钾盐片上涂很薄一层1-苯乙醇即可，千万不要涂多；测试后的盐片不要随意丢弃，要集中起来一并处理。

【思考题】

请介绍其他制备外消旋1-苯乙醇的方法。

（周西斌）

实验十三 对甲氧基苯甲酸与对甲氧基苯甲醇的制备

【实验目的】

1. 掌握以对甲氧基苯甲醛制备对甲氧基苯甲酸与对甲氧基苯甲醇的原理和方法。
2. 熟悉液体有机化合物分离纯化的操作方法。

【实验原理】

在浓碱作用下，不含 α-氢原子的脂肪醛、芳醛或杂环醛类分子自身发生氧化还原反应，生成相应的羧酸（在碱溶液中生成羧酸盐）和醇的有机歧化反应。此类型反应最早由意大利化学家康尼查罗于 1853 年在用草木灰处理苯甲醛时发现，最后得到了苯甲酸和苯甲醇，由此而称康尼查罗反应。

对甲氧基苯甲酸又称大茴香酸，常温下为无色针状晶体，溶于乙醇，微溶于热水，难溶于冷水。可用作医药中间体，亦可用于香料和防腐剂。

对甲氧基苯甲醇具有略带甜味的茴香香气，无色或浅黄色液体或固体，易溶于乙醇和乙醚，几乎不溶于水。常用于配制茉莉、紫丁香等香精。

对甲氧基苯甲醛和浓氢氧化钠溶液混合后，加热发生康尼查罗反应，即可生成对甲氧基苯甲酸钠盐和对甲氧基苯甲醇。将分离后得到的对甲氧基苯甲酸钠盐酸化，可得到对甲氧基苯甲酸。反应方程式如下所示：

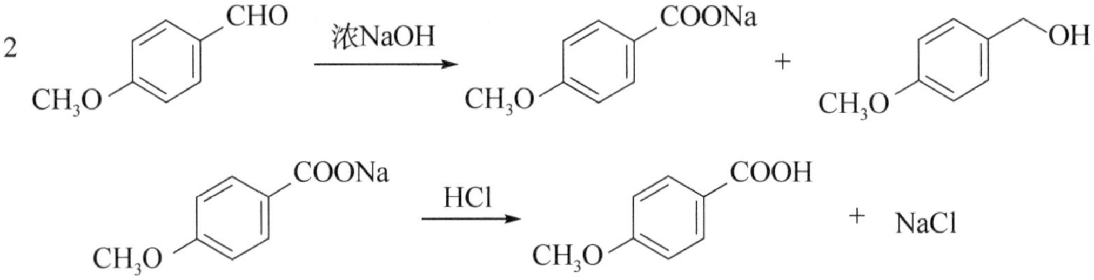

【实验仪器与试剂】

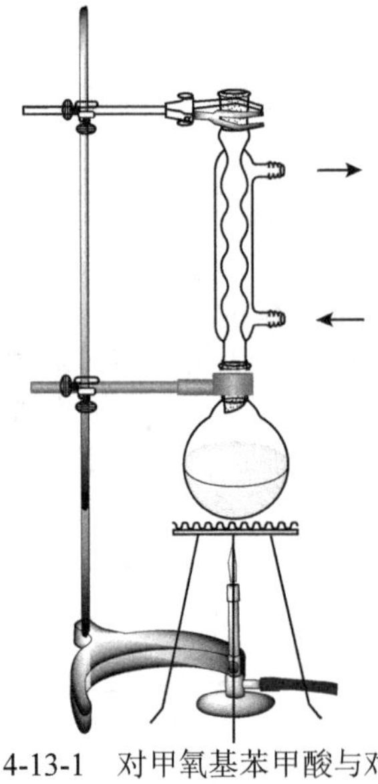

图 4-13-1 对甲氧基苯甲酸与对甲氧基苯甲醇的制备装置

1. 仪器 圆底烧瓶（100mL）、球形冷凝管、分液漏斗、锥形瓶、普通漏斗、空气冷凝管。

2. 试剂 NaOH（固体）、对甲氧基苯甲醛、乙酸乙酯、饱和亚硫酸氢钠溶液、饱和碳酸钠溶液、无水硫酸钠、浓盐酸、蒸馏水、冰。

【实验步骤】

1. 合成

在100mL圆底烧瓶中依次加入12.0g NaOH和40mL水，冷却至室温后，在不断搅拌下，分批将13.0mL对甲氧基苯甲醛加入到烧瓶中，加入2～3粒沸石（图4-13-1）。回流反应直至蜡状物全部溶解，反应溶液基本透明（此过程大概需要半小时），之后再加热10min，停止加热。

待反应液稍冷后，向其中加入20mL水，冷却至室温后再逐滴加入浓盐酸直至溶液pH=10左右，浓盐酸的体积约20mL（此步骤的目的是中和掉溶液中残留的

NaOH，避免下一步萃取时浓碱伤害到学生。但要确保pH≥10，防止部分对甲氧基苯甲酸钠转变为对甲氧基苯甲酸）。将上述溶液用40mL乙酸乙酯分3次萃取，将乙酸乙酯萃取过的水溶液保存好。

合并乙酸乙酯萃取液，依次用20mL饱和亚硫酸氢钠溶液、20mL饱和碳酸钠溶液和20mL冷水洗涤。分离出乙酸乙酯层，用无水硫酸钠干燥。

干燥后的乙酸乙酯溶液经常压过滤后，滤液引入100mL圆底烧瓶中，加入沸石，搭建常压蒸馏装置，回收乙酸乙酯。乙酸乙酯回收完毕后，改用空气冷凝管继续加热，常压蒸馏收集198～204℃的馏分，得到纯对甲氧基苯甲醇为无色液体。也可利用旋转蒸发仪减压蒸馏（或常压蒸馏）回收乙酸乙酯后得到对甲氧基苯甲醇粗产物，可通过TLC粗略确定纯度。

将乙酸乙酯萃取过的水溶液，在不断搅拌下慢慢滴加浓盐酸至pH=1。冰水浴充分冷却使对甲氧基苯甲酸完全析出，抽滤，用少量冷水洗涤，尽量抽干水分，取出粗产物。粗产品可用水重结晶得到纯对甲氧基苯甲酸。

2. 产品鉴定

（1）测定纯品对甲氧基苯甲醇的折射率，与文献值 $n_D^{20}=1.5442$ 比较。

（2）使用薄层色谱法检测产物，与标准品对照。

（3）用 KBr 涂片法或压片法测定纯品对甲氧基苯甲醇和对甲氧基苯甲酸的红外光谱，与文献的标准图谱进行比较，并对主要特征吸收峰进行归属和指认。

对甲氧基苯甲醇的标准红外光谱如图 4-13-2：

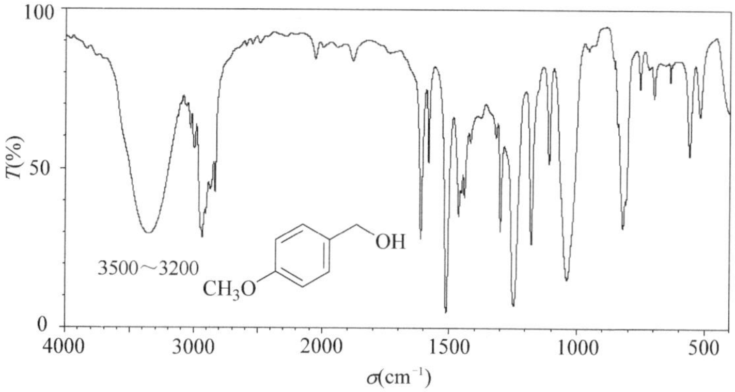

图 4-13-2　对甲氧基苯甲醇的标准红外光谱

对甲氧基苯甲酸的标准红外光谱如图 4-13-3 所示：

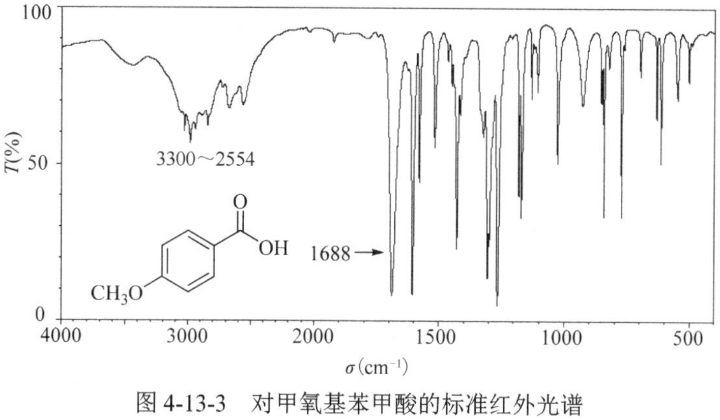

图 4-13-3　对甲氧基苯甲酸的标准红外光谱

【实验结果和数据处理】

数据记录于表 4-13-1。

表 4-13-1 对甲氧基苯甲酸与对甲氧基苯甲醇的制备

产品	精制后（g）	产率（%）	折射率或熔点（℃）	展开剂/比移值
对甲氧基苯甲酸				
对甲氧基苯甲醇				

【注意事项】

1. 由于是两相反应，所以充分搅拌（或振摇）是反应成功的关键。
2. 酸化时一定要充分，使对甲氧基苯甲酸完全析出。

【思考题】

1. 对甲氧基苯甲醛长期放置后含有什么杂质？如果实验前不除去，对本实验会有什么影响？

2. 用饱和亚硫酸氢钠溶液和饱和碳酸钠溶液洗涤乙酸乙酯萃取液的目的分别是什么？

（周西斌）

实验十四 苯甲酸的制备

【实验目的】

1. 掌握用甲苯氧化制备苯甲酸的原理及方法。
2. 熟悉热滤、抽滤、回流、重结晶等操作技能。

【实验原理】

芳香烃的芳环比较稳定，难以被氧化，但含α-H 的芳烃（这里指的是烷基苯）可以被氧化成羧酸，常用的氧化剂为硝酸、重铬酸钾、硫酸、高锰酸钾、过氧化氢或过氧乙酸等。本实验以甲苯为原料，通过侧链氧化制备苯甲酸，选择的氧化剂为高锰酸钾。反应方程式如下：

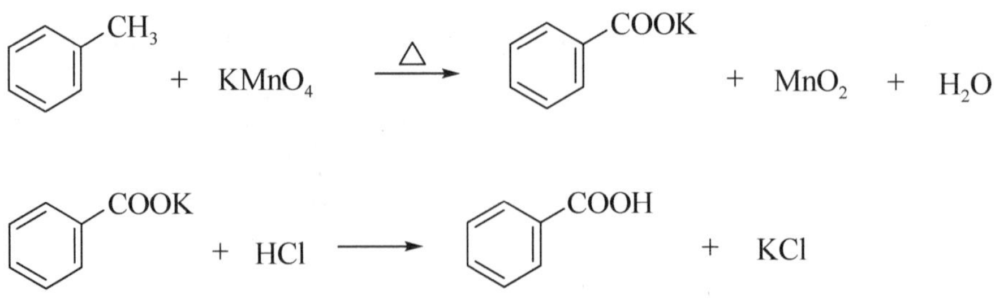

由于甲苯不溶于高锰酸钾水溶液，故该反应为两相反应，因此反应需要较高温度和较长时间，所以反应采用了加热回流装置。如果同时采用机械搅拌或在反应中加入相转移催化剂则可能缩短反应时间。

【实验仪器与试剂】

1. 仪器 铁架台（铁夹）、圆底烧瓶（250mL）、球形冷凝管、布氏漏斗、吸滤瓶、烧杯、滤纸、量筒。

2. 试剂 甲苯、高锰酸钾、浓盐酸、亚硫酸氢钠、刚果红试纸。

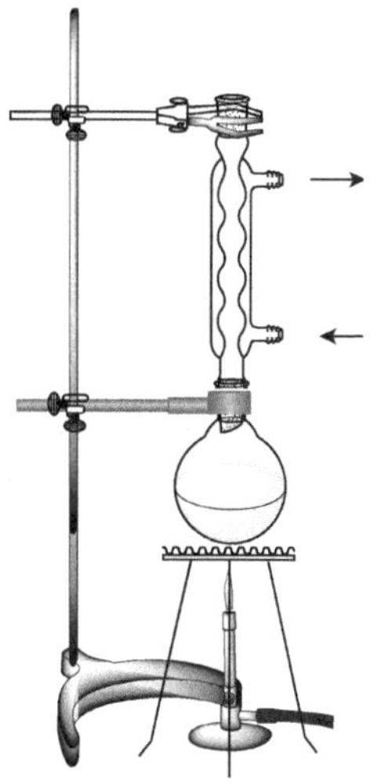
图 4-14-1 苯甲酸的制备装置

【实验步骤】

1. 合成 在 250mL 圆底烧瓶中放入 7.0g 高锰酸钾和 110mL 水，摇匀后加入 3.0mL 甲苯，2～3 粒沸石。连上回流冷凝管（图 4-14-1），在石棉网上加热至沸腾，保持回流 1h 左右。加热过程中要间歇摇动烧瓶，以防止暴沸。

2. 分离提纯 反应结束后，将反应混合物趁热减压过滤，用少量热水洗涤滤渣二氧化锰。合并滤液和洗涤液于 200mL 烧杯中，然后用浓盐酸酸化至刚果红试纸呈明显的蓝色，此时应有苯甲酸晶体析出，如果溶液仍呈紫色或棕色，可加入少量亚硫酸氢钠固体使颜色褪去（注意溶液呈无色时，要检验溶液的 pH，一定要使溶液呈酸性，否则苯甲酸会成盐而溶于水），然后放在冰水浴中冷却，至苯甲酸全部析出。将析出的苯甲酸减压过滤，用少量冷水洗涤，尽量抽干水分，自然干燥，称量并计算产率。若要得到纯净产物，可在水中进行重结晶，必要时可以用活性炭脱色，干燥，得到的苯甲酸为无色针状晶体。

3. 产品鉴定

（1）测定纯品苯甲酸的熔点，与文献值 121～122℃比较。

（2）使用薄层色谱法检测产物，与标准品对照。

（3）用 KBr 压片法测定纯品苯甲酸的红外光谱，与文献的标准图谱进行比较，并对主要特征吸收峰进行归属和指认。

苯甲酸标准红外光谱如图 4-14-2：

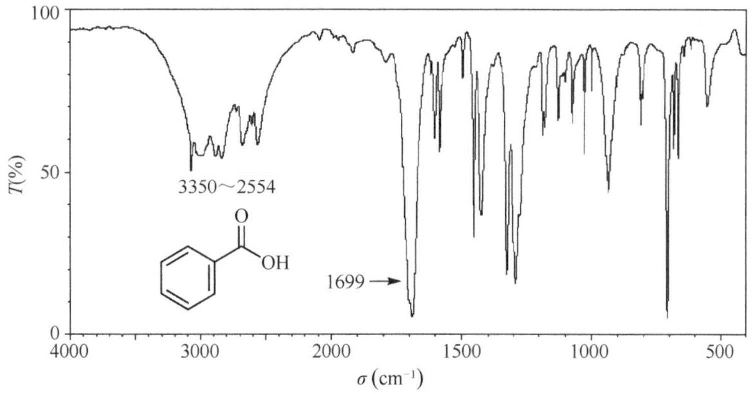

图 4-14-2 苯甲酸标准红外光谱

【实验结果和数据处理】

数据记录于表 4-14-1。

表 4-14-1 苯甲酸的制备

产品	精制后（g）	产率（%）	熔点（℃）	展开剂/比移值
苯甲酸				

【注意事项】

1. 回流时温度不要太高，否则甲苯处于气态，影响产率。
2. 刚果红试纸适用酸性物质的指示剂。
3. 苯甲酸在水中的溶解度为 4℃，1.80 g · L^{-1}；18℃，2.70 g · L^{-1}；75℃，22.0 g · L^{-1}。

【思考题】

1. 在氧化反应中，影响苯甲酸产率的主要因素是哪些？
2. 反应完毕后，如果滤液呈紫色，为什么要加亚硫酸氢钠？
3. 加入亚硫酸氢钠后，溶液已经无色透明，但无苯甲酸沉淀析出，估计是什么原因？

（贾云宏）

实验十五　乙酸乙酯的制备

【实验目的】

1. 掌握酯化反应原理，掌握乙酸乙酯的制备方法。
2. 熟悉液体有机物的干燥，掌握分液漏斗的使用方法。
3. 熟悉在可逆反应中使平衡正向移动的原理。

【实验原理】

乙酸乙酯又称醋酸乙酯。纯净的乙酸乙酯是无色透明具有刺激性气味的液体，是一种用途广泛的精细化工产品。

乙酸乙酯的合成方法很多，例如：可由乙酸或其衍生物与乙醇反应制取，也可由乙酸钠与卤乙烷反应来合成等。其中最常用的方法是在酸催化下由乙酸和乙醇直接酯化法。常用浓硫酸、氯化氢、对甲苯磺酸或强酸性阳离子交换树脂等作催化剂。若用浓硫酸作催化剂，其用量是醇的 3%即可，但为了能除去反应中生成的水，应使浓硫酸的用量再稍多一些。其反应为：

$$CH_3\overset{\overset{\displaystyle O}{\|}}{C}—OH + CH_3CH_2OH \underset{\text{回流}}{\overset{H_2SO_4}{\rightleftharpoons}} CH_3\overset{\overset{\displaystyle O}{\|}}{C}—OCH_2CH_3 + H_2O$$

为了获得较高产率的酯，通常采用增加酸或醇的用量以及不断移除产物中的水或酯的方法来达到高产率的目的。本实验使用过量乙醇来增加酯的产率。本实验为进一步提高乙酸乙酯的含量，还向体系中加入少量乙酸酐，一方面可作为吸水剂，另一方面乙酸酐也可与乙醇反应生成乙酸乙酯。

产物乙酸乙酯中混有的冰醋酸、乙醇和硫酸，可依次加水和饱和碳酸钠溶液除去。

【实验仪器与试剂】

1. 仪器　圆底烧瓶（250mL）、球形冷凝管、分液漏斗（100mL）、量筒、温度计（100℃）、锥形瓶（50 mL）。

2. 试剂　无水乙醇、冰醋酸、乙酸酐、98%硫酸、饱和碳酸钠溶液、饱和氯化钠溶液、无水硫酸镁。

【实验步骤】

1. 合成　在干燥的 250mL 圆底烧瓶中加入 25mL 无水乙醇、15mL 冰醋酸、2mL 乙酸酐和 1mL 浓硫酸，混匀后放入 2～3 粒沸石。装上球形冷凝管，如图 4-15-1 所示。在石棉网上回流反应 1h。

停止加热，待混合物冷却到室温后拆除回流装置。将烧瓶中的反应液倒入装有 30mL 饱和氯化钠溶液的分液漏斗中，用 5mL 饱和氯化钠溶液淋洗烧瓶内壁，洗涤液并入分液漏斗。充分振摇，接通大气静置，待分界面清晰后，弃去下层水相。酯层移入烧杯中，边搅拌边向烧杯中缓慢滴加饱和碳酸钠溶液，直至无 CO_2 气体逸出为止。再次分液后，弃去下层水相，酯层经分液漏斗上口倒入干燥的 50mL 锥形瓶中，加入 1g 无水硫酸镁干燥直到液体澄清为止。

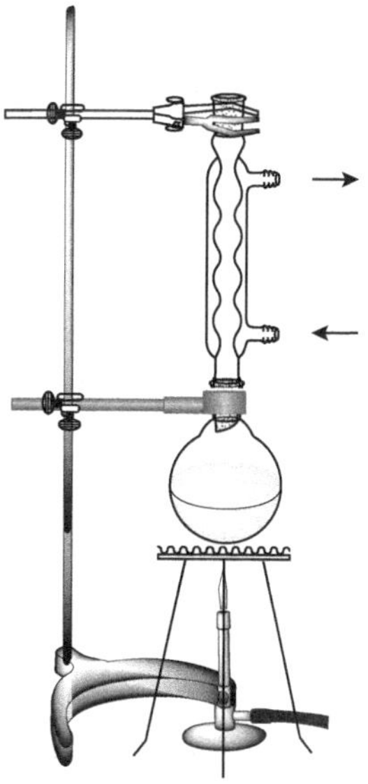

图 4-15-1　乙酸乙酯的制备装置

2. 产品鉴定　测定产品乙酸乙酯的折射率，与文献值比较。

乙酸乙酯的沸点 77.15℃，折射率 $n_D^{20}=1.3722$。

【实验结果和数据处理】

数据记录于表 4-15-1。

表 4-15-1　乙酸乙酯的制备

产品	精制后（g）	产率（%）	折射率
乙酸乙酯			

【注意事项】

1. 回流酯化时，要缓慢均匀加热，以防止碳化。
2. 在 20℃时，乙酸乙酯在水中的溶解度为 8.6 g · L^{-1}，在此用饱和氯化钠溶液洗涤，可降低酯在水中的溶解度，减少酯的损失。

【思考题】

1. 酯化反应有什么特点，本实验如何创造条件使酯化反应尽量向生成物方向进行？
2. 浓硫酸的作用是什么？加入浓硫酸的量是多少？
3. 如果采用醋酸过量是否可以，为什么？
4. 实验中用饱和氯化钠溶液洗涤，是否可用水代替？
5. 实验中，怎样检验酯层不显酸性？
6. 能否用浓氢氧化钠溶液代替饱和碳酸钠溶液来洗涤蒸馏液？

（于秋泓）

实验十六　苯甲酸乙酯的制备

【实验目的】

1. 掌握苯甲酸乙酯的合成方法和反应机理。

2. 熟悉分水器的原理与使用方法，了解三元共沸物除水的原理。

【实验原理】

苯甲酸乙酯又名安息香酸乙酯，为无色或淡黄色液体，有较强的冬青油和水果香气，天然品存在于桃子、菠萝等水果中。常用于配制香水、香精和人造精油。我国将其规定为允许使用的食用香料，在软饮料、冰淇淋、胶姆糖、焙烤类食品及酒类等食品工业中广泛应用。

羧酸酯一般都是由羧酸和醇在少量浓硫酸催化下作用制得，或采用酰氯、酸酐发生醇解反应，有时也可以利用羧酸盐与卤代烷或硫酸酯反应来制备。苯甲酸乙酯可用苯甲酸、无水乙醇在酸的催化作用下反应而制得，反应方程式如下所示：

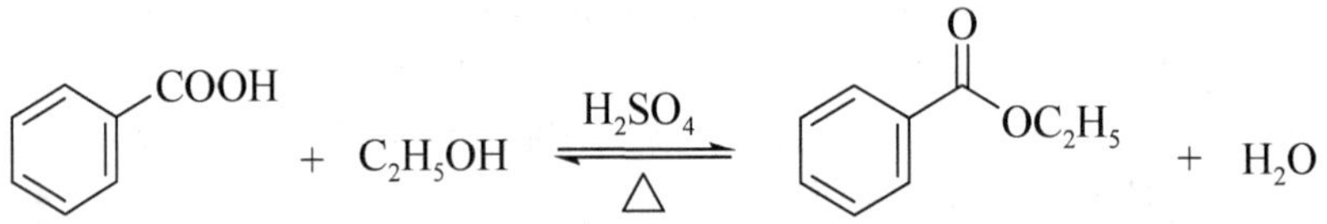

浓硫酸在反应过程中作为催化剂，使羰基质子化，从而提高羰基的反应活性，使这个可逆反应较快地达到平衡，除了浓硫酸以外，还可采用干燥的氯化氢、有机强酸或阳离子交换树脂等作为催化剂。在反应过程中羧酸酯较易水解成羧酸和醇，因此在平衡时一般只有 2/3 的酸和醇转变为酯。为了获得较高产率的羧酸酯，通常采用增加酸或醇的用量及不断地移去产物酯或水的方法来进行酯化反应。

除去酯化反应中生成的水，一般借助于形成低沸点共沸物来进行。在制备苯甲酸乙酯时，因为这个酯的沸点较高（212.6℃），很难蒸出，可采用加入环己烷的方法，将环己烷-乙醇-水组成的三元共沸物（沸点 62.1℃）蒸出反应体系，以除去反应中生成的水，使产率有所提高。

【实验仪器与试剂】

1. 仪器 圆底烧瓶（250mL）、温度计、球形冷凝管、分水器、常压蒸馏装置、分液漏斗、烧杯、量筒。

2. 试剂 苯甲酸、无水乙醇、浓硫酸、饱和碳酸钠溶液、环己烷、无水硫酸钠。

【实验步骤】

1. 合成 在 250mL 圆底烧瓶中加入 3.0g 苯甲酸、20 mL 无水乙醇（过量）、20mL 环己烷，以及 2mL98%浓硫酸，再加入 2～3 粒沸石。从分水器上端小心加无水乙醇至分水器支管处，再从下端活塞处放掉 3mL，再按图 4-16-1 所示装好仪器。加热回流反应过程中，待看不到分水器中水珠穿行现象时，停止加热（约 1.5h）。反应过程中环己烷-乙醇-水会形成三元共沸物蒸馏出反应体系，再利用分水器不断分离除去反应生成的水，回流环己烷和乙醇。

反应结束，关闭煤气灯等火源，打开旋塞放出分水器中液体后，关闭旋塞。继续加热，至分水器中收集到的液体不再明显增加，停止加热。

将烧瓶内反应液倒入盛有 100mL 水的烧杯中，分批加入饱和碳酸钠溶液搅拌至无 CO_2 气体产生，用 pH 试纸检验溶液呈中性。

用分液漏斗分出有机层，用冷水（20mL×2）洗有机层两次。有机层中加入无水 Na_2SO_4 干燥，常压滤除干燥剂后，得苯甲酸乙酯粗品，可通过 TLC 粗略确定纯度。

对粗产物进行油浴加热常压蒸馏（图 4-16-2），收集 208～210℃的馏分。

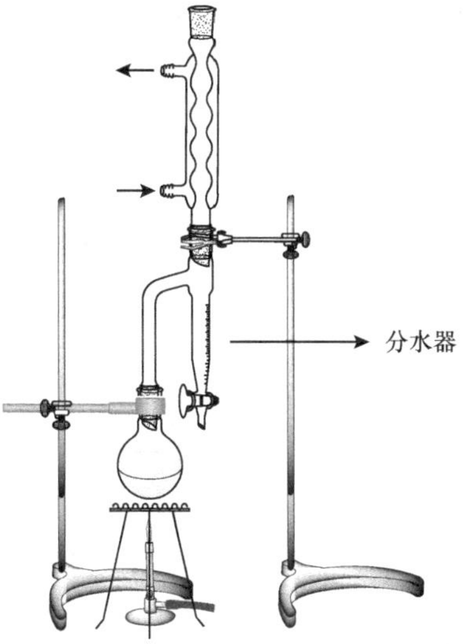

图 4-16-1　苯甲酸乙酯的制备装置

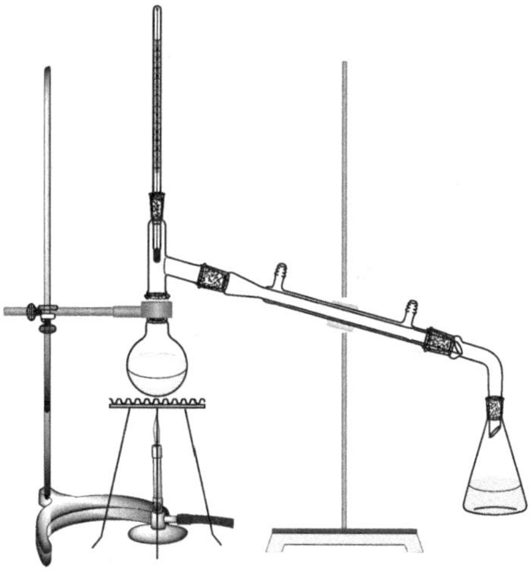

图 4-16-2　蒸馏装置

2. 产品鉴定

（1）测定纯品苯甲酸乙酯的折射率，与文献值 $n_D^{20}=1.5052$ 比较。

（2）使用薄层色谱法（TLC）检测产物，与标准品对照。

（3）用 KBr 涂片法测定纯品苯甲酸乙酯的红外光谱，与文献的标准图谱进行比较，并对主要特征吸收峰进行归属和指认。

苯甲酸乙酯标准红外光谱如图 4-16-3：

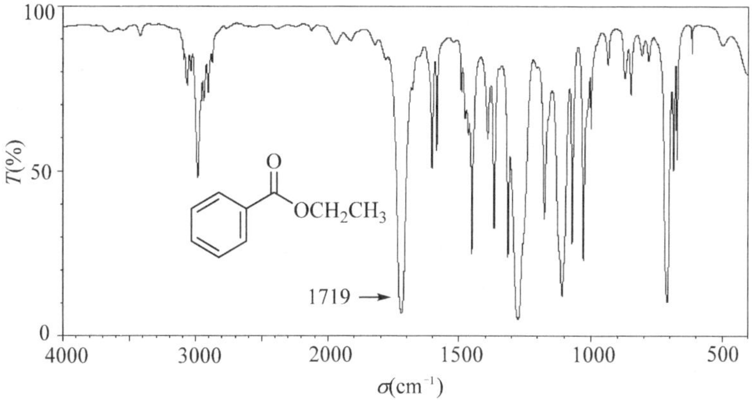

图 4-16-3　苯甲酸乙酯标准红外光谱

【实验结果和数据处理】

数据记录于表 4-16-1。

表 4-16-1　苯甲酸乙酯的制备

产品	精制后（g）	产率（%）	折射率	展开剂/比移值
苯甲酸乙酯				

【注意事项】

1. 回流速度过快易形成液泛。

2. 环己烷-乙醇-水三元共沸物的共沸点为62.6℃，其中含水4.8%、乙醇19.7%、环己烷75.5%。分水器中出现上、中、下三层，上层溶液中环己烷所占比例较高，再流回反应体系，下层液体中水所占比例较高，放出下层液体即可除去反应生成的水，使平衡向正方向移动。生成的水经较长时间静置可见分层。

3. 多余的环己烷和乙醇充满分水器时，可由活塞放出，操作时熄灭煤气灯等火源。

4. 加碳酸钠是为了除去硫酸和未作用的苯甲酸，要研细后分批加入。否则，反应过于剧烈，会产生大量泡沫而使液体溢出。

【思考题】

1. 本实验应用什么措施来提高可逆反应的产率？
2. 反应过程中浓硫酸的作用是什么？

（蔡　东）

实验十七　乙酸异戊酯的制备

【实验目的】

1. 掌握酯化反应原理，掌握乙酸异戊酯的制备方法。
2. 熟悉液体有机物的干燥，掌握分液漏斗的使用方法。

【实验原理】

乙酸异戊酯为无色透明液体，是一种香精，因具有香蕉气味，又称为香蕉油。实验室通常采用冰醋酸和异戊醇在浓硫酸的催化下发生酯化反应来制取。反应式如下：

$$CH_3COOH + \underset{\displaystyle CH_3}{CH_3\underset{|}{C}HCH_2CH_2OH} \xrightleftharpoons[\triangle]{H_2SO_4} CH_3\overset{\displaystyle O}{\overset{\|}{C}}-OCH_2CH_2\underset{\displaystyle CH_3}{\underset{|}{C}}HCH_3 + H_2O$$

由于酯化反应是可逆过程，且平衡不利于酯的生成，本实验加入过量冰醋酸以提高酯的产率，因为它的价格比较便宜而且反应后容易除去。

产物乙酸异戊酯中混有的冰醋酸、异戊醇和硫酸，可依次加水和饱和碳酸钠溶液除去。副产物醚类和其他少量杂质经蒸馏可以除去。

【实验仪器与试剂】

1. 仪器　圆底烧瓶（250mL）、球形冷凝管、常压蒸馏装置、分液漏斗、量筒（20mL）、温度计（200℃）、锥形瓶（50mL）。

2. 试剂　异戊醇、冰醋酸、98%硫酸、饱和碳酸钠溶液、饱和氯化钠溶液、无水硫酸镁。

【实验步骤】

1. 合成　在干燥的圆底烧瓶中加入9mL异戊醇、15mL冰醋酸和2mL浓硫酸，混匀后放入2～3粒沸石。装上球形冷凝管（图4-17-1），在石棉网上回流1h。

停止加热，待混合物冷却到室温后拆除回流装置。将烧瓶中的反应液倒入装有30mL饱和氯化钠溶液的分液漏斗中，用5mL饱和氯化钠溶液淋洗烧瓶内壁，洗涤液并入分液漏斗。充分振摇，接通大气静置，待分界面清晰后，下层为水，分去水层。然后用15mL饱和碳酸钠溶液分两次洗涤酯层。用pH试纸检验是否为酸性，如仍为酸性，继续用饱和碳酸钠溶液洗涤，直至呈碱性为止。弃去水层。

酯层由分液漏斗上口倒入干燥的 50mL 锥形瓶中，加入 1g 粒状无水硫酸镁干燥，直到液体澄清为止。

安装一套常压蒸馏装置。将干燥好的粗品小心滤入干燥的圆底烧瓶中，放入 2～3 粒沸石，加热常压蒸馏（图 4-17-2）。收集 138～142℃馏分，量取体积并计算产率。

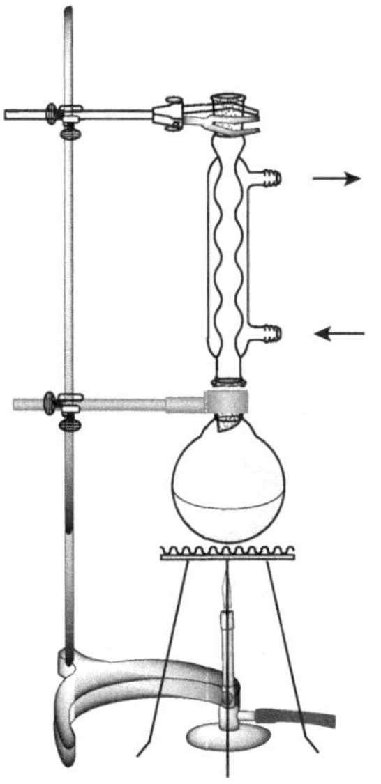

图 4-17-1　乙酸异戊酯的制备装置

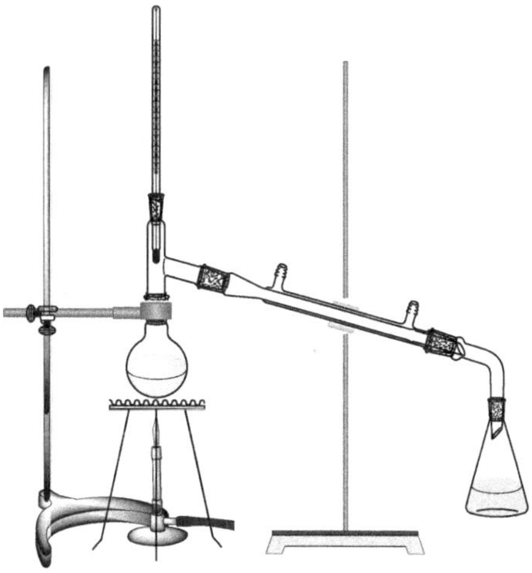

图 4-17-2　蒸馏装置

2. 产品鉴定　测定产品乙酸异戊酯的折射率，与文献值比较。

乙酸异戊酯的沸点 142℃，折射率 $n_D^{20}=1.4003$。

【实验结果和数据处理】

数据记录于表 4-17-1。

表 4-17-1　乙酸异戊酯的制备

产品	精制后（g）	产率（%）	折射率
乙酸异戊酯			

【注意事项】

1. 加浓硫酸时，要分批加入，并在冷却下充分振摇，以防止异戊醇被氧化。
2. 回流酯化时，要缓慢均匀加热，以防止碳化。
3. 碱洗时放出大量热并有二氧化碳产生，因此洗涤时要不断放气，防止分液漏斗内的液体冲出来。
4. 用饱和氯化钠溶液洗涤，可降低酯在水中的溶解度，减少酯的损失。
5. 最后蒸馏时仪器要干燥，不得将干燥剂倒入蒸馏瓶内。

【思考题】

1. 酯化反应制得的粗品中含有哪些杂质？是如何除去的？洗涤时能否先碱洗再水洗？
2. 本实验根据什么原理来提高乙酸异戊酯的产率，浓硫酸有什么作用？

（于秋泓）

实验十八　乙酰水杨酸（阿司匹林）的制备

【实验目的】

1. 掌握用乙酸酐作酰基化试剂制备乙酰水杨酸的方法。
2. 熟悉重结晶，熔点测定，抽滤等基本操作。
3. 了解乙酰水杨酸的应用价值。

【实验原理】

乙酰水杨酸通常称为阿司匹林（aspirin），是一种历史悠久的解热镇痛药，可缓解轻度或中度的疼痛，也用于感冒、流感等退热。另有抗炎、抗风湿等作用。阿司匹林一般由水杨酸（邻羟基苯甲酸）与乙酸酐进行酯化反应而制得。

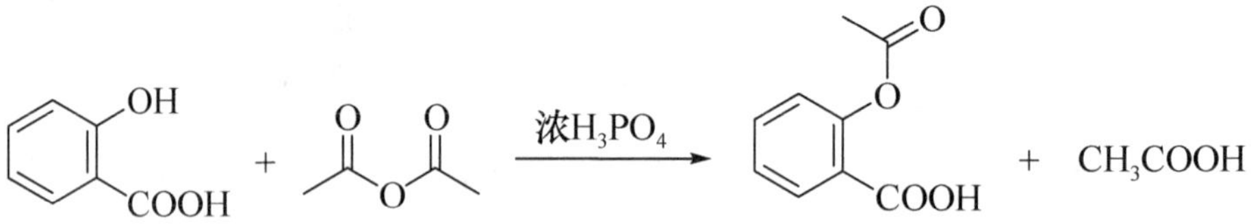

水杨酸是一种具有双官能团的化合物，一个是酚羟基，一个是羧基，羧基和羟基都可以发生酯化，还可以形成分子内氢键，阻碍酰化和酯化反应的发生，加入浓磷酸除起催化作用外，还可以破坏分子内氢键，以利于反应的进行。

产物乙酰水杨酸中是否含有未转化的原料水杨酸，则可以通过三氯化铁显色反应进行检测，由于酚羟基可以与三氯化铁溶液反应产生紫色的溶液，而乙酰水杨酸与三氯化铁水溶液混合不会呈现紫色。

【实验仪器与试剂】

1. 仪器　锥形瓶（50mL）、温度计（100℃）、量筒（10mL）、布氏漏斗、玻璃漏斗、蒸发皿。

2. 试剂　水杨酸、乙酸酐、饱和碳酸氢钠溶液、1%三氯化铁溶液、浓盐酸、浓磷酸。

【实验步骤】

1. 合成　将 2.0g 的水杨酸、1mL 浓磷酸和 5.0 mL 的乙酸酐置于干燥的 50mL 锥形瓶中，混合均匀后，立即在 80～85℃水浴中加热 8～10min，并不停地振摇。反应结束后取出锥形瓶冷却至室温，加入 50mL 水，将混合物置于冰水浴中冷却约 10min，使结晶完全。减压过滤，用少许冷水淋洗锥形瓶，直至所有固体被转移到漏斗中。用少许冷水洗涤滤饼，继续减压过滤将溶剂尽量抽干，即得粗品乙酰水杨酸。

2. 精制　将粗产品放入烧杯中，不断搅拌下加入 25mL 饱和 $NaHCO_3$ 溶液，继续搅拌至无气泡冒出为止。常压过滤，并用 5～10mL 水冲洗漏斗。合并后的滤液倒入预先装有 5mL 浓盐酸和 10mL 水的烧杯中，搅拌均匀，用 pH 试纸检验溶液呈酸性（如酸性强度不够，继续向溶液中滴加浓盐酸，直至 pH 试纸变红），即有乙酰水杨酸晶体析出，将烧杯放在冰水浴中使结晶析出完全，减压过滤，用少许冷水洗涤两次，尽量抽干，将产品移至蒸发皿上于 50℃烘箱烘干，称重并计算产率。

3. 产品鉴定与质量检验

（1）取少量精制乙酰水杨酸放入小试管中，加入适量水溶解，加 1～2 滴 1% $FeCl_3$ 溶液，观察现象。若产品中夹杂有少量未反应的水杨酸，则与 $FeCl_3$ 溶液显蓝紫色。

（2）测熔点，文献报道乙酰水杨酸的熔点为 134～136℃。

【实验结果和数据处理】

数据记录于表 4-18-1。

表 4-18-1　乙酰水杨酸的制备

产品	精制后（g）	产率（%）	熔点（℃）	纯度（描述）
阿司匹林				

【注意事项】

1. 仪器使用前需经干燥，乙酸酐要使用新蒸馏的。
2. 本实验中要注意控制好水浴温度（水温 90℃以下）。
3. 乙酰水杨酸易受热分解，因此熔点很不明显，它的分解温度一般为 128～136℃。测定熔点时，应先将载体加热至 120℃左右，然后放入样品测定。

【思考题】

1. 为什么选用的锥形瓶一定是干燥的？
2. 水杨酸与乙酸酐的反应过程中，浓磷酸的作用是什么？
3. 为什么将反应温度控制在 80～85℃？
4. 能否用冰醋酸或乙酰氯作乙酰化试剂？选用乙酸酐有什么好处？
5. 本实验选什么试剂检验产品的纯度？

（岳京立）

实验十九　*N*-(4-乙氧基苯基)乙酰胺的制备

【实验目的】

1. 了解 *N*-(4-乙氧基苯基)乙酰胺的性状、特点和化学性质。
2. 掌握酰化反应的原理和酰化剂的选择。

【实验原理】

N-(4-乙氧基苯基)乙酰胺（又名非那西丁）有显著的解热镇痛的效果，曾广泛用于治疗关节痛、神经痛、头痛、发热感冒等。然而，长期大剂量服用，可能会对肾脏、血红蛋白及视网膜产生损害。现在，非那西丁主要是与其他药物组成复方制剂使用，如复方阿司匹林等。

以对乙氧基苯胺和冰醋酸经酰化反应即可制得 *N*-(4-乙氧基苯基)乙酰胺。其反应方程式为：

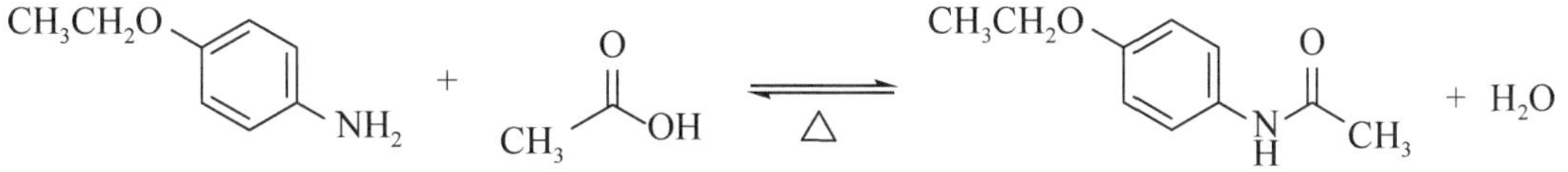

胺的酰化反应在有机合成中有着重要的作用。取代的苯胺与乙酰基化试剂如冰醋酸、乙酸酐、乙酰氯等反应均可制得取代的乙酰苯胺。取代的苯胺与乙酰氯反应速度最快，乙酸酐次之，冰醋酸最慢。但冰醋酸价格便宜，操作方便，为常用乙酰基化试剂。

【实验仪器与试剂】

1. 仪器　圆底烧瓶（100mL）、温度计（150℃）、吸滤瓶、布氏漏斗、量筒、烧杯、

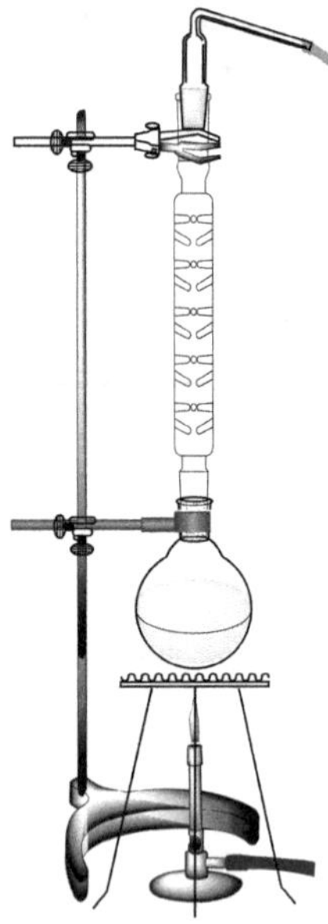

图 4-19-1　*N*-(4-乙氧基苯基)乙酰胺的制备装置

韦氏分馏柱。

2. 试剂　对乙氧基苯胺、乙酸酐、活性炭。

【实验步骤】

1. 合成　在 100mL 圆底烧瓶中，依次放入 6mL 对乙氧基苯胺，10mL 冰醋酸和 2～3 粒沸石。在圆底烧瓶上安装韦氏分馏柱和简易气体回收装置，如图 4-19-1 所示。用小火加热回流，注意调节火焰，使反应混合物保持沸腾，并使回流液体前沿上升至韦氏分馏柱上端 2/3 处，这样可以使反应混合物保持沸腾，还可以使反应生成的水从韦氏分馏柱上端逸出，使平衡向右移动，提高产率。

回流 40～60min 后，停止加热，将反应物趁热以细流慢慢倒入盛有 100mL 冷水的烧杯中，注意要把反应物尽量倒净，再用少许冷水洗涤圆底烧瓶，将反应物转移到烧杯中。用玻璃棒剧烈搅拌烧杯中混合物，然后用冰水浴冷却烧杯，待结晶完全析出后，减压抽滤，用 2～3mL 冷水洗涤 1～2 次，使固体无酸味。抽干，得粗品 *N*-(4-乙氧基苯基)乙酰胺。

2. 精制　在 150mL 烧杯中加入 *N*-(4-乙氧基苯基)乙酰胺粗品 1.0g 和 80mL 的水加热至沸腾，使之溶解，如仍有未溶解的油珠，可适量补加热水，至油珠全溶。稍冷后，加入约 1.0 g 活性炭（约半药匙），再加热至沸腾，煮沸后搅拌 5min，趁热抽滤，将滤液用冰水冷却后，可析出 *N*-(4-乙氧基苯基)乙酰胺的白色结晶。抽滤，用 2～3mL 冷水洗涤 1 次，将产品转移至干净的表面皿里中，在 100℃以下的烘箱中烘干，得 *N*-(4-乙氧基苯基)乙酰胺纯品，称量并计算产率，测定熔点。

3. 产品鉴定

（1）测定纯品 *N*-(4-乙氧基苯基)乙酰胺的熔点，与文献值 137～138℃比较。

（2）使用薄层色谱法检测产物，与标准品对照。

（3）用 KBr 压片法测定纯品 *N*-(4-乙氧基苯基)乙酰胺的红外光谱，与文献的标准图谱进行比较，并对主要特征吸收峰进行归属和指认。

N-(4-乙氧基苯基)乙酰胺标准红外光谱如图 4-19-2：

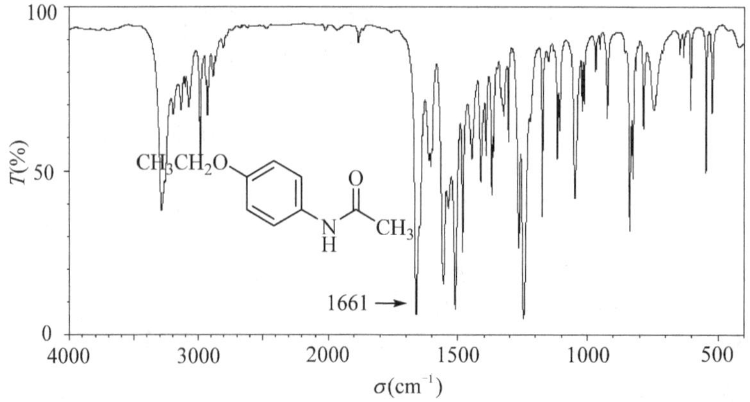

图 4-19-2　*N*-(4-乙氧基苯基)乙酰胺标准红外光谱

【实验结果和数据处理】

数据记录于表 4-19-1。

表 4-19-1 *N*-(4-乙氧基苯基)乙酰胺的制备

产品	精制后（g）	产率（%）	熔点（℃）	展开剂/比移值
N-(4-乙氧基苯基)乙酰胺				

【注意事项】

1. 纯品 *N*-(4-乙氧基苯基)乙酰胺在沸水中溶解度为 12.2 g · L^{-1}，在冷水中的溶解度为 0.76 g · L^{-1}。

2. 溶液稍冷后再加活性炭，否则会引起暴沸致使溶液冲出烧杯。

【思考题】

1. 重结晶提纯的原理是什么？
2. 在合成 *N*-(4-乙氧基苯基)乙酰胺时韦氏分馏柱有什么作用？

（蔡 东）

实验二十 *N,N*-二乙基-3-甲基苯甲酰胺（避蚊胺）的制备

【实验目的】

1. 掌握酰胺类化合物的常用制备方法。
2. 了解 *N,N*-二乙基-3-甲基苯甲酰胺用途。

【实验原理】

N,N-二乙基-3-甲基苯甲酰胺（避蚊胺）为无色、略有悦人香味的液体，几乎不溶于水，易溶于乙醇等有机溶剂。是一种效果好、毒性低的广谱性驱虫剂，对各种害虫均有驱避作用。对眼睛、皮肤无刺激作用，使用安全。

本实验采用 3-甲基苯甲酰氯为原料，与二乙胺进行酰化反应，生成 *N,N*-二乙基-3-甲基苯甲酰胺。反应式如下：

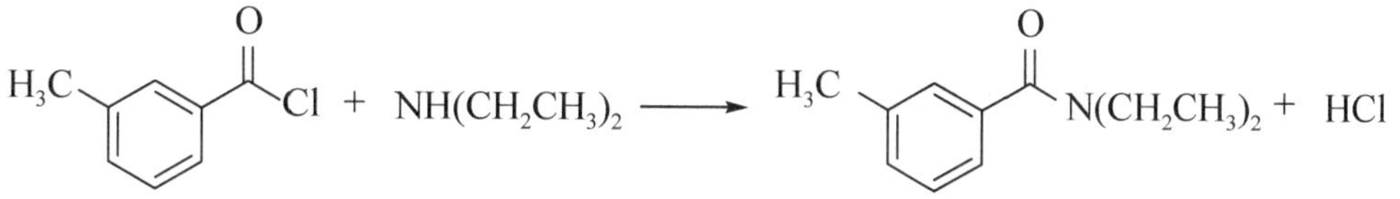

【实验仪器与试剂】

1. 仪器 三颈烧瓶（250mL）、恒压滴液漏斗、干燥管、直形冷凝管、磁力加热搅拌器、蒸馏装置、球形冷凝管、分液漏斗、烧杯、量筒。

2. 试剂 3-甲基苯甲酰氯、二乙胺、二氯甲烷、饱和 Na_2CO_3 溶液、无水氯化钙、无水硫酸钠。

【实验步骤】

1. 合成 250mL 干燥的三颈烧瓶中依次加入 3.0mL 3-甲基苯甲酰氯和 30mL 二氯甲

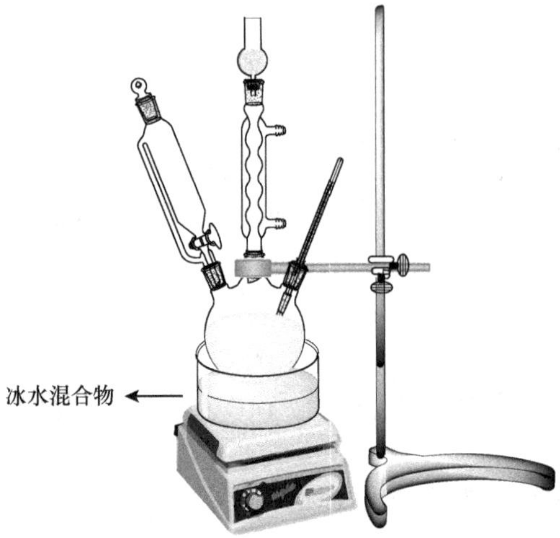

图 4-20-1　避蚊胺的制备装置

烷，并将烧瓶浸于冰水浴中。然后安装回流冷凝管、恒压滴液漏斗、温度计和干燥管，如图 4-20-1。向恒压滴液漏斗中加入 3.0mL 二乙胺和 30mL 二氯甲烷并混匀，然后在不断搅拌下，向烧瓶中慢慢滴加二乙胺的二氯甲烷混合溶液，控制滴加速度，使反应不要太剧烈。当二乙胺加完后（约需 10min），继续在室温下反应 30min。反应结束后向反应烧瓶中加入 20mL 饱和 Na_2CO_3 溶液，搅拌 2min，将混合物移至分液漏斗，弃去水层后，有机层分别用 50mL 蒸馏水洗涤两次，分出的有机层用无水 Na_2SO_4 干燥，减压（或常压）蒸馏除去溶剂，得 *N,N*-二乙基-3-甲基苯甲酰胺粗品。可减压蒸馏或使用柱层析法提纯粗品。

2. 产品鉴定

（1）测定纯品 *N,N*-二乙基-3-甲基苯甲酰胺的折射率，与文献值 n_D^{20}=1.5230 比较。

（2）使用薄层色谱法检测产物，与标准品对照。

（3）用 KBr 涂片法测定纯品 *N, N*-二乙基-3-甲基苯甲酰胺的红外光谱，与文献的标准图谱进行比较，并对主要特征吸收峰进行归属和指认。

N,N-二乙基-3-甲基苯甲酰胺标准红外光谱如图 4-20-2：

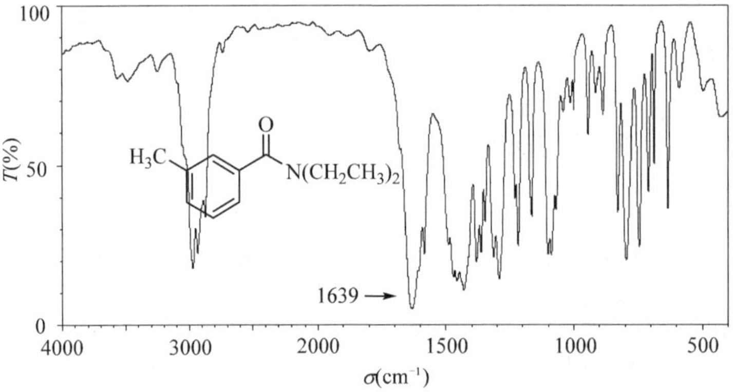

图 4-20-2　*N, N*-二乙基-3-甲基苯甲酰胺标准红外光谱

【实验结果和数据处理】

数据记录于表 4-20-1。

表 4-20-1　*N,N*-二乙基-3-甲基苯甲酰胺的制备

产品	精制后（g）	产率（%）	折射率	展开剂/比移值
避蚊胺				

【注意事项】

间甲基苯甲酰氯为无色透明易燃液体，暴露在空气中即产生发烟现象。有特殊的刺激性臭味。注意不要接触皮肤。

【思考题】

1. 影响本实验合成反应产率的因素有哪些?
2. 实验中如何提高产物的产率?

（蔡　东）

实验二十一　对甲氧基肉桂酸的制备

【实验目的】

1. 通过对甲氧基肉桂酸的制备学习并掌握 Perkin 反应及其基本操作。
2. 掌握水蒸气蒸馏的原理和操作。
3. 掌握固体有机化合物的提纯方法：脱色、重结晶。

【实验原理】

对甲氧基肉桂酸酯类衍生物是紫外线的良好吸收剂，对皮肤无刺激，安全性好，并对油性物料溶解性很好，对皮肤无刺激，是理想的防晒剂，应用非常广泛。对甲氧基肉桂酸是合成此类防晒剂的重要中间体。对甲氧基肉桂酸也可用来合成抗肾上腺素药艾司洛尔。

利用 Perkin 反应，芳香醛与酸酐在碱性催化剂存在下，发生反应得到 β-芳基-α, β-不饱和羟基酸。通常使用与酸酐对应的羧酸盐作催化剂。本实验用碳酸钾代替乙酸钠，可以缩短反应时间，其反应式为：

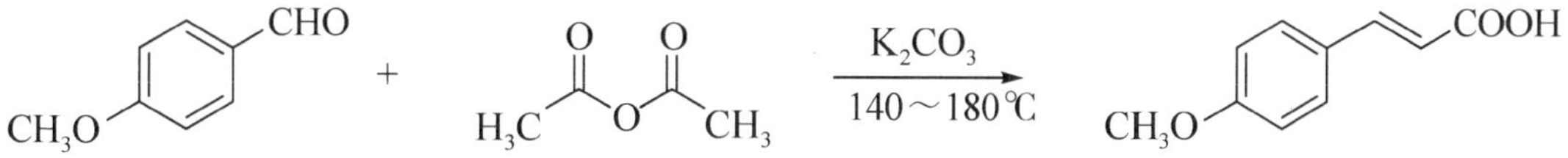

【实验仪器与试剂】

1. 仪器　铁架台（铁夹）、双颈烧瓶（250mL）、三角烧瓶（500mL）、直形冷凝管、球形冷凝管、温度计、烧杯、磁力加热搅拌器、水蒸气蒸馏装置。

2. 试剂　对甲氧基苯甲醛、乙酸酐、碳酸钾、活性炭、浓盐酸。

【实验步骤】

1. 合成　在干燥的250mL双颈烧瓶中依次加入5.0g无水碳酸钾、5mL对甲氧基苯甲醛和10mL乙酸酐，装置如图4-21-1所示。油浴加热回流40min（油浴温度保持在约170℃）。由于有二氧化碳逸出，最初会有泡沫产生。

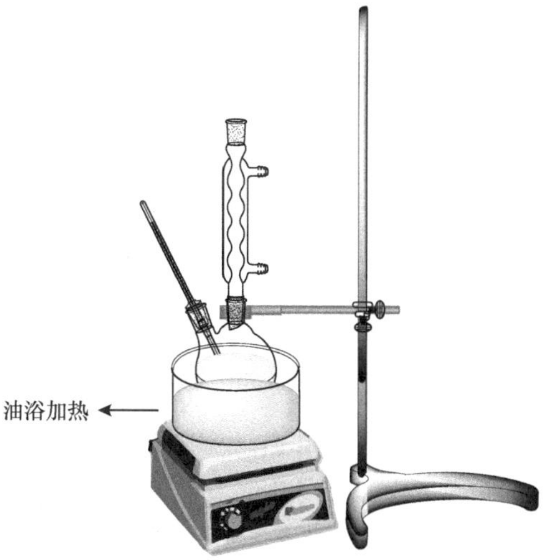

图 4-21-1　对甲氧基肉桂酸的制备装置

2. 精制　反应结束后，将装有反应混合物的烧瓶从油浴中提起，冷却（同时使瓶外壁油脱离）。然后将反应瓶移出油浴，向反应瓶中加入 20mL 水，用玻璃棒轻轻压碎瓶中固体，再分批缓慢加入 10.0g 碳酸钾，搅拌使反应瓶中固体溶解。

然后进行水蒸气蒸馏操作，装置如图 4-21-2 所示。打开冷凝水，旋开 T 形管的螺旋夹，用煤气灯加热水蒸气发生器至沸腾。当有大量水蒸气产生并从 T 形管的支管冲出时，立即旋紧螺旋夹，开始蒸馏。调节蒸气量，控制蒸出液速度，以每秒蒸出 2～3 滴为宜。蒸馏过程中要随时注意观察安全管内水位上升情况，如果发现水位迅速上升，说明蒸馏装置的某一部分发生了堵塞，应立即打开螺旋夹，然后移去热源。排除故障后，方可继续蒸馏，以保证实验的安全性。

水蒸气蒸馏至蒸出液中无油珠为止。冷却后，卸下水蒸气蒸馏装置，向反应瓶中加入约 1.0g 活性炭，再加热沸腾 2～3min。然后将反应瓶中残留液进行热过滤。将滤液转移至 200mL 烧杯中，待滤液冷却至室温后，搅拌，用浓盐酸酸化至刚果红试纸变蓝色，冷却至对甲氧基肉桂酸结晶完全，抽滤，用少量冷水洗涤沉淀，抽滤至干，在 100℃下干燥，称重，计算产率。

3. 产品鉴定

（1）测定纯品对甲氧基肉桂酸的熔点，与文献值 173～175℃比较。

（2）使用薄层色谱法检测产物，与标准品对照。

（3）用 KBr 压片法测定纯品对甲氧基肉桂酸的红外光谱，与文献的标准图谱进行比较，并对主要特征吸收峰进行归属和指认。

对甲氧基肉桂酸的标准红外光谱如图 4-21-3：

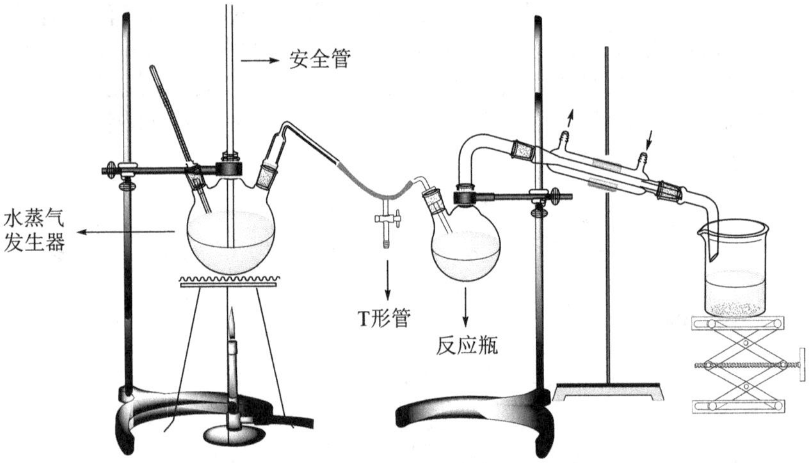

图 4-21-2　水蒸气蒸馏装置

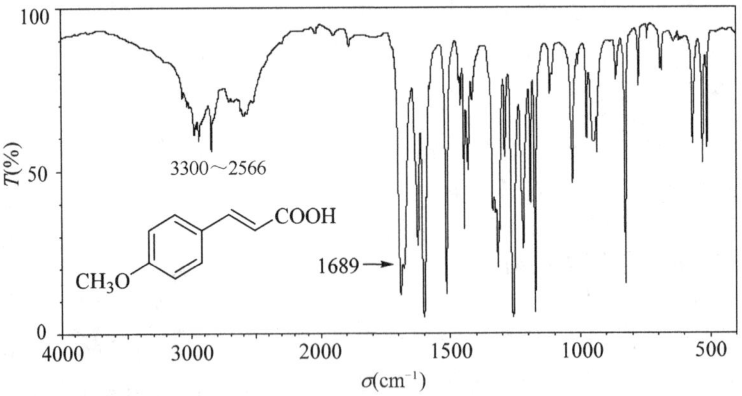

图 4-21-3　对甲氧基肉桂酸的标准红外光谱

【实验结果和数据处理】

数据记录于表 4-21-1。

表 4-21-1 对甲氧基肉桂酸的制备

产品	精制后（g）	产率（%）	熔点（℃）	展开剂/比移值
对甲氧基肉桂酸				

【注意事项】

1. 所用仪器必须是干燥的。因乙酸酐遇水能水解成乙酸，影响反应进行（包括量取对甲氧基苯甲醛和乙酸酐的量筒）。

2. 久置后的对甲氧基苯甲醛易氧化成对甲氧基苯甲酸，这不但影响产率而且对甲氧基苯甲酸混在产物中不易除净，影响产物的纯度，故对甲氧基苯甲醛使用前必须蒸馏提纯。

3. 久置后的乙酸酐易潮解吸水成乙酸，故在实验前必须将乙酸酐重新蒸馏，否则会影响产率。

4. 加热回流，控制反应呈微沸状态，如果反应液激烈沸腾易使乙酸酐蒸出从而影响产率。

5. 在反应温度下长时间加热，对甲氧基肉桂酸易脱羧生成对甲氧基苯乙烯，进而生成苯乙烯低聚物。

6. 进行酸化时要慢慢加入浓盐酸，以免产生大量 CO_2 将产品冲出烧杯，造成产品损失。中和时必须使溶液呈碱性，控制 pH=8 较合适，不能用 NaOH 中和，否则会发生康尼查罗反应。

7. 对甲氧基肉桂酸要结晶彻底，再进行过滤；不能用太多水洗涤产品。

【思考题】

1. 进行水蒸气蒸馏时，蒸汽导入管末端为什么要插入到接近反应瓶底部？

2. 在水蒸气蒸馏过程中，经常要检查什么事项？若安全管中水位上升很高说明什么，如何处理？

（蔡 东）

实验二十二 乙酰二茂铁的制备

【实验目的】

1. 通过乙酰二茂铁的合成，理解 Friedel-Crafts 酰基化反应原理。
2. 掌握柱色谱分离和提纯化合物的原理和操作。
3. 掌握用薄层色谱检测产品纯度的方法。
4. 学会用红外光谱、熔点测定等方法对产物进行表征和确定。

【实验原理】

羧酸及其羧酸衍生物在酸的催化下，对芳香族化合物进行亲电取代反应生成芳香酮的反应称为 Friedel-Crafts 酰基化反应。可以发生 Friedel-Crafts 酰基化反应的芳香族化合物，包含各种电子云密度较高的取代苯环和芳杂环类化合物。一般情况下，发生 Friedel-Crafts

酰基化反应中酰化剂的活性顺序为：酰氯＞酸酐＞羧酸＞酯。

二茂铁是一种新型的夹心过渡金属有机配合物。其茂环具有芳香性，能发生亲电取代反应，可以制备二茂铁的多种衍生物。二茂铁可与乙酸酐反应，制备乙酰二茂铁。反应式如下：

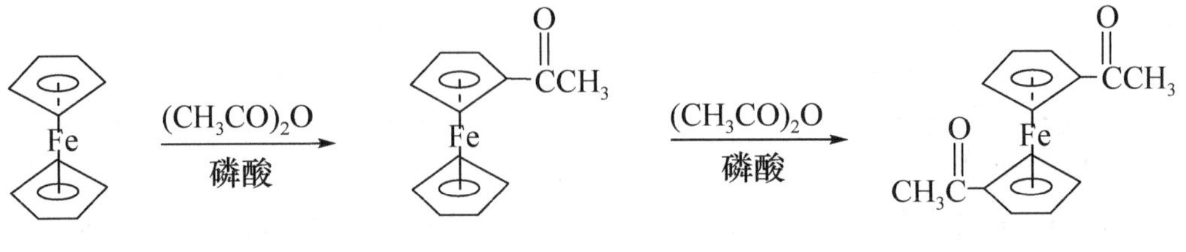

二茂铁　　　　　　　　乙酰二茂铁　　　　　　　　1,1′-二乙酰基二茂铁

有机化合物的红外光谱能提供丰富的结构信息，对于未知样品，通过官能团、顺反异构、取代基位置、氢键结合以及络合物的形成等结构信息可以推测结构。通过与标准谱图比较，可以确定化合物的结构。

【实验仪器与试剂】

1. 仪器　铁架台（铁夹）、圆底烧瓶（100mL）、茄形瓶、球形冷凝管、温度计、烧杯、层析柱、锥形瓶、薄层板、点样毛细管、层析缸、磁力加热搅拌器、旋转蒸发仪、紫外灯、红外光谱仪。

2. 试剂　二茂铁、乙酸酐、浓磷酸、无水氯化钙、碳酸氢钠、乙酸乙酯、石油醚、二氯甲烷、甲醇、硅胶。

【实验步骤】

1. 合成　在干燥的 100mL 圆底烧瓶中，依次加入 1.5g 二茂铁、2mL 浓磷酸和 5mL 乙酸酐。然后安装球形冷凝管，装置如图 4-22-1 所示。60℃水浴中加热搅拌反应 15min 后，将反应混合物倒入盛有约 40mL 冰水混合物的烧杯中，并用 10mL 冷水洗涤烧瓶，将洗涤液并入烧杯。在搅拌下，分批慢慢加入固体碳酸氢钠（约 20g），至溶液呈中性为止（要避免溶液溢出和碳酸氢钠过量，但要足量，否则乙酰二茂铁析出不充分，pH7～8）。将中和后的反应混合物置于冰浴中冷却 15min，抽滤收集析出的橙黄色固体，每次用 40mL 冰水，洗两次，抽滤至干后，在空气中干燥得粗品。

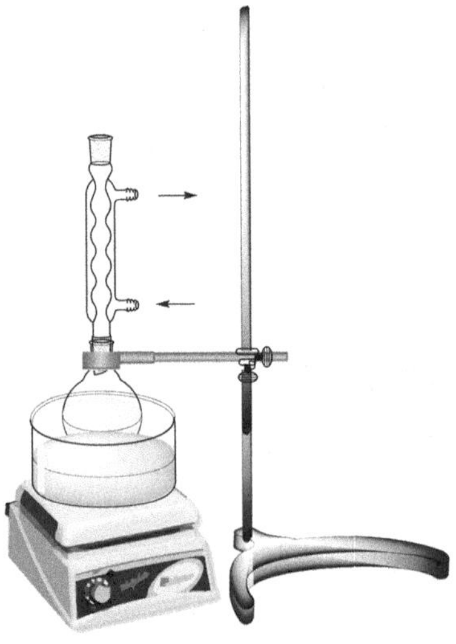

图 4-22-1　乙酰二茂铁的制备装置

2. 用柱色谱分离纯化乙酰二茂铁

（1）点样：取少许干燥后的粗产物和二茂铁分别溶于乙酸乙酯中，用点样毛细管分别吸取上述两种溶液，将其分别点在同一薄层板底边约 1cm 处的硅胶上，点要尽量圆而小，两点的高度要一致，距离适宜，点样时不要破坏硅胶层，晾干，同样方法点滴 5 块薄层板。

（2）确定洗脱剂：采用薄层色谱法确定洗脱剂。将点样后的薄层板依次放入层析缸中，层析缸中依次加入石油醚、乙酸乙酯、二氯甲烷、甲醇纯溶剂或不同比例的混合溶剂，溶剂高度约 0.5cm（不要超过薄层板上的点样高度），加盖，待溶剂上升到距上边缘约 1cm 时，取出薄层板，在空气中晾干。用铅笔记录各薄层板上溶剂到达的位置和各斑点中心的位置。确定产物 R_f<0.3 的展开剂作为柱色谱洗脱剂使用。

（3）装柱：将色谱柱垂直固定于铁架台上。从柱子顶端用玻璃棒将少许脱脂棉推到柱的底部，用玻璃棒压住棉花，将适量洗脱剂倒入柱内，至柱容积的 1/4 即可。将硅胶（300～400 目）与石油醚组成的悬浮液装入柱中，硅胶的高度约为 15cm，然后打开柱下活塞。装柱时不要在柱中留有气泡，以免影响分离效果，控制流出速度为每秒 1～2 滴。轻轻提起移出玻璃棒，使硅胶自然沉降，待所有硅胶倒完，用滴管吸取余下的洗脱剂将沾附在柱内壁的硅胶淋洗下来，然后用橡胶管轻轻敲击色谱柱，使柱中分界面平整，无气泡产生，装填紧密而均匀，装置如图 4-22-2 所示。

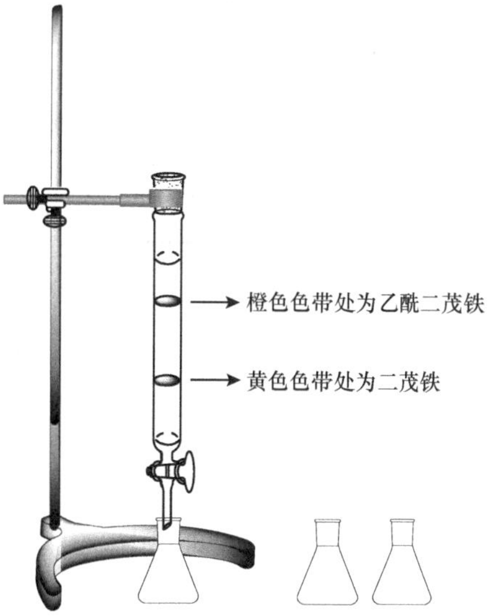

图 4-22-2　色谱柱装置图

（4）柱色谱分离：待洗脱剂液面和硅胶齐平时，开始装样。把适量样品溶解在最少量体积的溶剂中，该溶剂一般为洗脱剂。在色谱柱上端沿壁加入，在加入时不要扰动硅胶，打开色谱柱下活塞使柱内液体大约以每秒 1～2 滴的速度下滴，使硅胶充分吸附样品，当液面与硅胶相平时，再用石油醚（或者 $V_{石油醚}:V_{乙酸乙酯}=20:1$）作为洗脱剂从柱顶加入（现将柱壁黏附的粗产物淋洗到硅胶界面，等再次液面和硅胶界面齐平时，在硅胶界面上再铺一层厚约 1mm 的石英砂，然后再慢慢加入洗脱剂），粗产物在色谱柱中逐渐展开得到黄色、橙色的色谱带。黄色的二茂铁首先从柱中流出，用干燥的锥形瓶收集洗脱溶液，当黄色色带完全洗脱下来后，改用 $V_{石油醚}:V_{乙酸乙酯}=10:1$ 洗脱剂，橙色色带往下移动，用另外的干燥锥形瓶收集洗脱剂。两种色带都有比较明显的拖尾现象（若色带有重叠部分，另用锥形瓶收集）。

3. 产品鉴定

（1）测定纯品乙酰二茂铁的熔点，与文献值 81～83℃比较。

（2）标准物 TLC 对照法鉴别产物。

（3）用 KBr 压片法测定乙酰二茂铁的红外光谱，与文献的标准图谱进行比较，并对主要特征吸收峰进行归属和指认。

乙酰二茂铁的标准红外光谱如图 4-22-3：

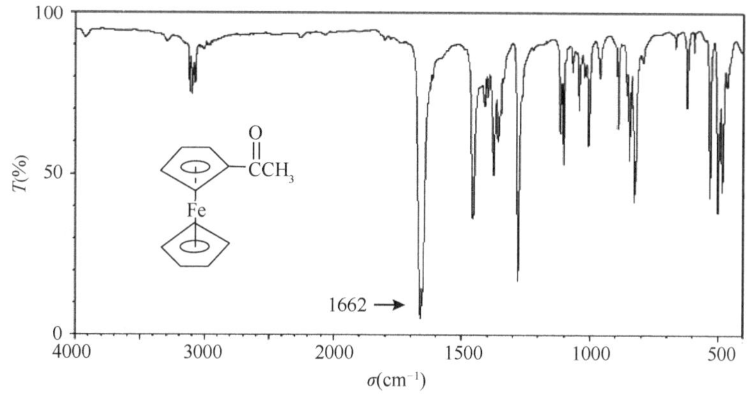

图 4-22-3　乙酰二茂铁的标准红外光谱

【实验结果和数据处理】

数据记录于表 4-22-1。

表 4-22-1　乙酰二茂铁的制备

产品	精制后（g）	收率（%）	熔点（℃）	展开剂/比移值
乙酰二茂铁				

【注意事项】

1. 烧瓶要干燥，反应时应用干燥管，避免空气中的水使酸酐分解。
2. 滴加磷酸时一定要在振摇下用滴管慢慢加入。
3. 用碳酸氢钠中和时产生大量二氧化碳，出现激烈鼓泡现象，应小心操作，防止因加入过快使产物溢出。用 pH 试纸检验溶液的酸碱性，但如果反应混合物色泽较深用 pH 试纸有困难时，可以加碳酸氢钠至气泡消失作为中和完成的判断标准。
4. 在装柱、洗脱过程中，始终保持有溶剂覆盖硅胶。一个色带与另一色带的洗脱液的接收不要交叉。

【思考题】

1. 二茂铁酰化时，若形成二乙酰基二茂铁时，第二个酰基为什么不能进入第一个酰基所在的环上？
2. 二茂铁比苯更容易发生亲电取代反应，为什么不能用混酸进行硝化？
3. 乙酰二茂铁的纯化为什么要用柱色谱法？可以用重结晶法吗？它们各有什么优缺点。

（蔡　东）

实验二十三　甲基橙的制备

【实验目的】

1. 通过甲基橙的制备，学习重氮化反应和偶联反应的实验操作。
2. 巩固盐析和重结晶的原理和操作。

【实验原理】

甲基橙是一种指示剂，它是由对氨基苯磺酸的重氮盐与 *N,N*-二甲基苯胺的在弱酸性介质中偶联反应得到的。

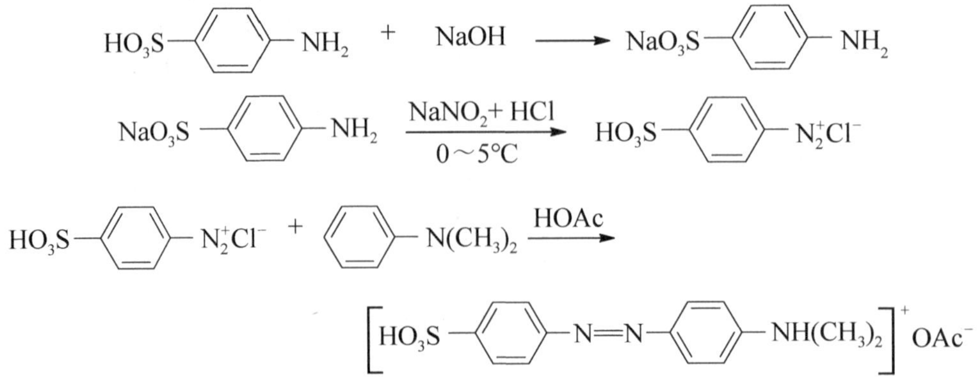

酸性黄

在碱性条件下，酸性黄转变成橙黄色的钠盐，即甲基橙。

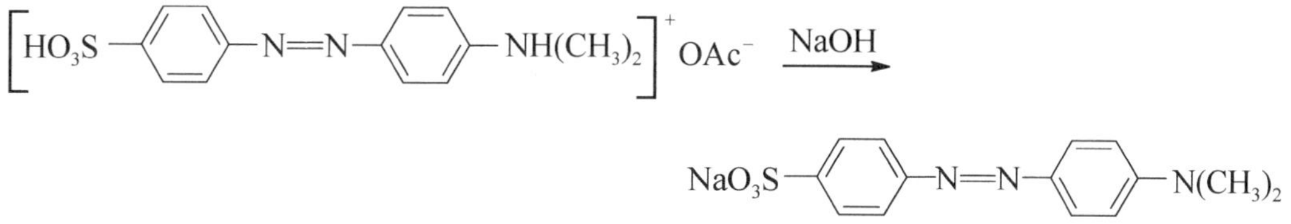

甲基橙是一种常用的酸碱指示剂，在中性或碱性介质中呈黄色，pH＝3.1~4.4 时呈橙色，酸性介质中呈红色，甲基橙通常配制成0.01%的水溶液使用。

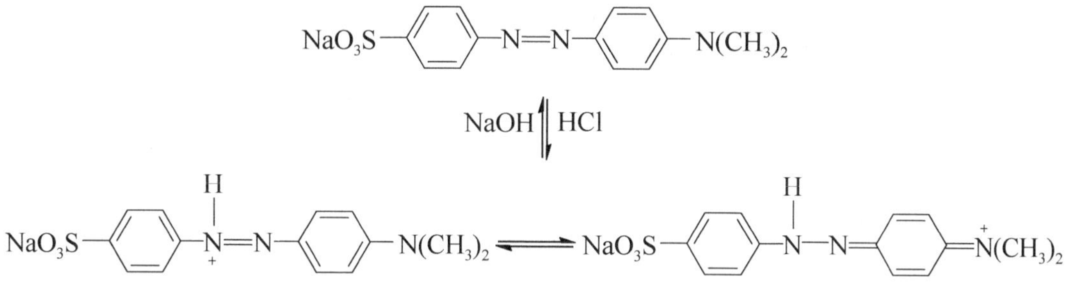

【实验仪器与试剂】

1. 仪器　烧杯、试管、温度计、减压抽滤装置。

2. 试剂　对氨基苯磺酸、*N,N*-二甲基苯胺、亚硝酸钠、5%氢氧化钠溶液、浓盐酸、冰醋酸。

【实验步骤】

1. 对氨基苯磺酸重氮盐的制备　在100mL烧杯中放入2.1g对氨基苯磺酸晶体和10mL 5%氢氧化钠溶液，在热水浴中温热使之溶解后，冷至室温。

另称取1.2g亚硝酸钠溶于6mL水中，加入上述烧杯中，用冰盐浴冷却至0～5℃。在不断搅拌下，将3mL浓盐酸与10mL水配成的溶液缓缓滴加到上述混合液中，并控制温度在5℃以下。滴加完后用淀粉-碘化钾试纸检验。然后在冰盐浴中放置15min，使重氮化反应完全。

2. 偶联反应　取一支试管，加入1.0mL *N,N*-二甲基苯胺和1mL冰醋酸，振荡使之混合。不断搅拌下将此溶液慢慢加到上述冷却的重氮盐溶液中，加完后继续搅拌10min，使偶合反应进行完全。然后再搅拌下慢慢加入25mL 5%氢氧化钠溶液，直至反应物变为橙色，这时反应液呈碱性，粗制的甲基橙便会以细粒状沉淀析出。将反应物在沸水浴上加热5min使沉淀溶解，冷却至室温后再置于冰水浴中冷却，使甲基橙全部重新结晶析出。抽滤，依次用少量水、乙醇洗涤，压干收集固体。

若要得到较纯的产品，可将滤饼连同滤纸移到装有75mL热水（水中溶有0.1～0.2g氢氧化钠）的烧杯中，微热并且不断搅拌，滤饼几乎完全溶解后，取出滤纸让溶液冷却到室温，然后在冰水浴中冷却，待晶体析出完全后，抽滤，沉淀依次用少量水、乙醇洗涤，得到橙色的小片状甲基橙结晶。称重，计算产率。

3. 产品鉴定　溶解少许产品于水中，加几滴稀盐酸，然后用稀氢氧化钠溶液中和，观察溶液颜色有何变化。

纯甲基橙是橙黄色片状晶体，没有明确熔点。pH 3.1（红）～pH 4.4（橙黄）。

【实验结果和数据处理】

记录所制备的甲基橙水溶液，在酸和碱性环境下的溶液颜色变化。

【注意事项】

1. 对氨基苯磺酸能溶于碱性溶液而不溶于酸性溶液。

2. 为了使对氨基苯磺酸完全重氮化，反应过程必须不断搅拌。

3. 重氮化反应过程中控制温度很重要，若温度高于 5℃，则生成的重氮盐易水解成酚类，降低产率。

4. 淀粉-碘化钾试纸检验显蓝色，表明有过量的亚硝酸存在。本实验中亚硝酸的用量要准确，若亚硝酸不足，则重氮化反应不完全。若亚硝酸过量，则会有后面加入 *N,N*-二甲基苯胺发生亚硝化反应，生成的亚硝基物在产品中会使产品颜色呈现暗褐色。

故正确做法是，若试纸不显蓝色，则应继续滴加亚硝酸钠溶液至试纸刚刚出现蓝色。继续搅拌 15min 后再检测，若试纸还显蓝色，则应加入少许尿素分解过量的亚硝酸。

5. 在此时往往析出对氨基苯磺酸重氮盐。这是因为重氮盐在水中可以电离，形成内盐（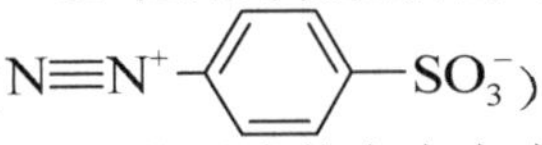），此内盐在低温时难溶于水而形成细小结晶析出。

6. 若反应物中含有未反应的 *N,N*-二甲基苯胺醋酸盐，在加入氢氧化钠后，就会有难溶于水的 *N,N*-二甲基苯胺析出，影响产物的纯度。

【思考题】

1. 本实验中重氮盐的制备为什么要控制在 0～5℃中进行？

2. 粗甲基橙进行重结晶时，依次用少量水、乙醇和乙醚洗涤，目的何在？

3. *N, N*-二甲基苯胺与重氮盐偶合时为什么总是在取代氨基的对位发生？

（于秋泓）

实验二十四　茶叶中咖啡因的萃取和分离

【实验目的】

1. 了解天然产物的一般分离方法。

2. 掌握索氏提取器的原理并学会使用索氏提取器。

3. 熟悉有机化合物升华的基本操作。

【实验原理】

索氏提取器是一种常用的提取装置，是利用一定量的溶剂从多组分固体物质或天然产物中萃取所需组分的玻璃仪器。因其具有简便实用、节约溶剂、提取效率高等特点而在化学化工、食品及药品等领域广泛应用。索氏提取器是由圆底烧瓶、提取管、回流冷凝管三部分组成的，提取管两侧分别有虹吸管和连接管。各部分连接处要严密不能漏气。提取时，将茶叶包在脱脂滤纸包内，放入提取管内。圆底烧瓶内加入乙醇，加热圆底烧瓶，乙醇气化，由连接管上升进入冷凝管，凝成液体滴入提取管内，浸提茶叶中的咖啡因及其可溶于乙醇的物质，待提取管内乙醇液面达到一定高度，溶有混合物的乙醇经虹吸管流入烧瓶。流入烧瓶内的乙醇继续被加热气化、上升、冷凝，滴入提取管内，如此循环往复，直到抽提完全为止。

索氏提取器可以使一定量的溶剂多次与固体接触，而每次接触的溶剂都是经蒸馏的纯溶剂，提高效率并节约溶剂。萃取前应首先将固体物质研细，以增加液体浸溶的面积，选择溶剂时要求溶剂对被萃取物质的溶解度要大、对杂质的溶解度要小，同时尽量使用沸点较低的溶剂。

茶叶中的化学成分 93%～96%是有机化合物，而无机化合物占了 3.5%～7%。有机化合物中蛋白质约占 20%～30%，茶多酚约占 18%～36%，糖类约占 20%～25%，丹宁酸（又名鞣酸）约占 10%～11%，还含有氨基酸、类脂、色素、维生素等。另外茶叶中还含有多种生物碱，包括咖啡碱、可可碱、茶碱等，其中咖啡因约占 1%～5%，可可碱约占 0.05%、茶叶碱约占 0.002%。

咖啡因是杂环化合物嘌呤的衍生物，具有弱碱性，含结晶水的咖啡因为无色针状结晶，味苦，可溶于水、乙醇、氯仿等，在 100°C 时即失去结晶水，并开始升华，120°C 时升华相当显著，178°C 时升华很快。咖啡因的熔点为 235～238°C。咖啡因的结构式如下：

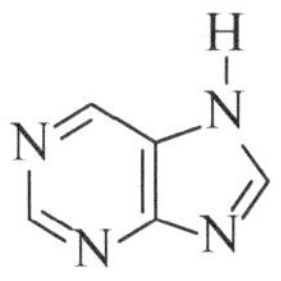

嘌呤

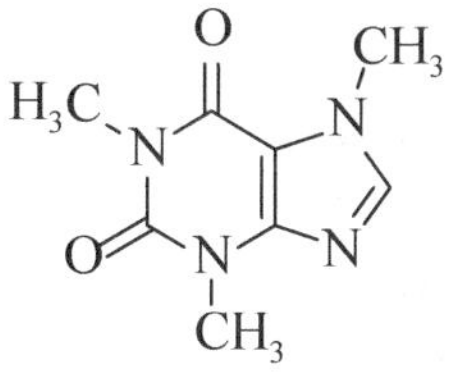

1,3,7-三甲基-2,6-二氧嘌呤（咖啡因）

咖啡因具有强心、利尿、兴奋中枢神经，特别是兴奋大脑中枢的作用，因此可用作中枢神经的兴奋剂，它也是复方阿司匹林的组分之一。

升华是纯化固体物质的一种方法，指固态物质不经液态直接转变成气态的现象。有些物质在固态时就有较高的蒸气压，因此受热后不经熔化，就可直接变为蒸气，冷凝时又转变成为固体。固体物质的蒸气压与外压相等时的温度，称为该物质的升华点。粗品咖啡因中还含有其他一些生物碱和杂质（如单宁酸）等，可利用升华法进一步提纯。

【实验仪器与试剂】

1. 仪器　圆底烧瓶（250mL）、索氏提取器、蒸发皿、刺有小孔的滤纸、玻璃漏斗。

2. 试剂　茶叶、95%乙醇。

【实验步骤】

1. 萃取　称取 10g 茶叶装入滤纸筒中，再放入索氏提取器的提取管中。用量筒取 150mL 95%乙醇，将其中一部分倒入索氏提取器的提取管中，注意乙醇的液面不要超过虹吸管的最高点，再将剩余的乙醇倒入 250mL 的圆底烧瓶中，加入 2～3 粒沸石，按图 4-24-1 安装实验装置，加热回流。直到提取液颜色较浅为止（一般虹吸 3～4 次），待最后一次冷凝液刚刚虹吸下去时，即可停止加热。

关闭煤气灯，取出茶叶包。然后用原装置继续加热，将乙醇蒸馏到提取管中，当被蒸馏的乙醇量快要达到虹吸管的最高点时，关闭煤气灯停止加热。回收蒸馏出来的乙醇（可多次回收，直至圆底烧瓶中剩余少量残液），然后把圆底烧瓶中的少量残液倒入蒸发皿中，拌入 3～4g 生石灰粉（石灰粉的作用是吸水、中和丹宁酸等酸性物质），搅成浆状，在蒸气浴上不断搅拌蒸干，蒸干至粉状。

2. 升华法提取咖啡因　将蒸气浴装置改为升华装置，在蒸发皿上盖一张刺有许多小孔且孔刺向上的滤纸，再罩一个大小合适的玻璃漏斗，漏斗颈部塞一小团疏松脱脂棉，隔着石棉网小火加热，如图 4-24-2 所示。注意整个升华过程始终用小火加热。当纸孔周围出现白色毛状结晶（或发现有棕色烟雾）时，即升华完毕，停止加热。冷却后，取下漏斗，轻轻揭开滤纸，用小刀仔细的刮下咖啡因，蒸发皿中的残渣经搅拌后，重新放好用过的滤纸和漏斗，用较大火再加热片刻，使升华完全。合并两次升华得到的咖啡因。

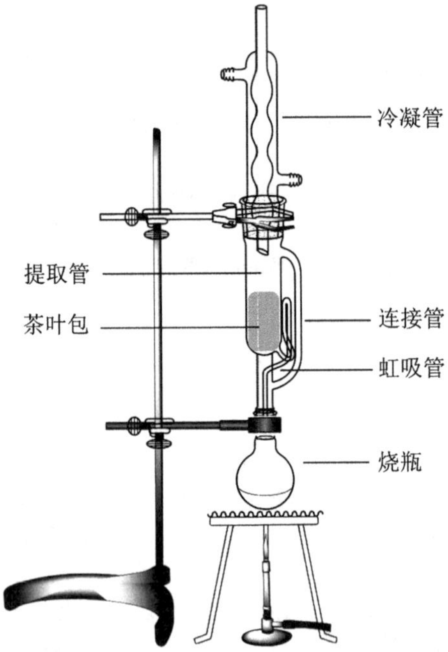

图 4-24-1　咖啡因提取装置

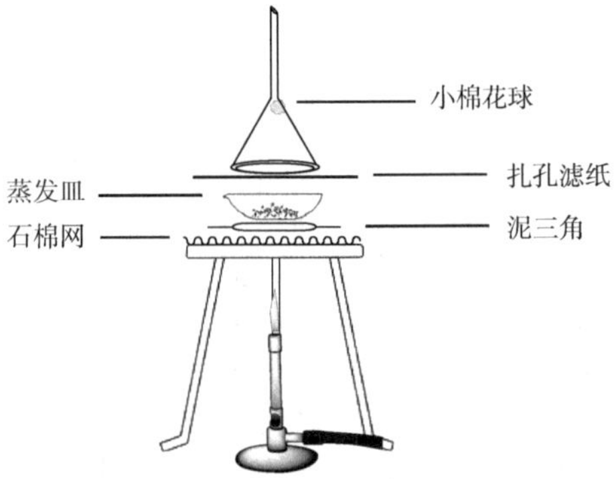

图 4-24-2　升华装置

3. 产品鉴定

（1）测定纯品咖啡因的熔点，与文献值 235～238℃比较。

（2）标准物 TLC 对照法鉴别产物。

【实验结果和数据处理】

将数据记录于表 4-24-1。

表 4-24-1　咖啡因的提取

产品	精制后（g）	产率（%）	熔点（℃）	展开剂/比移值
咖啡因				

【注意事项】

1. 滤纸包茶叶末时要严实，防止茶叶末漏出堵塞虹吸管；茶叶包大小要合适，既能紧贴套管内壁，又能方便取放，且其高度不要超过虹吸管高度。

2. 浓缩萃取液时不可蒸馏得太干，以防转移损失。否则因残液很黏而难于转移，造成损失。

3. 升华过程中要控制好温度。若温度太低，升华速度较慢，若温度太高，会使产品发黄（分解）。

【思考题】

1. 提取咖啡因时，用到的生石灰起什么作用？
2. 除用升华法提纯咖啡因外，还可用何种方法？
3. 除了乙醇，还有哪些溶剂可以萃取咖啡因？
4. 升华实验中如果蒸发皿中混合物含有水分会有什么影响？

（蔡　东）

实验二十五 从橙皮中提取柠檬烯

【实验目的】

1. 掌握橙皮中提取柠檬烯的方法。
2. 了解改进的连续提取装置的原理。

【实验原理】

从柠檬、橙子和柚子等水果果皮中提取得到的精油，其成分 90%以上是柠檬烯。柠檬烯是一种环状单萜类化合物，柠檬烯分子中含有一个手性碳原子，故存在光学异构体。橙子皮中柠檬烯的绝对构型多为 *R* 型，结构式为：

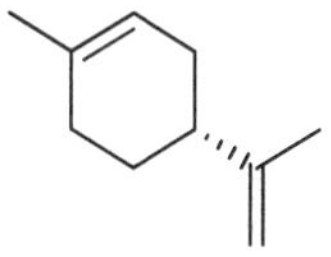

（*R*）-柠檬烯

本实验中，我们利用改进的连续提取装置从橙子皮中提取柠檬烯。分离得到的产品可以通过测定折射率等进行鉴定。

【实验仪器与试剂】

1. 仪器 圆底烧瓶（250mL）、球形冷凝管，恒压滴液漏斗（100mL）、烧杯、常压蒸馏装置、电加热套。

2. 试剂 新鲜橙子皮，95%乙醇，无水硫酸钠。

【实验步骤】

1. 提取 在 250 mL 圆底烧瓶中加 2～3 粒沸石，在恒压滴液漏斗口放置一小团疏松脱脂棉，将 1～2 个新鲜橙子皮剪成碎片后放入恒压滴液漏斗中，按图 4-25-1 安装好提取装置，将 100mL 95%乙醇从球形冷凝管加入，先将橙子皮浸泡片刻，然后将液体放入圆底烧瓶中。通冷却水后在电热套上加热。当溶剂被加热沸腾时，溶剂蒸气从恒压滴液漏斗侧管上升，被冷凝管冷凝为液体并滴到橙子皮上，当溶剂在提取器内达到一定高度时，调节恒压滴液漏斗活塞，使冷凝液的滴入速度与恒压滴液漏斗的放液速度一致。此过程反复进行，溶剂便被重复使用，最后将所要提取的混合物都集中到圆底烧瓶中。连续提取 0.5 h 后，恒压滴液漏斗中的提取液颜色变得很淡，即可停止提取。冷却，将恒压滴液漏斗从烧瓶上取下，换上常压蒸馏装置，电热套直接加热蒸馏回收乙醇。待乙醇基本去除后，瓶中留下少量橙黄色液体即为橙皮精油。

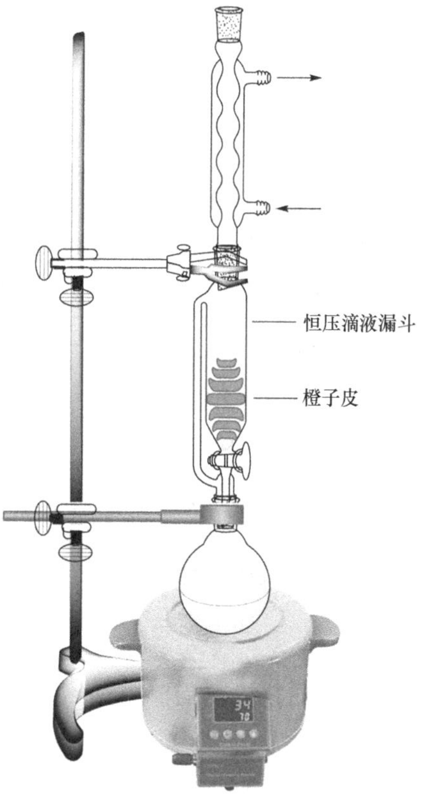

图 4-25-1 柠檬烯提取装置

2. 产品鉴定

（1）（*R*）-柠檬烯的沸点为 176℃，折射率 n_D^{20}=1.4727。

（2）取一支干净试管，加入 1mL 1%高锰酸钾和 5 滴浓硫酸，再滴入 3 滴柠檬烯，振摇，观察试管内溶液的变化，并解释发生的变化。

【实验结果和数据处理】

数据记录于表 4-25-1。

表 4-25-1 提取柠檬烯

产品	提取物（g）	产率（%）	折射率	加入高锰酸钾现象
柠檬烯				

【注意事项】

1. 当提取液颜色很淡时，即可停止萃取。
2. 橙皮提取物中还有柠檬醛、辛醛、芳香醇、香叶醇等一些含氧化合物，它的折射率值与柠檬烯稍有差别。

【思考题】

1. 改进的连续提取装置与索氏提取器比较，有哪些优点？
2. 保持柠檬烯的骨架不变，能写出几种同分异构体？

（周西斌）

实验二十六　八角茴香油的提取

【实验目的】

1. 了解八角茴香油的成分、结构、性质及其提取的原理。
2. 掌握用蒸气蒸馏法提取挥发油的原理和方法。

【实验原理】

八角茴香油是一种香精油，有茴香气味，主要存在于八角茴香（又称大茴香）的果皮、种子和叶子中。八角茴香油作为天然防腐剂和保鲜剂在肉制品及果蔬等食品领域有一定的应用价值。

八角茴香油为无色或淡黄色液体，微溶于水，易溶于乙酸乙酯、二氯甲烷等溶剂，其主要成分为反式茴香脑[又称为(E)-1-甲氧基-4-(1-丙烯基)苯，占 80%～90%]、茴香醛、柠檬烯等。可采用水蒸气蒸馏法提取茴香油。

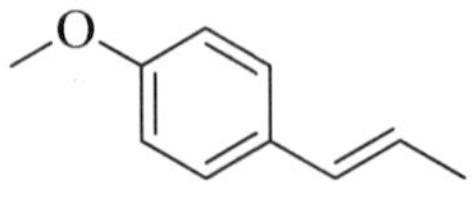

反式茴香脑

【实验仪器与试剂】

1. 仪器　水蒸气蒸馏装置，双颈烧瓶（250 mL），常压蒸馏装置，分液漏斗。

2. 试剂　八角茴香、二氯甲烷，无水硫酸钠，1%高锰酸钾溶液。

【实验步骤】

1. 八角茴香油的提取　安装水蒸气蒸馏装置（见图 4-21-2），在水蒸气发生器中加入约占容器 2/3 的水。

称取 30g 粉碎的八角茴香，放入 250mL 双颈圆底烧瓶中，并加入 100mL 蒸馏水。检查整个装置不漏气后，打开冷凝水，旋开 T 形管的螺旋夹，加热水蒸气发生器至沸腾。当有大量水蒸气产生并从 T 形管的支管冲出时，立即旋紧螺旋夹，开始蒸馏。调节蒸气量，控制蒸馏速度，以每秒馏出 2～3 滴为宜。蒸馏过程中要随时注意观察安全管内水位上升情况，保证实验的安全性。

当馏出液的体积达 100mL 时，停止蒸馏。操作顺序为先旋开螺旋夹，解除水蒸气蒸馏装置内的压力，然后移去热源，稍冷却后，关闭冷凝水。

将馏出液倒入分液漏斗中，用二氯甲烷萃取两次，每次 30mL。收集下层二氯甲烷至干燥锥形瓶后，加入 2g 无水硫酸钠干燥，静置，溶液澄清后，常压过滤。滤液转移至干燥的 100mL 圆底烧瓶中，放入 2~3 粒沸石，水浴蒸除二氯甲烷。残留液即为八角茴香油。

2. 产品鉴定

（1）标准物 TLC 对照法鉴别产物。

（2）取一支干净试管，加入 1mL 1%高锰酸钾和 5 滴浓硫酸，再滴入 3 滴八角茴香油，振摇，观察试管内溶液的变化，并解释。

【实验结果和数据处理】

将数据记录于表 4-26-1。

表 4-26-1　提取八角茴香油

产品	展开剂/比移值	加入高锰酸钾现象
八角茴香油		

【注意事项】

1. 如果蒸馏过程中出现倒吸现象，说明烧瓶内的压力大于水蒸气发生器的压力，应立即放开螺旋夹，排除故障再继续蒸馏。

2. 水蒸气蒸馏提取八角茴香油，若要达到馏出液澄清透明需要时间较长，本实验接收 100mL 馏出液即可以认为提取结束。

【思考题】

1. 本实验采用水蒸气蒸馏法有什么优点？
2. 本实验哪些操作步骤会影响八角茴香油的提取率？

（蔡　东）

实验二十七　黄连中提取黄连素

【实验目的】

1. 熟悉生物碱提取的原理和方法。

2. 了解黄连素的应用及结构鉴定方法。

【实验原理】

黄连为我国名产药材之一，具有良好的抗菌作用，有“中药抗生素”的美称。对急性结膜炎、口疮、急性细菌性痢疾、急性肠胃炎等病症均有很好的疗效。黄连中含有多种生物碱。除以黄连素（俗称小檗碱）为主要有效成分外，还含有黄连碱、甲基黄连碱、棕榈碱和非洲防己碱等。含黄连素的植物很多，如黄柏、三颗针、伏牛花、白屈菜、南天竹等均可作为提取黄连素的原料，但以黄连和黄柏含量为高。

黄连素是黄色针状体，微溶于水和乙醇，较易溶于热水和热乙醇中，几乎不溶于乙醚，黄连素存在下列三种互变异构体：

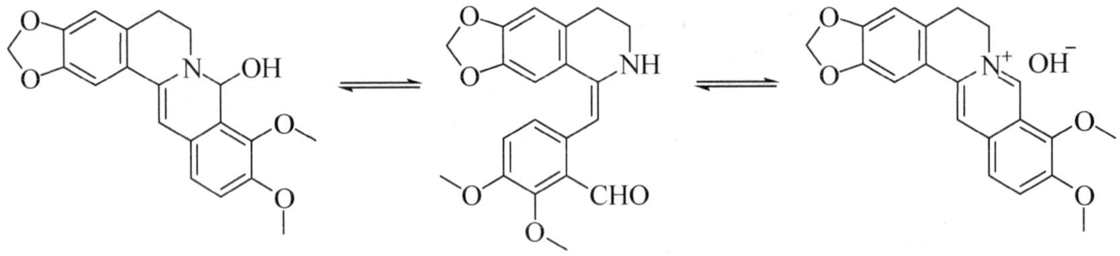

醇式　　　　醛式　　　　季铵碱式

黄连素在自然界中多以季铵碱的形式存在。黄连素的盐酸盐、氢碘酸盐、硫酸盐、硝酸盐均难溶于冷水，易溶于热水，其各种盐的纯化都比较容易。

【实验仪器与试剂】

1. 仪器　圆底烧瓶（250mL）、茄形瓶（250mL）、烧杯、球形冷凝管、量筒、减压抽滤装置、旋转蒸发仪。

2. 试剂　黄连（中药店有售）、95%乙醇、浓盐酸、1%醋酸。

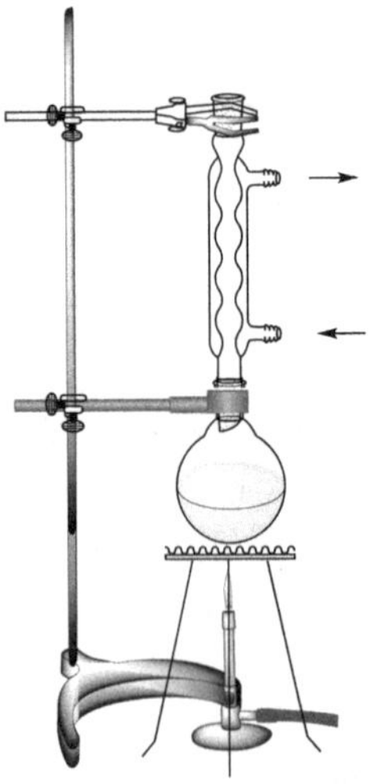

图 4-27-1　黄连中提取黄连素的装置

【实验步骤】

1. 提取　称取 10g 黄连，切碎，放入 250mL 圆底烧瓶中，加入 100mL 95%乙醇，装上回流冷凝管，如图 4-27-1 所示。加热回流 0.5h，稍冷后将乙醇液倾倒入烧杯中，滤渣重复上述操作处理 2 次，合并 3 次所得乙醇液，用旋转蒸发仪减压蒸除乙醇（回收），直到残留物呈棕红色糖浆状。再往圆底烧瓶中加入 1%醋酸（约 30～40mL），加热溶解，抽滤，以除去不溶物，然后向溶液中滴加浓盐酸，至溶液浑浊为止（约需 10mL）。放置冰水浴中冷却，即有黄色针状体的黄连素盐酸盐析出，抽滤、结晶用冰水洗涤两次，烘干，称重。

2. 产品鉴定

（1）测定黄连素盐酸盐的熔点，与文献值 204～206℃比较。

（2）标准物 TLC 对照法鉴别产物。

【实验结果和数据处理】

将数据记录于表 4-27-1。

表 4-27-1 提取黄连素

产品	提取物（g）	产率（%）	熔点（℃）	展开剂/比移值
黄连素盐酸盐				

【注意事项】

1. 得到纯净的黄连素晶体比较困难。将黄连素盐酸盐加热水至刚好溶解，煮沸，用石灰乳调节 pH 为 8.5～9.8，冷却后滤去杂质，滤液继续冷却到室温以下，即有游离的黄连素（针状体）析出，抽滤，将结晶在 50～60℃下干燥。

2. 后两次提取可适当减少乙醇用量和缩短浸泡时间。用 Soxhlet 提取器连续提取最好。

3. 如晶形不好，可用水重结晶一次。

【思考题】

1. 黄连素的提取方法是根据黄连素的什么性质来设计的?

2. 提取黄连素时有哪些因素影响其提取效果?

（蔡　东）

实验二十八　设计性合成实验

设计性合成实验是在学生掌握相关的理论知识、基本实验方法和操作，通过文献资料的查阅和分析，提出实验设计和实验方案，完成实验。设计性实验的开设有利于培养学生的创新意识和创新能力，培养学生的科研思维能力，推动大学生创新教育，可进一步提高实践教学质量。

1. 设计性合成实验一般流程

（1）选题。由教师根据所学内容选取适合的合成方法来合成所需的化合物。

（2）设计合成路线。学生根据需要合成的化合物进行合成路线的设计，至少设计两条合成路线。

（3）查阅和总结资料。查阅相关反应物、中间物、产物、试剂的化学性质和物理常数等，初步设计完整的实验方案。

（4）设计完整的方案。根据化合物化学性质的不同，选择路线短、产率高、条件适宜，且最好符合绿色化学理念的合成路线，完善设计性合成实验方案。

（5）确定方案。教师根据学生的设计方案和实验室的实际条件提出建议，学生通过小组讨论后根据建议对实验方案进行修改和完善。

（6）实施实验方案。教师根据学生的设计方案准备所需试剂，学生进入实验室根据实验方案进行实验，若实验中出现问题，教师通过指导等方式解决。教师检查化合物鉴别结果，所有的鉴别结果正确，则完成实验。

（7）撰写实验报告。根据实验要求，撰写实验报告。实验报告内容包含实验合成设计、实验目的、实验原理、实验步骤、现象及装置图、粗产物纯化原理、产率计算、讨论、思考题等。

2. 逆合成分析　有机合成路线设计中最基本、最常用的手段，也称为 Corey 逆合成分析法。该方法从解析目标分子的结构入手，通过选择合适的化学键和官能团进行切断和转化，逐步将其拆解为简单易得的合成前体直至商业可得的初始原料。

例如，目标化合物香豆素-3-羧酸的逆合成分析过程:

（1）第一种可能的合成路线

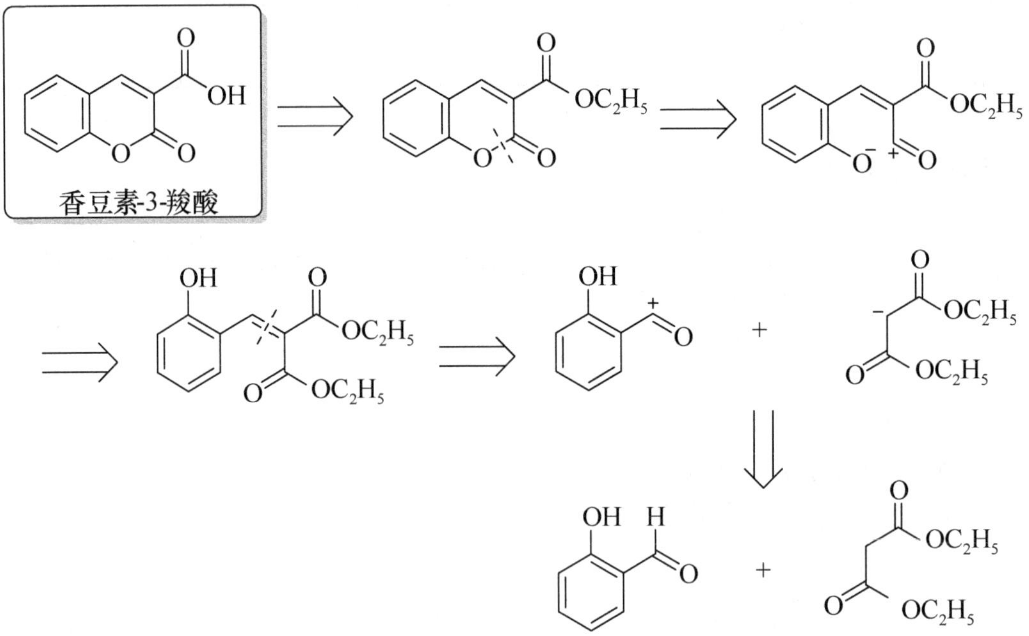

（2）第二种可能的合成路线

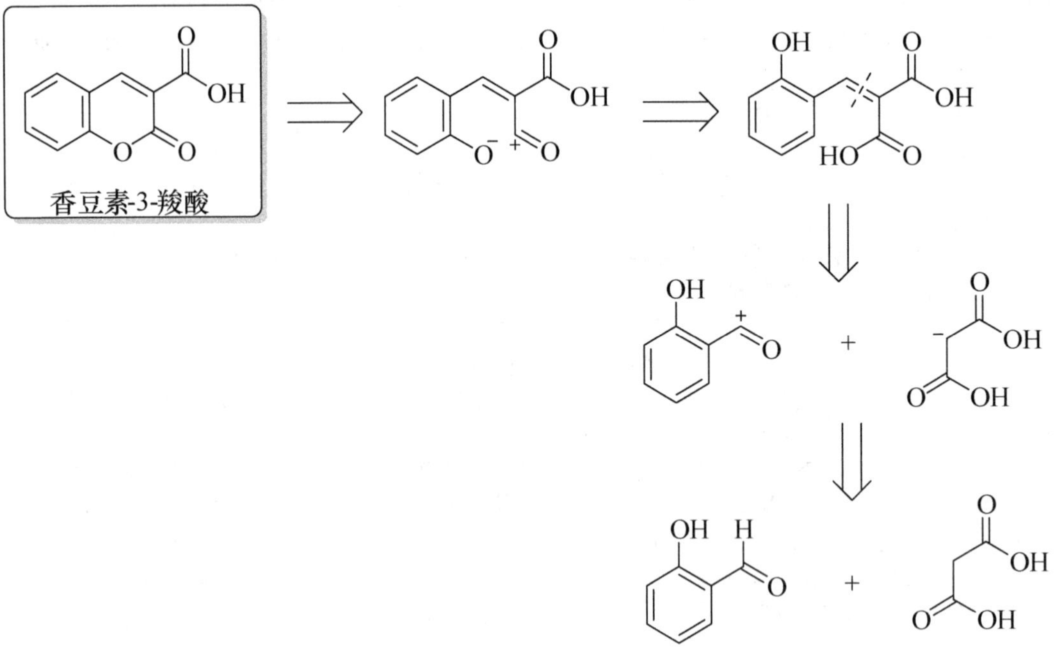

（3）第三种可能的合成路线

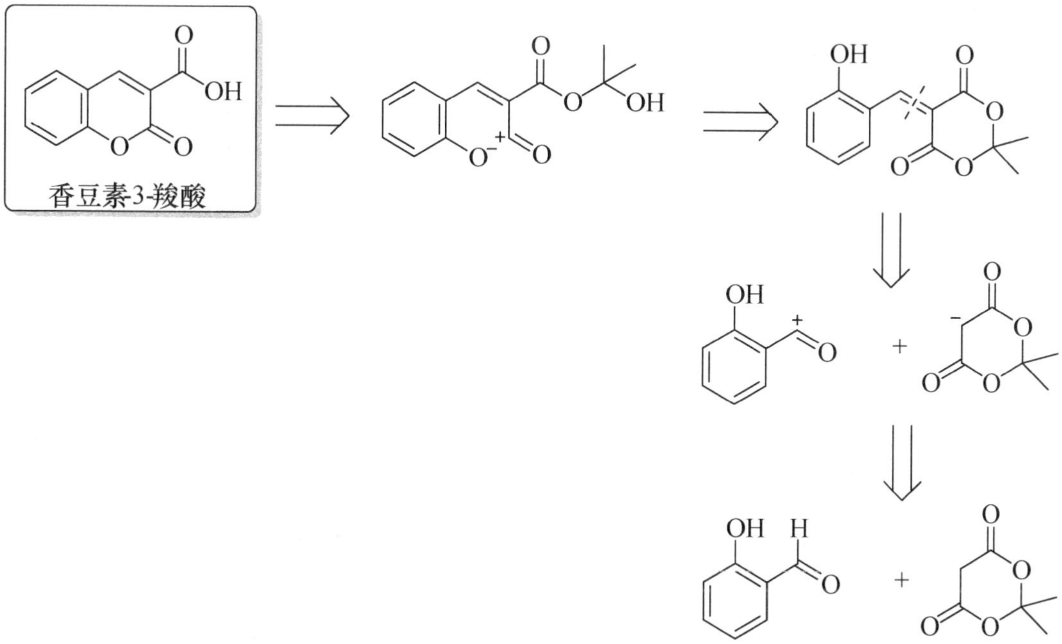

随着计算机技术的发展，庞大的化学文献数据库收录了已公开发表的文献和专利中成千上万的合成路线，化学家们只需将化学转化中的分子结构输入信息检索工具（如 SciFinder Scholar 数据库或 Reaxys 数据库）中，便可以通过数据库筛选出相似的反应路线。但是，要在这些海量的类似化学转化中找到真正适合的反应，仍旧依赖于化学家的知识和经验。经 SciFinder Scholar 数据库或 Reaxys 数据库检索，目标化合物香豆素-3-羧酸的合成路线有如下 3 种：

（一）合成路线一

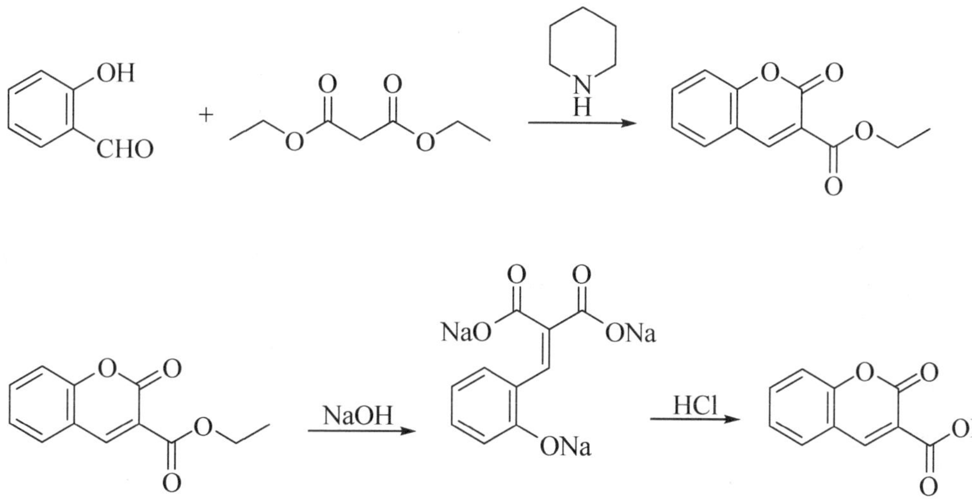

【实验步骤】

（1）香豆素-3-甲酸乙酯的合成：在干燥 250mL 圆底烧瓶中，依次加入水杨醛（37.5mmol，4mL）、丙二酸二乙酯（46.0mmol，7mL）、25mL 无水乙醇、0.5mL 六氢吡啶和 2 滴冰醋酸，再放入几粒沸石，装上回流冷凝管，冷凝管口接上氯化钙干燥管，在水浴上加热回流 2h。稍冷后将反应物转移到烧杯中，加入 30mL 水搅拌均匀后，置于冰浴中冷却。待结晶完全后，过滤，晶体每次用 2~3mL 30%冷乙醇洗涤 2~3 次。粗产物为白色晶体，经干燥后质量约为 6~7g。粗产物可用 30%乙醇水溶液重结晶。

（2）香豆素-3-羧酸的合成：在 250mL 圆底烧瓶中，依次加入香豆素-3-甲酸乙酯（20.0mmol，4.36g）、氢氧化钠（80.0mmol，4.00g）、20mL 95%乙醇和 10mL 水，放入几粒沸石，装上回流冷凝管，用水浴加热至酯溶解后，再继续回流 15min。稍冷后，在搅拌下将反应混合物加到盛有 10mL 浓盐酸和 50mL 水的烧杯中，立即有大量白色晶体析出。在冰浴中冷却使结晶完全。抽滤，用少量冰水洗涤晶体，压干，干燥。粗品可用水重结晶。

（二）合成路线二

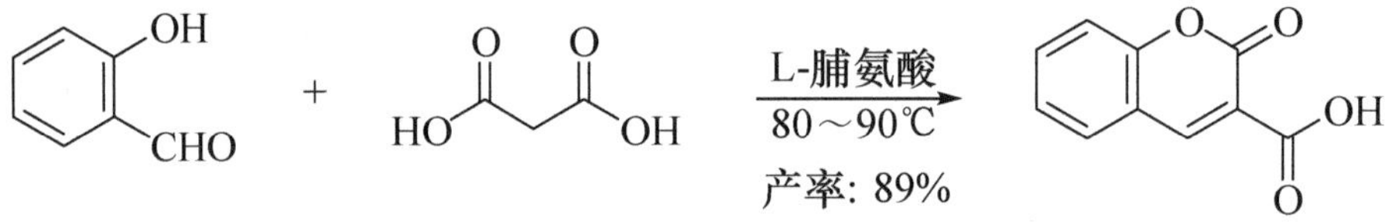

【实验步骤】

将水杨醛（10.0mmol，1.22g）、丙二酸（10.0mmol，1.04g）和 L-脯氨酸（1.0mmol，0.12g）混合物后，回流反应 6h，并通过 TLC 监测反应的完成。反应完成后，将反应混合物冷却，用乙醇重结晶，得到香豆素-3-羧酸。

（三）合成路线三

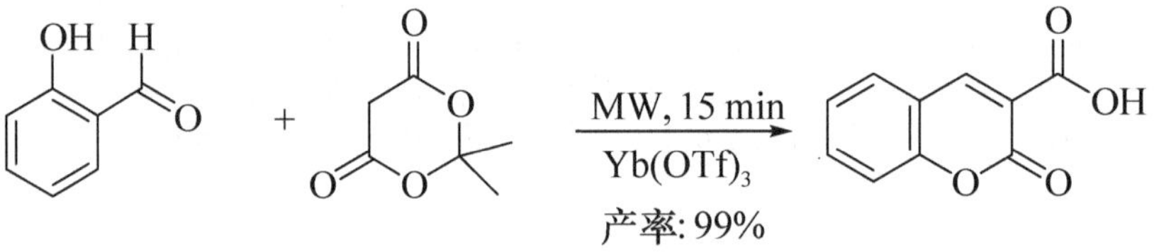

【实验步骤】

将水杨醛（10.0mmol，1.22g）和 2,2-二甲基-1,3-二噁唑烷-4,6-二酮[又名丙二酸环（亚）异丙酯，10.5mmol，1.51g] 和三氟甲烷磺酸镱（0.5mmol，0.31g）依次加入 20mL 水中。所得混合物在 200 W 条件下进行微波照射反应 15min。反应结束后，抽滤，乙醚洗涤固体 2 次，每次 30mL。滤液分层，有机层用 3%$NaHCO_3$ 溶液洗涤、无水 $MgSO_4$ 干燥后，减压蒸馏至干，得到香豆素-3-羧酸粗品。粗品可用水重结晶。

催化剂三氟甲烷磺酸镱回收循环使用。

根据反应条件温和、催化剂廉价易得、产率较高、后处理简单，绿色环保等准则，本实验采用水杨醛和 2, 2-二甲基-1, 3-二噁唑烷-4, 6-二酮为反应原料，在三氟甲烷磺酸镱催化下制备香豆素-3-羧酸，属于克脑文格尔（Knoevenagel）反应。

【实验仪器与试剂】

1. 仪器　圆底烧瓶（100mL）、烧杯（100mL）、分液漏斗、薄层板、毛细管、层析缸、旋转蒸发仪、紫外灯、红外光谱仪、微波反应器。

2. 试剂　水杨醛、2,2-二甲基-1,3-二噁唑烷-4,6-二酮、无水乙醇、三氟甲烷磺酸镱、3% $NaHCO_3$ 溶液、无水 Na_2SO_4。

【实验步骤】

见上述“（三）合成路线三”。

【产品鉴定】

（1）测定纯品香豆素-3-羧酸的熔点，与文献值 189～191℃比较。

（2）使用薄层色谱法检测产物，与标准品对照。

（3）用 KBr 压片法测定纯品香豆素-3-羧酸的红外光谱，与文献的标准图谱进行比较，并对主要特征吸收峰进行归属和指认。

香豆素-3-羧酸标准红外光谱如图 4-28-1：

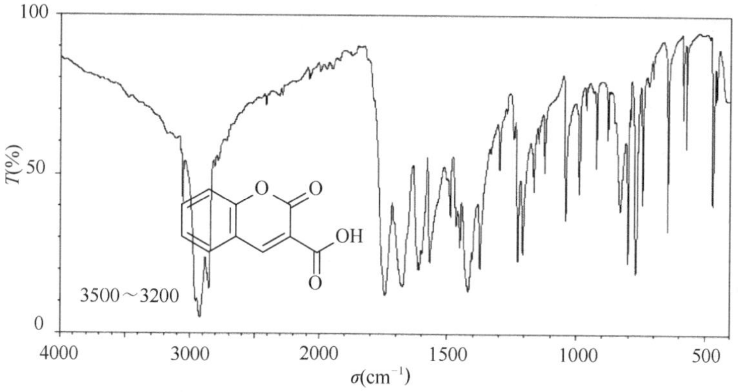

图 4-28-1 香豆素-3-羧酸标准红外光谱

【实验结果和数据处理】

数据填入表 4-28-1。

表 4-28-1 香豆素-3-羧酸的逆合成

产品	精制后（g）	产率（%）	熔点（℃）	展开剂/比移值
香豆素-3-羧酸				

【注意事项】

1. 该步实验所用仪器及试剂必须干燥，否则对实验产率有很大影响。

2. 该实验为放热反应，温度过高、微波反应时间过长时，碳链易断裂，副产物增加，会引起树脂化反应，导致产物不易被分离，大大降低反应产率。

【思考题】

1. 试写出利用 Knoevenagel 反应制备香豆素-3-碳酸的反应机理。

2. 试讲述选择“合成路线三”的理由。

（蔡 东）

参 考 文 献

曹海燕，姜炜，2015. 医用化学实验[M]. 2 版. 北京：高等教育出版社.
古映莹，郭丽萍，2019. 无机化学实验[M]. 北京：科学出版社.
胡春，2007. 有机化学实验[M]. 北京：中国医药科技出版社.
胡昕，彭化南，计从斌，2018. 有机化学实验[M]. 上海：复旦大学出版社.
兰州大学，2017. 有机化学实验[M]. 北京：高等教育出版社.
李发胜，徐乃近，2016. 医用化学实验[M]. 北京：人民卫生出版社.
李柱来，2018. 有机化学实验[M]. 北京：高等教育出版社.
林辉，2020. 有机化学实验[M]. 北京：中国中医药出版社.
刘晓燕，2014. 无机化学实验[M]. 北京：科学出版社.
陆涛，陈继俊，2016. 有机化学实验与指导[M]. 2 版. 北京：中国医药科技出版社.
陆阳，2016. 有机化学实验[M]. 北京：人民卫生出版社.
马丽英，姜吉刚，2020. 医用化学实验[M]. 2 版. 北京：科学出版社.
石建新，巢晖，2019. 无机化学实验[M]. 北京：高等教育出版社.
唐中坤，陈清元，2016. 医用化学实验[M]. 北京：科学出版社.
铁步荣，2020. 无机化学实验[M]. 北京：中国中医药出版社.
吴建中，2018. 无机化学实验[M]. 北京：科学出版社.
夏阳，2020. 有机化学实验[M]. 3 版. 北京：科学出版社.
薛思佳，季萍，Larry Olson，2019. 有机化学实验[M]. 北京：科学出版社.
杨秋华，2012. 无机化学实验[M]. 北京：高等教育出版社.
阴金香，2010. 有机化学实验[M]. 北京：清华大学出版社.
余瑜，尚京川，2019. 医用化学实验[M]. 2 版. 北京：科学出版社.
曾小华，王红梅，2018. 医用化学实验[M]. 北京：化学工业出版社.
赵新华，2014. 无机化学实验[M]. 北京：高等教育出版社.
Fiorito S，Taddeo V A，Genovese S，et al，2016. A green chemical synthesis of coumarin-3-carboxylic and cinnamic acids using crop-derived products and waste waters as solvents[J]. Tetrahedron Letters，57（43）：4795-4798.
Li M，Petersen J L，Hoover J M，2017. Silver-mediated oxidative decarboxylative trifluoromethylthiolation of coumarin-3-carboxylic acids[J]. Organic Letters，19（3）：638-641.
Shafqat S S，Khan A A，Khan M A，et al，2017. Green synthesis and characterization of 3-carboxycoumarin and ethylcoumarin-3-carboxylate via Knoevenagel condensation[J]. Asian Journal of Chemistry，29（2）：261-266.
Shafqat S S，Khan M A，Zulkharnain A，et al，2014. Synthesis of arylidene propanedioic acids by Knoevenagel condensation for use in ceramic sols[J]. Asian Journal of Chemistry，26（24）：8463-8466.
Sharma R K，Singh V，Tiwari N，et al，2020. Synthesis，antimicrobial and chitinase inhibitory activities of 3-amidocoumarins[J]. Bioorganic Chemistry，2020：103700.
Yang Y，Liu Q W，Shi Y，et al，2014. Design and synthesis of coumarin-3-acylamino derivatives to scavenge radicals and to protect DNA[J]. European Journal of Medicinal Chemistry，84：1-7.